“十四五”高等职业教育规划教材
国家“双高”计划高水平专业群建设项目成果

EXCEL管理会计应用

EXCEL GUANLI KUAIJI YINGYONG

主编　张洪波　郭素娟

中国财经出版传媒集团
中国财政经济出版社

图书在版编目（CIP）数据

EXCEL 管理会计应用 / 张洪波，郭素娟主编. -- 北京 : 中国财政经济出版社，2021. 8

"十四五"高等职业教育规划教材 国家"双高"计划高水平专业群建设项目成果

ISBN 978-7-5223-0268-3

Ⅰ. ①E… Ⅱ. ①张… ②郭… Ⅲ. ①表处理软件-应用-管理会计-高等职业教育-教材 Ⅳ. ①F234.3-39

中国版本图书馆 CIP 数据核字（2020）第 262957 号

责任编辑：李 媛　　　　责任校对：胡永立

封面设计：陈宇琰

中国财政经济出版社 出版

URL：http：//www.cfeph.cn

E-mail：cfeph@cfeph.cn

社址：北京市海淀区阜成路甲 28 号 邮政编码：100142

营销中心电话：010-88191522

天猫网店：中国财政经济出版社旗舰店

网址：https：//zgczjjcbs.tmall.com

北京富生印刷厂印刷 各地新华书店经销

成品尺寸：185mm×260mm 16 开 16.25 印张 390 000 字

2021 年 8 月第 1 版 2021 年 8 月北京第 1 次印刷

定价：45.00 元

ISBN 978-7-5223-0268-3

（图书出现印装问题，本社负责调换，电话：010-88190548）

本社质量投诉电话：010-88190744

打击盗版举报热线：010-88191661 QQ：2242791300

前 言

《EXCEL 管理会计应用》是国家“双高”计划高水平专业群建设项目成果，是适应“互联网 +”会计转型升级需要，校企合作开发的新形态教材。该教材具有如下特色和创新：

1. 项目任务引领，教学做一体。构建企业真实职业情境、工作任务和业务资料，图文并茂，教材具有良好的职业性，教、学、做一体。学生通过扮演“资金管理、成本管理、营运管理、绩效管理”等岗位角色进行专项实训和分工协作完成管理会计岗位综合实训。

2. 岗证课赛融通，对接技能大赛和“1 + X”证书。本教材与企业管理会计职业岗位工作内容对接，与全国职业院校技能大赛高职组会计技能赛项管理会计比赛内容对接，与管理会计“1 + X”职业技能等级证书对接。

3. 基于“互联网 + 职业教育”理念，配套教学资源丰富。按知识点和技能点配套开发丰富的数字化教学资源，包括课程标准、教学日历（授课计划）、电子课件、习题、模拟试题、参考答案等。本课程相关资源可扫描封底“中财资源库”二维码获取，也可登录在线教育平台 https：//edu. cfemg. cn 获取。

本教材由山东商业职业技术学院会计金融学院院长、博士张洪波教授和注册会计师、高级会计师郭素娟教授主编。其他参与编写人员有：洪燕、于涵、石晓燕、杨忠英、孙楠楠；用友集团新道科技股份有限公司李媛媛。本书可以作为应用型本科和高等职业院校财经类专业学生“EXCEL 管理会计应用”相关课程的教材，也可以作为企业财务人员进行智慧会计和管理会计相关知识学习和培训的指导用书，还可作为参加全国职业院校技能大赛高职组会计技能赛项管理会计比赛学生的赛前强化训练教材。

编者

2021 年 5 月

目 录

1 项目一 本量利分析

学习目标

1. 能利用 Excel 进行单一产品本量利分析；
2. 具有利用 Excel 制作保本点分析图的能力；
3. 能利用 Excel 进行多产品本量利分析；
4. 能利用 Excel 分析目标利润实现的销售量和销售额；
5. 能利用 Excel 计算安全边际量、安全边际额和安全边际率；
6. 具有利用 Excel 完成敏感程度分析的能力；
7. 具有综合利用本量利模型综合分析利润的能力；
8. 能自主学习 EXCEL 财务应用等方面的新知识和新技术。

任务 1 保本保利分析

任务案例

[案例 1]

北京宏达有限公司生产和销售单一产品——甲产品，甲产品的单价为 100 元，单位变动成本为 60 元，年销售量为 1 400 件，年固定成本为 8 000 元。

要求：计算该公司边际贡献额、边际贡献率和盈亏临界点的销售额和销售量，并利用 Excel 制作本量利分析图。

[**案例 2**] 北京宏达有限公司为适应市场和企业发展需求，又研发两种新产品——乙产品和丙产品。固定成本总额为 50 000 元，销售量、销售单价、单位变动成本资料如表 1 - 1 所示。

表 1 - 1　　三种产品的产品销售与成本情况相关资料

项目	A 产品	B 产品	C 产品
预计销售量（件）	1 500	1 000	2 500
销售单价（元）	20	15	14
单位变动成本（元）	10	6	7

要求：利用加权平均边际贡献率计算出北京宏达有限公司综合保本点销售额。

[**案例 3**] 北京宏达有限公司生产和销售单一产品——甲产品，甲产品的单价为 100 元，单位变动成本为 60 元，年固定成本为 8 000 元，如果将目标利润（税前利润）定位为 60 000 元。

要求：计算实现目标利润的销售量和销售额。

工作准备

1. 保本点分析

保本点分析（Break - even Analysis）又称保本点分析或本量利分析法，是根据产品的业务量（产量或销量）、成本、利润之间的制约关系的综合分析，用来预测利润，控制成本，判断经营状况的一种数学分析方法；通常是指全部销售收入等于全部成本时（销售收入线与总成本线的交点）的产量。以保本点为界限，当销售收入高于保本点时企业盈利，反之，企业则亏损。保本点可以用销售量来表示，即保本点的销售量；也可以用销售额来表示，即保本点的销售额。

本量利的基本模型：

利润 = 单价 × 销量 - 单位变动成本 × 销量 - 固定成本

$= P \times Q - V \times Q - F$

$= (P - V) \times Q - F$

注: (1) 这个方程式是最基本也是最重要的方程式，要求给定其中 4 个，能够求出另一个变量的值；

(2) 公式中的成本是广义的：既包括付现成本也包括非付现成本，既包括制造成本，也包括期间费用。

2. 单一产品保本点分析

边际贡献 = 销售收入 - 变动成本 =（单价 - 单位变动成本）× 销量

单位边际贡献 = 单价 - 单位变动成本

注：（1）边际贡献具体分为制造边际贡献（生产边际贡献）和产品边际贡献（总营业边际贡献）。

制造边际贡献 = 销售收入 − 产品变动成本；

产品边际贡献 = 制造边际贡献 − 销售和管理变动成本。

（2）通常，如果在“边际贡献”前未加任何定语，那么则是指“产品边际贡献”。

边际贡献率 = 边际贡献/销售收入 ×100%

变动成本率 = 变动成本/销售收入 ×100%

注：（1）关系公式：变动成本率 + 边际贡献率 = 1

（2）注意影响因素：单一产品边际贡献率只受 P、V 的影响。

盈亏临界点销售量 = 固定成本/(单价 − 单位变动成本)

盈亏临界点销售额 = 固定成本/边际贡献率

3. 多产品保本点分析

（1）分析方法：加权平均法。

（2）计算公式。

$$某个产品的销售比重 = \frac{某产品的销售收入}{企业的销售收入总额}$$

$$加权边际贡献率 = \sum(某个产品品种的边际贡献率 \times 该产品的销售比重)$$

$$= \frac{\sum 某种产品边际贡献}{\sum 各种产品销售额}$$

$$保本点的综合销售额 = \frac{固定成本}{加权边际贡献率}$$

某产品保本点的销售额 = 保本点的综合销售额 × 该产品销售比重

$$某产品保本点的销售量 = \frac{该产品盈亏平衡点销售额}{该产品的单价}$$

4. 实现目标利润的销售额和销售量

保本点即保利点是指在单价和成本水平确定的情况下，使企业达到目标利润的销量或销售额，包括实现目标利润的销售额和销售量，称为保利额和保利量。计算公式如下：

（1）若目标利润指税前利润（一般情况下）。

保利量 = (固定成本 + 目标利润)/(单价 − 单位变动成本)

保利额 = (固定成本 + 目标利润)/边际贡献率

（2）若已知目标税后利润。

保利量 = [固定成本 + 目标税后利润/(1 − 所得税税率)]/单位边际贡献

保利额 = [固定成本 + 目标税后利润/(1 − 所得税率)]/边际贡献率

任务实施

一、单一产品保本点分析

为北京宏达有限公司创建“单一产品盈亏分析表”工作表。创建步骤如下：

1. 启动 Excel 2016，选择“文件”|“新建”命令，新建一个空白工作簿。

2. 根据案例 1 公司的实际业务情况在表格中输入信息，见图 1－1。

3. 在 C4 单元格中输入公式“＝C2－C3”，按［Enter］键计算出单位边际贡献额。

4. 在 C5 单元格中输入公式“＝(C2－C3)/C2＊100%”（或者 C4/C2＊100%），按［Enter］键计算出单位边际贡献率。选择 C5 单元格，右键单击选择“设置单元格格式”，选择数字选项卡，选择分类中“百分比”，点击确定（见图 1－2）。

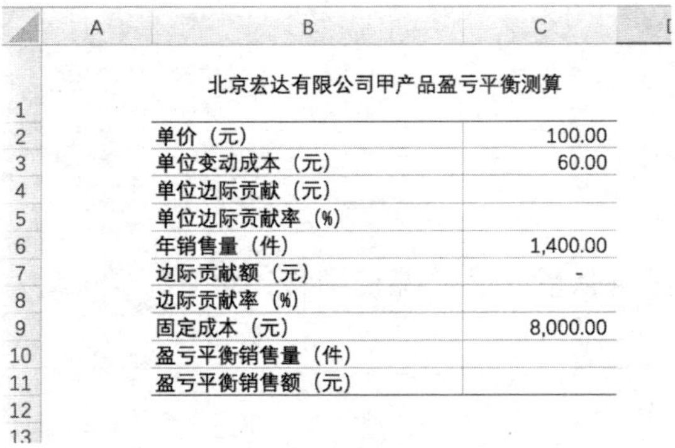

	A	B	C
1		北京宏达有限公司甲产品盈亏平衡测算	
2		单价（元）	100.00
3		单位变动成本（元）	60.00
4		单位边际贡献（元）	
5		单位边际贡献率（%）	
6		年销售量（件）	1,400.00
7		边际贡献额（元）	-
8		边际贡献率（%）	
9		固定成本（元）	8,000.00
10		盈亏平衡销售量（件）	
11		盈亏平衡销售额（元）	
12			
13			

图 1－1

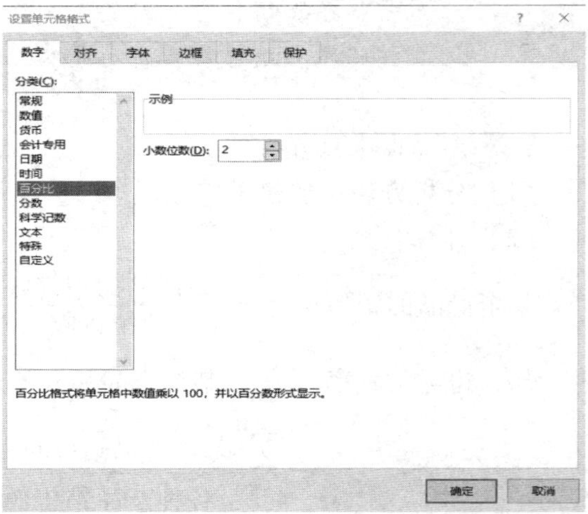

图 1－2

5. 在 C7 单元格中输入公式“＝C4＊C6”，按［Enter］键计算出边际贡献额。

6. 在 C8 单元格中输入公式“＝(C4＊C6)/(C2＊C6)＊100%”，按［Enter］键计算出边际贡献率。选择 C8 单元格，右键单击选择“设置单元格格式”，选择数字选项卡，选择分类中“百分比”，点击确定。

7. 在 C10 单元格中输入公式“＝C9/(C2－C3)”，按［Enter］键计算出保本点销售量。

8. 在 C11 单元格中输入公式“＝C9/C8”，按［Enter］键计算出保本点销售额。

计算出结果，见图 1－3。

	A	B	C	D
1		北京宏达有限公司甲产品盈亏平衡测算		
2		单价（元）	100.00	
3		单位变动成本（元）	60.00	
4		单位边际贡献（元）	40.00	
5		单位边际贡献率（%）	40.00%	
6		年销售量（件）	1,400.00	
7		边际贡献额（元）	56,000.00	
8		边际贡献率（%）	40.00%	
9		固定成本（元）	8,000.00	
10		盈亏平衡销售量（件）	200.00	
11		盈亏平衡销售额（元）	20,000.00	
12				
13				

图 1－3

二、多产品保本点分析

加权平均边际贡献率法利用企业产品的结构，以各个产品的销售量为权重计算企业所有产品的加权边际贡献率，然后根据加权边际贡献率再计算企业保本点的综合销售额，最后在分别计算各个产品的保本点的销售量。

根据［案例 2］数据资料介绍加权边际贡献率法的使用方法，为北京宏达有限公司在利润分析工作簿中创建“多产品盈亏分析表”。创建步骤如下：

1. 启动 Excel 2016，选择“文件”|“打开”命令，打开“利润分析”工作簿，将 Sheet2 工作表重命名为“多产品盈亏分析表”。

2. 根据［案例 2］北京宏达有限公司的实际业务情况在表格中输入信息。

3. 在 B5 单元格中输入公式“＝B3－B4”，按［Enter］键计算出甲产品单位边际贡献额，选择 B5 单元格，将鼠标指针至于 B5 单元格右下角的填充柄上，按住鼠标左键向下拖动，拖至 D5 单元格后释放鼠标左键，此时鼠标经过的区域自动填充相对应的计算公式并计算乙产品和丙产品的单位边际贡献。

4. 在 B6 单元格中输入公式“＝B5/B3＊100%”，按［Enter］键计算出甲产品单位边际贡献率。选择 B6 单元格，右键单击选择“设置单元格格式”，选择数字选项卡，选择分类中“百分比”，点击确定。将鼠标指针至于 B6 单元格右下角的填充柄上，按住鼠标左键向下拖动，拖至 D6 单元格后释放鼠标左键，此时鼠标经过的区域自动填充相对应的计算公式并计算乙产品和丙产品的单位边际贡献率。

5. 在 E8 单元格中输入公式“＝SUM（B8：D8）”，按［Enter］键计算出产品销售收入总额。

6. 在 B9 单元格中输入公式“＝B5＊B7”，按［Enter］键计算出甲产品边际贡献额，将鼠标指针至于 B9 单元格右下角的填充柄上，按住鼠标左键向下拖动，拖至 D9 单元格后释放鼠标左键，此时鼠标经过的区域自动填充相对应的计算公式并计算乙产品和丙产品的边际贡献额。

7. 在 B10 单元格中输入公式“＝B6”，按［Enter］键计算出甲产品边际贡献率，将鼠标指针至于 B10 单元格右下角的填充柄上，按住鼠标左键向下拖动，拖至 D10 单元格后释放鼠标左键，此时鼠标经过的区域自动填充相对应的计算公式并计算乙产品和丙产品的边际贡献率。

8. 在 B12 单元格中输入公式“=B8/$E$8”，按［Enter］键计算出甲产品销售比重，右键单击选择“设置单元格格式”，选择数字选项卡，选择分类中“百分比”，点击确定。将鼠标指针至于 B12 单元格右下角的填充柄上，按住鼠标左键向下拖动，拖至 D12 单元格后释放鼠标左键，此时鼠标经过的区域自动填充了相对应的计算公式并计算乙产品和丙产品销售比重。

9. 在 B13 单元格中输入公式“=B10*B12+C10*C12+D10*D12”，按［Enter］键计算出加权边际贡献率。

10. 在 B14 单元格中输入公式“=B11/B13”，按［Enter］键计算出保本点点的综合销售额。

11. 在 B15 单元格中输入公式“=$B$14*B12”，按［Enter］键计算出甲产品保本点的销售额。将鼠标指针至于 B15 单元格右下角的填充柄上，按住鼠标左键向下拖动，拖至 D15 单元格后释放鼠标左键，此时鼠标经过的区域自动填充相对应的计算公式并计算乙产品和丙产品保本点的销售额。

12. 在 B16 单元格中输入公式“=B15/B3”，按［Enter］键计算出甲产品保本点的销售量。将鼠标指针至于 B16 单元格右下角的填充柄上，按住鼠标左键向下拖动，拖至 D16 单元格后释放鼠标左键，此时鼠标经过的区域自动填充相对应的计算公式并计算乙产品和丙产品保本点的销售量。

最终显示结果，见图 1－4。

	A	B	C	D	E
1	××公司相关财务数据				
2	项目	甲产品	乙产品	丙产品	合计
3	单价（元）	20	15	14	
4	单位变动成本（元）	10	6	7	
5	单位边际贡献（元）	10	9	7	
6	单位边际贡献率（%）	50.00%	60.00%	50.00%	
7	年销售量（件）	1500	1000	2500	
8	年销售收入（元）	30000	15000	35000	80000
9	边际贡献额（元）	15000	9000	17500	
10	边际贡献率（%）	50.00%	60.00%	50.00%	
11	固定成本（元）	50000	50000	50000	
12	各产品销售比重（%）	37.50%	18.75%	43.75%	
13	加权边际贡献率（%）	51.88%			
14	盈亏平衡点的综合销售额（元）	96385.54			
15	各产品盈亏平衡点销售额（元）	36144.58	18072.29	42168.67	
16	各产品盈亏平衡点销售量（件）	1807.23	1204.82	3012.05	
17					

单一产品盈亏平衡分析表 | 多产品盈亏平衡分析表

图 1－4

三、计算实现目标利润的销售额和销售量

根据［案例 3］数据资料为北京宏达有限公司创建“目标利润分析表”。创建步骤如下：

1. 启动 Excel 2016，选择“文件”|“新建”命令，新建“目标利润分析表”，将Sheet 1

工作表重命名为“目标利润分析表”。

2. 根据［案例3］北京宏达有限公司的实际业务情况在表格中输入信息。

3. 在B4单元格中输入公式“=（B2-B3）/B2”，按［Enter］键计算出甲产品边际贡献率。右键单击选择“设置单元格格式”，选择数字选项卡，选择分类中“百分比”，点击确定。

4. 在B7单元格中输入公式“=(B5+B6)/(B2-B3)”,按[Enter]键计算出甲产品保本量。

5. 在B8单元格中输入公式“=（B5+B6）/B4”，按［Enter］键计算出甲产品保本额。

最终结果见图1-5。

	A	B
1	××公司甲产品相关财务数据	
2	单价（元）	100
3	单位变动成本（元）	60
4	边际贡献率	40.00%
5	固定成本（元）	8000
6	税前目标利润（元）	60000
7	保本量（销售量）	1700
8	保本额（销售额）	170000
9		
10		

目标利润分析表

图1-5

四、制作保本点分析图

根据北京宏达有限公司“单一产品盈亏分析表”工作表。制作步骤如下：

1. 在“单一产品盈亏分析表”中输入保本点分析图需要的数据信息，见图1-6。表格中红色数字都要通过公式输入。公式在数据信息2中标出。主要通过控件来使Excel保本点图进行动态分析。

	A	B	C	D
1	××公司甲产品相关财务数据			
2	单价（元）	100		
3	单位变动成本（元）	60		
4	单位边际贡献（元）	40		
5	单位边际贡献率（%）	40.00%		
6	年销售量（件）	1400		
7	边际贡献额（元）	56000		
8	边际贡献率（%）	40.00%		
9	固定成本（元）	8000		
10	盈亏平衡销售量（件）	200		
11	盈亏平衡销售额（元）	20000		
12				
13				
14	图表数据			
15	销量	固定成本	总成本	总收入
16	0	8000	8000	0
17	300	8000	26000	30000
18				
19	图表数据2			
20	销量	固定成本	总成本	总收入
21	0	$B$9	B9+A16*B3	A16*B2
22	300	$B$9	B9+A17*B3	A17*B2

单一产品盈亏平衡分析表

图1-6

2. 选中 A15：D17 区域，点击“插入”|“图表”|“散点图”|“带平滑线和数据标记的散点图”命令（见图 1－7）。

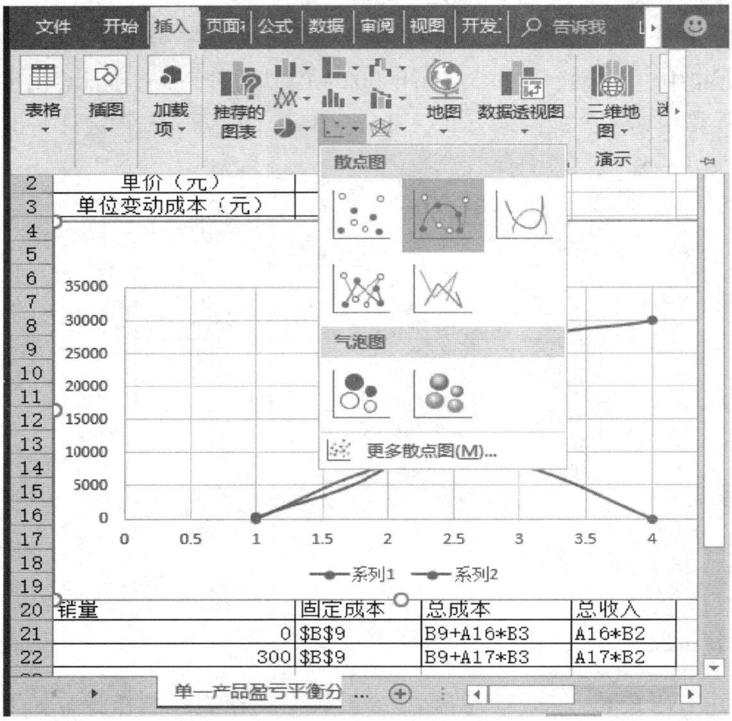

图 1－7

3. 点击“图表工具”|“设计”|“选择数据”命令，选择添加，系列名称选择固定成本 B15，设置为“＝单一产品盈亏分析表！$B$15”，X 轴系列值为销量 A16：A17，设置为“＝单一产品盈亏分析表！$A$16：$A$17”，Y 轴系列值为固定成本选择 B16：B17，设置为“＝单一产品盈亏分析表！$B$16：$B$17”，点击确定（见图 1－8）。同样方式添加总成本和总收入系列（见图 1－9、图 1－10、图 1－11）。

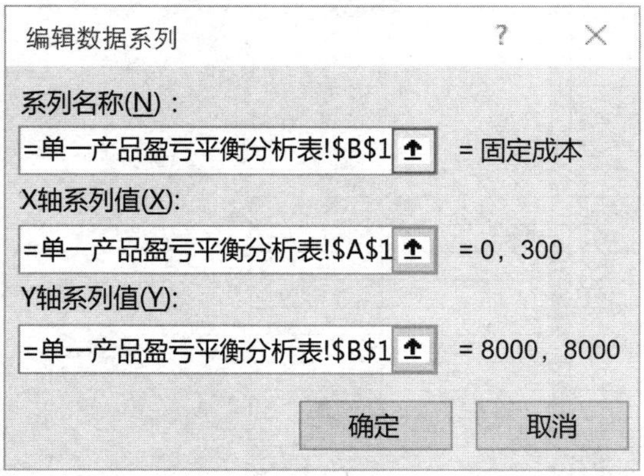

图 1－8

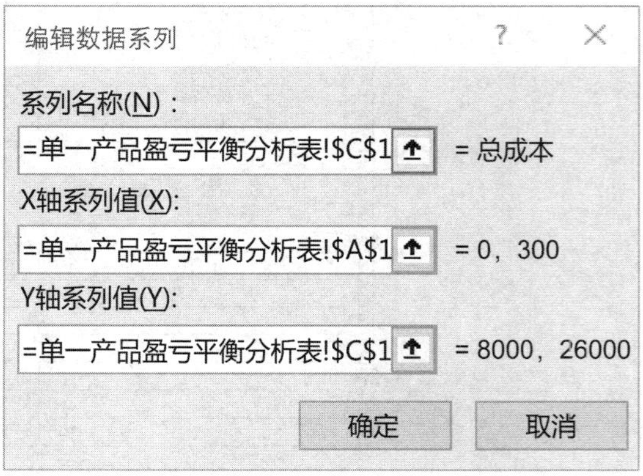

图 1－9

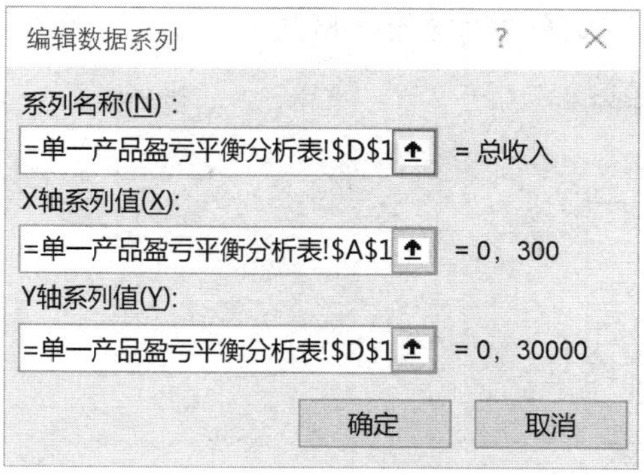

图 1－10

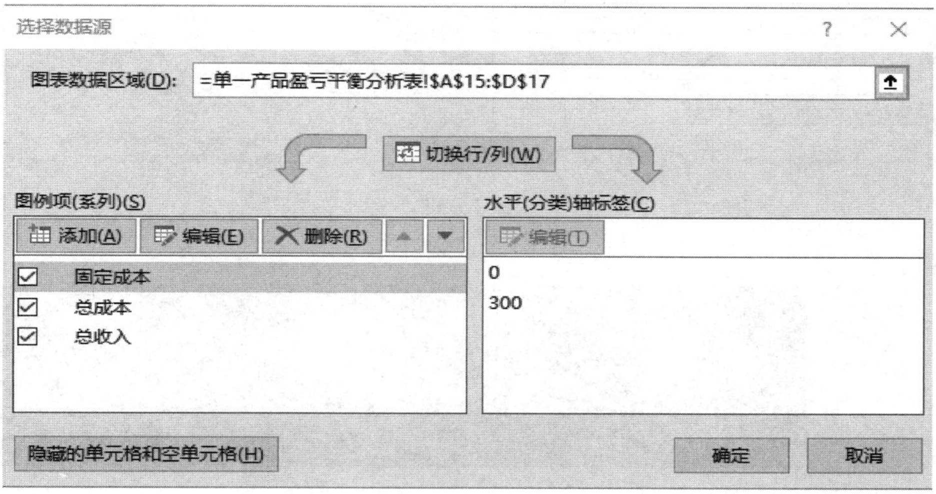

图 1－11

4. 点击“图表工具”|“设计”|“选择数据”命令，选择添加，系列名称选择盈亏点销量垂直参考线 A24，设置为“=单一产品盈亏分析表！$A$24”，X 轴系列值为销量 A25：A25，设置为“=单一产品盈亏分析表！$A$25：$A$28”，Y 轴系列值为固定成本选择 B25：B28，设置为“=单一产品盈亏分析表！$B$25：$B$28”，点击确定（见图 1－12）。

盈亏点销量垂直参考线			
200	0	与X轴	
200	8000	与固定成本线	
200	20000	与总成本线（总收入线）	
200	30000		

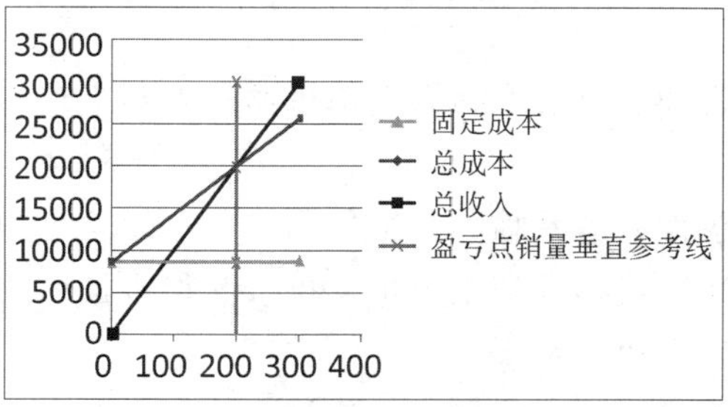

图 1－12

5. 选择图例，右键单击选择“设置图例格式”，选择图例位置“底部”，点击关闭，通过拖拉图例，调整位置，见图 1－13。

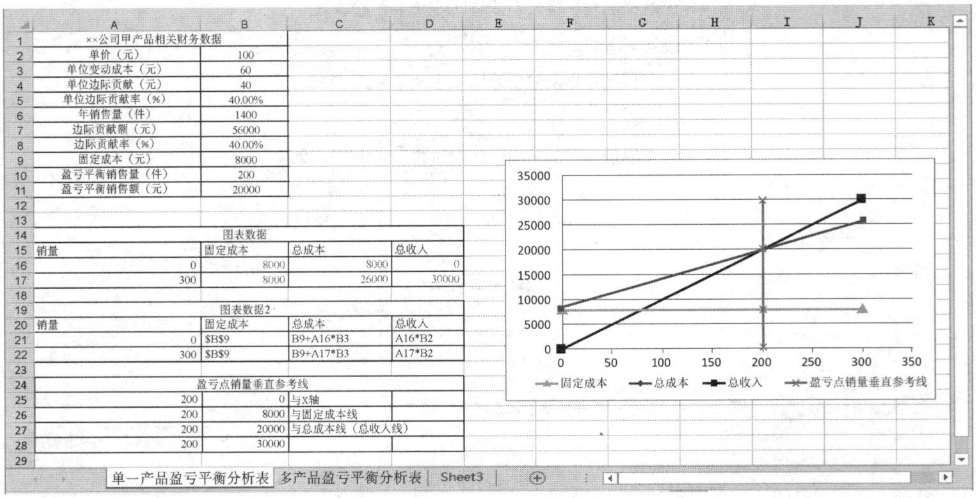

	A	B	C	D
1	××公司甲产品相关财务数据			
2	单价（元）	100		
3	单位变动成本（元）	60		
4	单位边际贡献（元）	40		
5	单位边际贡献率（%）	40.00%		
6	年销售量（件）	1400		
7	边际贡献额（元）	56000		
8	边际贡献率（%）	40.00%		
9	固定成本（元）	8000		
10	盈亏平衡销售量（件）	200		
11	盈亏平衡销售额（元）	20000		
12				
13				
14	图表数据			
15	销量	固定成本	总成本	总收入
16	0	8000	8000	0
17	300	8000	26000	30000
18				
19	图表数据2			
20	销量	固定成本	总成本	总收入
21	0	$B$9	B9+A16*B3	A16*B2
22	300	$B$9	B9+A17*B3	A17*B2
23				
24	盈亏点销量垂直参考线			
25	200	0	与X轴	
26	200	8000	与固定成本线	
27	200	20000	与总成本线（总收入线）	
28	200	30000		
29				

图 1－13

任务 2 边际分析

任务案例

［案例 4］

北京宏达有限公司准备投产新产品，预计单位变动成本为 30 元/件，固定成本总额为 17 万元，变动成本率为 60%，销售量为 1 万件。

要求：请计算安全边际率，并评价该企业的经营安全性。

工作准备

安全边际是指正常销售额超过盈亏临界点销售额的差额，它表明销售额下降多少企业仍不致亏损。

安全边际额＝正常销售额－盈亏临界点销售额

＝单价×实际或预计的销售量－单价×保本量

＝单价×安全边际量

安全边际量＝正常销售量－盈亏临界点销售量

$$安全边际率 = \frac{安全边际量}{实际或预计的销售量} \times 100\%$$

$$= \frac{安全边际额}{实际或预计的销售额} \times 100\%$$

安全边际量 = 实际或预计的销售量 - 盈亏临界点销售量

安全边际额 = 实际或预计的销售额 - 盈亏临界点销售额

安全边际率越低，说明企业的计划产销量或实际产销量离盈亏临界点销售量即保本量越近，随着企业经营状况的不确定性出现亏损的可能性越大；安全边际率越高，说明企业的计划产销量或实际产销量高出盈亏临界点销售量即保本量越多，经营安全性越好，一般标准见表 1 - 2。

表 1 - 2　　安全边际率与经营安全程度

安全边际率数值	10% 以下	10% ~ 20%	20% ~ 30%	30% ~ 40%	40% 以上
经营安全程度	危险	值得注意	较安全	安全	非常安全

任务实施

一、安全边际、安全边际率和安全边际额的计算

建立北京宏达有限公司“安全边际分析表”。建立步骤如下：

1. 启动 Excel 2016，选择“文件”|“新建”命令，新建一个空白工作簿，重命名 Sheet 1为“安全边际分析表”。

2. 根据［案例 4］北京宏达有限公司的实际业务情况在表格中输入信息，见图 1 - 14。

	A	B
1	××公司新产品相关财务数据	
2	项目	2018年
3	单价（元）	50
4	单位变动成本（元）	30
5	变动成本率（%）	60%
6	年销售量（件）	10000
7	年销售额（元）	500000
8	固定成本（元）	170000
9	息税前利润（元）	30000
10	经营杠杆系数（%）	6.67
11	安全边际率	15%

安全边际分析表

图 1 - 14

3. 在 B2 单元格中输入公式“ = B3/B4”，按［Enter］键计算出新产品的单价。

注： 根据变动成本率 = $\frac{变动单位成本}{单价}$，可导出单价 = $\frac{变动单位成本}{变动成本率}$。

4. 在 B5 单元格中输入公式“=1-B4”（或=(B2-B3)/B2*100%），按［Enter］键计算出新产品的单位边际贡献率。

注：单位变动成本率+单位边际贡献率=1。

5. 在 B8 单元格中输入公式“=B7/（B2-B3）”，按［Enter］键计算出新产品的保本点销售量。

6. 在 B9 单元格中输入公式“=B7/B5”，按［Enter］键计算出新产品的保本点销售额。

7. 在 B10 单元格中输入公式“=B6-B8”，按［Enter］键计算出新产品的安全边际量。

8. 在 B11 单元格中输入公式“=B6*B2-B9”，按［Enter］键计算出新产品的安全边际额。

9. 在 B12 单元格中输入公式“=B10/B6”（或 B11/(B6*B2)），按［Enter］键计算出新产品的安全边际率。

最终结果见图 1-15。由于安全边际率为 15%，在 10%~20% 的范围内，所以企业的经营不是很安全，要引起注意。

	A	B
1	××公司新产品相关财务数据	
2	单价（元）	50
3	单位变动成本（元）	30
4	单位变动成本率（%）	60%
5	单位边际贡献率（%）	40.00%
6	年销售量（件）	10000
7	固定成本（元）	170000
8	盈亏平衡销售量（件）	8500
9	盈亏平衡销售额（元）	425000
10	安全边际量（件）	1500
11	安全边际额（元）	75000
12	安全边际率（%）	15.00%

安全边际分析表

图 1-15

二、经营杠杆系数的计算

经营杠杆，又称营业杠杆或营运杠杆，反映销售和息税前盈利的杠杆关系，是指根据成本性态，在一定产销量范围内，产销量的增加一般不会影响固定成本总额，但会使单位产品固定成本降低，从而提高单位产品利润，并使利润增长率大于产销量增长率；反之，产销量减少，会使单位产品固定成本升高，从而降低单位产品利润，并使利润下降率大于产销量的下降率。经营杠杆系数（DOL），也称营业杠杆系数或营业杠杆程度，是指息税前利润（EBIT）的变动率相对于产销量变动率的比。

经营杠杆系数 =（销售收入 - 变动成本）/（销售收入 - 变动成本 - 固定成本）

其中，由于 销售收入 - 变动成本 - 固定成本即为息税前利润（EBIT），因此又有：

经营杠杆系数（DOL）=（息税前利润 EBIT + 固定成本）/息税前利润

息税前利润 = 安全边际量 × 单位边际贡献 = 安全边际额 × 边际贡献率

销售息税前利润率 = 安全边际率 × 边际贡献率

安全边际率 = 1/DOL

为了反映经营杠杆的作用程度、估计经营杠杆利益的大小、评价经营风险的高低，必须要测算经营杠杆系数。一般而言，经营杠杆系数越大，对经营杠杆利益的影响越强，经营风险也越大。

编制步骤：

下面通过 Excel 模型结合［案例 4］新产品相关资料计算经营杠杆系数，具体操作步骤如下：

建立北京宏达有限公司“安全边际分析表”。建立步骤如下：

1. 启动 Excel 2016，选择“文件”|“打开”命令，打开“安全边际分析表”，重命名 Sheet2 为“经营杠杆系数”。

2. 根据［案例 4］公司的实际业务情况在表格中输入信息，见图 1 - 16。

	A	B
1	××公司新产品相关财务数据	
2	项目	2019年
3	单价（元）	
4	单位变动成本（元）	30
5	变动成本率（%）	60%
6	年销售量（件）	10000
7	年销售额（元）	
8	固定成本（元）	170000
9	息税前利润（元）	
10	经营杠杆系数（%）	
11		

安全边际分析表　经营杠杆系数

图 1 - 16

3. 在 B3 单元格中输入公式“= B3/B4”，按［Enter］键计算出新产品的单价。

4. 在 B7 单元格中输入公式“= B3 * B6”，按［Enter］键计算出新产品的年销售额。

5. 在 B9 单元格中输入公式“= B7 - B6 * B4 - B8”，按［Enter］键计算出新产品的息税前利润。

6. 在 B10 单元格中输入公式“=（B9 + B8）/B9”，按［Enter］键计算出新产品的经营杠杆系数。

最终结果见图 1 - 17，计算出安全边际率为 15%。检验安全边际率 × 经营杠杆系数 = 15% ×6.67 = 1。

	A	B
1	××公司新产品相关财务数据	
2	项目	2019年
3	单价（元）	50
4	单位变动成本（元）	30
5	单位变动成本率（%）	60%
6	年销售量（件）	10000
7	年销售额（元）	500000
8	固定成本（元）	170000
9	息税前利润（元）	30000
10	经营杠杆系数（%）	6.67%
11	安全边际率（%）	15%

安全边际分析表 | 经营杠杆系数

图 1－17

任务 3 利润敏感性分析

任务案例

［案例 5］

北京宏达有限公司生产和销售单一产品——甲产品，计划年度内有关数据预测如下：单价为 30 元，单位变动成本为 20 元，固定成本为 200 000 元。

要求：根据资料，在 Excel 中进行保本点分析、单因素变动对目标利润的影响分析，多因素变动对目标利润的影响分析，以及各因素变化对利润变化影响的敏感程度分析。

工作准备

一、利润敏感性分析

利润敏感性分析法是研究和制约利润的有关因素发生某种变化时，利润变化程度的一种分析方法。影响利润的因素很多，如售价、单位变动成本、销量、固定成本等。在现实经济环境中，这些因素是经常发生变动的。有些因素增长会导致利润增长（如单价）；有些因素降低才会使利润增长（如单位变动成本），有些因素略有变化就会使利润发生很大的变化。

敏感系数 = 目标值变动百分比/参量值变动百分比

敏感系数绝对值大于 1，说明变动成本的变化会造成利润更大的变化，仍属于敏感因素。

注： 敏感系数为正值，表明其与利润呈同向增减；敏感系数为负值，表明其与利润呈反向增减。

任务实施

根据［案例 5］数据资料为北京宏达有限公司创建“利润敏感性分析表”。创建步骤如下：

1. 启动 Excel 2016，选择“文件”|“打开”命令，打开“目标利润分析表”，将 Sheet3 工作表重命名为“利润敏感性分析表”。

2. 根据［案例 5］北京宏达有限公司的实际业务情况在表格中输入信息，见图 1－18。

	A	B	C	D	E	F	G
1	××公司甲产品相关财务数据						
2	影响利润的各因素变动分析						
3	影响因素	盈亏平衡点	基本值	变动按钮	变动百分比	变动后数值	敏感系数
4	单价（元）	30	30				
5	单位变动成本（元）	20	20				
6	边际贡献率						
7	固定成本（元）	200000	200000				
8	销售量		25000				
9	销售额		750000				
10	目标利润						
11							

… 目标利润分析表 | 利润敏感性分析表 | Sheet3

图 1－18

3. 在 B6 单元格中输入公式“＝（B4－B5）/B4”，按［Enter］键计算出甲产品边际贡献率。右键单击选择“设置单元格格式”，选择数字选项卡，选择分类中“百分比”，点击确定。

4. 在 B8 单元格中输入公式“＝B7/（B4－B5）”，按［Enter］键计算出甲产品保本点销售量。

5. 在 B9 单元格中输入公式“＝B7/B6”，按［Enter］键计算出甲产品保本点销售额。

6. 在 B10 单元格中输入公式“＝（B4－B5）＊B8－B7”，按［Enter］键计算出甲产品目标利润。

7. 在 C11 单元格中输入公式“＝（C4－C5）＊C8－C7”，按［Enter］键计算出甲产品基本值目标利润。

以上步骤操作结果见图 1－19。

	A	B	C	D	E	F	G
1	××公司甲产品相关财务数据						
2	影响利润的各因素变动分析						
3	影响因素	盈亏平衡点	基本值	变动按钮	变动百分比	变动后数值	敏感系数
4	单价（元）	30	30				
5	单位变动成本（元）	20	20				
6	边际贡献率	33.33%	33.33%				
7	固定成本（元）	200000	200000				
8	销售量	20000	25000				
9	销售额	600000	750000				
10	目标利润	0	50000				
11							

目标利润分析表 | 利润敏感性分析表 | Sheet3

图 1－19

8. 在 E4 单元格中输入公式“＝D4/100－100%”，按［Enter］键计算出甲产品目标利润。右键单击选择“设置单元格格式”，选择数字选项卡，选择分类中“百分比”，点击确定。将鼠标指针至于 E4 单元格右下角的填充柄上，按住鼠标左键向下拖动，拖至 E9 单元格后释放鼠标左键，此时鼠标经过的区域自动填充了相对应的计算公式。

9. 在 F4 单元格中输入公式“＝C4＊（1＋E4）”。将鼠标指针至于 F4 单元格右下角的填充柄上，按住鼠标左键向下拖动，拖至 F9 单元格后释放鼠标左键，此时鼠标经过的区域自动填充相对应的计算公式。

10. 在 G4 单元格中输入公式“＝$E$10/E4”。将鼠标指针至于 G4 单元格右下角的填充柄上，按住鼠标左键向下拖动，拖至 G9 单元格后释放鼠标左键，此时鼠标经过的区域自动填充相对应的计算公式。

11. 在 E10 单元格中输入公式“＝（F10－C10）/C10”，在 F10 单元格中输入公式“＝（F4－F5）＊F8－F7”，定义目标利润的变动百分比和变动后数值公式。

以上步骤操作结果见图 1－20。

	A	B	C	D	E	F	G
1	××公司甲产品相关财务数据						
2	影响利润的各因素变动分析						
3	影响因素	盈亏平衡点	基本值	变动按钮	变动百分比	变动后数值	敏感系数
4	单价（元）	30	30		-100.00%	0	1
5	单位变动成本（元）	20	20		-100.00%	0	1
6	边际贡献率	33.33%	33.33%		-100.00%	0	1
7	固定成本（元）	200000	200000		-100.00%	0	1
8	销售量	20000	25000		-100.00%	0	1
9	销售额	600000	750000		-100.00%	0	1
10	目标利润	0	50000		-100.00%	0	
11							

目标利润分析表 | 利润敏感性分析表 | Sheet3

图 1－20

12. 点击“开发工具”命令下“控件”组中“插入”按钮，在展开的菜单中单击“表单控件”组中的“数值调节钮（窗体控件）”（见图 1－21）。

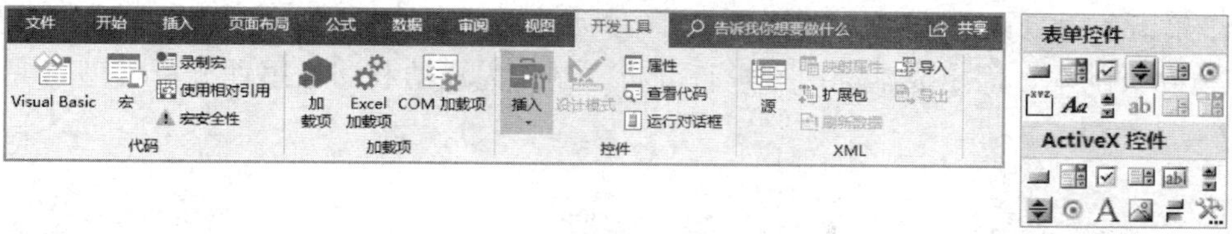

图 1－21

13. 在 D4：D9 区域的单元格中个绘制一个数值调节钮控件（见图 1－22）。

	A	B	C	D	E	F	G
1	××公司甲产品相关财务数据						
2	影响利润的各因素变动分析						
3	影响因素	盈亏平衡点	基本值	变动按钮	变动百分比	变动后数值	敏感系数
4	单价（元）	30	30		-100.00%	0	1
5	单位变动成本（元）	20	20		-100.00%	0	1
6	边际贡献率	33.33%	33.33%		-100.00%	0	1
7	固定成本（元）	200000	200000		-100.00%	0	1
8	销售量	20000	25000		-100.00%	0	1
9	销售额	600000	750000		-100.00%	0	1
10	目标利润	0	50000		-100.00%	0	
11							

目标利润分析表　利润敏感性分析表　Sheet3

图 1－22

14. 右击第一个数值调节钮控件，在弹出的快捷菜单中选择“设置控件格式”命令，在弹出“设置控件格式”对话框中（见图 1－23），切换到“控制”选项卡，设置当前值 0，最小值 0，最大值 30000，步长 1，单元格链接 $D$4 等参数，在单击［确定］按钮（见图 1－24）。按照同样方法设置其他调节钮的参数。

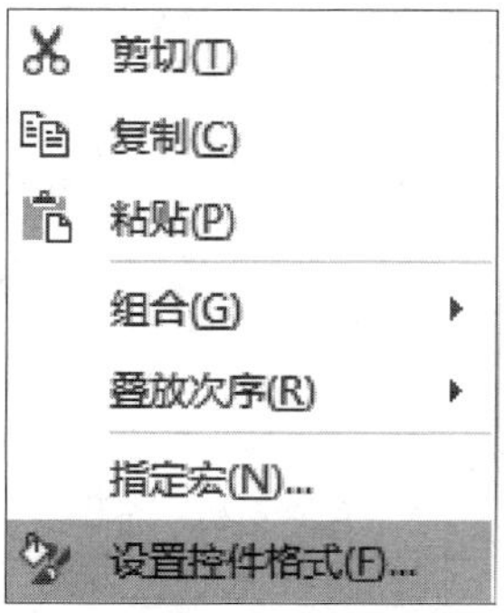

图 1－23

图 1－24

15. 单击各因素调节按钮，结合 E4：E9 单元格区域中的公式，对销售单价、单位变动成本、边际贡献率、固定成本等因素进行分析。制作完成的利润敏感性分析模型（见图 1－25）。

	A	B	C	D	E	F	G
1	××公司甲产品相关财务数据						
2	影响利润的各因素变动分析						
3	影响因素	盈亏平衡点	基本值	变动按钮	变动百分比	变动后数值	敏感系数
4	单价（元）	30	30	5	-95.00%	1.5	1.45894737
5	单位变动成本（元）	20	20	3	-97.00%	0.6	1.42886598
6	边际贡献率	33.33%	33.33%	6	-94.00%	0.02	1.47446809
7	固定成本（元）	200000	200000	11	-89.00%	22000	1.55730337
8	销售量	20000	25000	12	-88.00%	3000	1.575
9	销售额	600000	750000	7	-93.00%	525000	1.49032258
10	目标利润	0	50000		-138.60%	-19300	
11							

目标利润分析表 利润敏感性分析表 Sheet3

图 1－25

2 项目二 投资管理

学习目标

1. 能利用 Excel 进行货币时间价值的计算；
2. 能利用 Excel 进行项目投资可行性分析 PEST 分析；
3. 能利用 Excel 进行项目投资可行性分析 SWOT 分析；
4. 能利用 Excel 进行项目投资决策；
5. 能利用 Excel 进行证券投资决策。

任务 1 货币时间价值计算

任务案例

[案例 1]

投资者于 2019 年年初存入银行 500 元，整存整取储蓄，年利率为 3.6%。

要求：计算 12 年后的本息总金额。

[案例 2]

投资者参加银行的零存整取储蓄，每年存入 500 元，年利率为 3.6%。

要求：计算 12 年后本息总金额。

[案例 3]

北京宏达有限公司投资某项目，预期 5 年后可获得本利和共 10 万元，该项目的投资回报率为 12%。

要求：计算该公司现在应该投入多少元？

[案例 4]

北京宏达有限公司以分期付款的方式购买某设备，每年需付款 1 万元，共 5 年付清。假设该设备的寿命为 30 年。

要求：计算该设备的现值。

[案例 5]

北京宏达有限公司拟在 5 年后还清 1 000 万元债务，从现在起每年年末等额存入银行一笔款项。假设银行存款利率为 10%。

要求：计算每年需要存入多少钱？

[案例 6]

北京宏达有限公司以 10% 的利率借款 2 000 万元，投资于某个寿命为 10 年的项目。

要求：计算每年至少要收回多少现金才有利润。

[案例 7]

已知名义利率为 6.3%，一年内计息 4 次。

要求：计算实际利率。

[案例 8]

把 100 元存入银行，按复利计算，10 年后可获本利和为 259.4 元。

要求：计算银行存款的利率应是多少？

工作准备

1. 复利终值与现值。

复利终值，是指一定量本金按复利计算的若干期后的本利和。复利终值的计算公式为：

$$F = P(1+i)^n$$

式中，$(1+i)^n$ 称为复利终值系数，记作 $(F/P, i, n)$。则复利终值的计算公式也可写成：

$$F = P \cdot (F/P, i, n)$$

复利现值，是复利终值的对称概念，是指未来一定时间的特定资金按复利计算的现在价值。复利现值的计算公式为：

$$P = \frac{F}{(1+i)^n}$$

式中的 $\frac{1}{(1+i)^n}$ 称为复利现值系数，记作 $(P/F, i, n)$。则复利现值的计算公式也可写成：

$$P = F \cdot (P/F, i, n)$$

2. 普通年金终值与现值。

普通年金终值是指一定时期内每期期末等额收付款项的复利终值之和，用 F 表示。

$$F=A\cdot\frac{(1+i)^n-1}{i}$$

式中，$\frac{(1+i)^n-1}{i}$称为年金终值系数，记作（F/A，i，n），则年金终值的计算公式也可写成：$F=A\cdot(F/A, i, n)$

普通年金现值是指一定时期内每期期末等额收付款项的复利现值之和，用 P 表示。

$$P=A\cdot\frac{1-(1+i)^{-n}}{i}$$

式中，$\frac{1-(1+i)^{-n}}{i}$称为年金终值系数，记作（P/A，i，n），则普通年金现值的计算公式也可写成：$P=A\cdot(P/A, i, n)$

3. 偿债基金与年资本回收额。

偿债基金是指为使年金终值达到既定金额每年年末应支付的年金数额。即在已知年金终值 F，求年金 A。在普通年金终值公式中解出 A，这个 A 就是偿债基金。

根据普通年金终值计算公式，可得出偿债基金为：

$$A=F\times\frac{i}{(1+i)^n-1}$$

年资本回收额是指为了收回现在的投资，在今后的一段时间内，每年收回相等数额的资金。年资本回收额的计算实际上是已知普通年金现值 P，求年金 A。

根据普通年金现值的计算公式可知：

$$P=A\cdot(P/A, i, n)=A\cdot\frac{1-(1+i)^{-n}}{i}$$

年资本回收额为 $A=P\cdot\frac{i}{1-(1+i)^{-n}}$

4. 即付年金现值与终值。

即付年金是指每期期初有等额收付款项的年金，又称为先付年金或预付年金。即付年金与普通年金的区别仅在于付款时间的不同，普通年金在每期期末付，即付年金在每期期初付。n 期即付年金与 n 期普通年金的付款次数相同，只是收付款时间点不同。如果计算年金终值，即付年金要比普通年金多计一年的利息；如果计算年金现值，即付年金要比普通年少折现一年，所以，即付年金的终值和现值都是在普通年金终值和现值的基础上乘上（$1+i$）。

即付年金终值计算公式为：

$F=A\cdot(F/A, i, n)(1+i)$ 或：$F=A[(F/A, i, n+1)-1]$

即付年金现值计算公式为：

$P=A\cdot(P/A, i, n)(1+i)$ 或：$P=A[(P/A, i, n-1)+1]$

5. 利率的计算。

（1）一年多次计息的实际利率。复利的计息期以半年、季、月为计息单位，计息期越短，一年中按复利计息的次数就越多，利息额就会越大。如果以“年”作为基本计息期，每年计算一次复利，这种情况下的年利率是名义利率。如果按照短于一年的计息期计算复利，并将全年利息额除以年初的本金，此时得到的利率是实际利率。名义利率与实际利率的关系可表示如下：

$$i=(1+\frac{r}{m})^{m}-1$$

式中：i 表示实际利率；r 表示名义利率；m 表示一年内复利次数。

（2）在前面计算现值和终值时，都假定利率是给定的。如果已知计息期数、终值和现值，要求计算出利率。步骤如下：

①根据复利终值、复利现值、年金终值和年金现值的计算公式，可以得出各换算系数：

$F=P\ (F/P,\ i,\ n)\ \rightarrow\ (F/P,\ i,\ n)\ =F/P$

$P=F\ (P/F,\ i,\ n)\ \rightarrow\ (P/F,\ i,\ n)\ =P/F$

$F=A\ (F/A,\ i,\ n)\ \rightarrow\ (F/A,\ i,\ n)\ =F/A$

$P=A\ (P/A,\ i,\ n)\ \rightarrow\ (P/A,\ i,\ n)\ =P/A$

②根据换算系数和有关系数表求利率。以年金现值系数为例。假设 $P/A=\alpha$，需要查年金现值系数表。沿着已知 n 所在的行横向查找，若恰好能找到某一系数值等于 α，则该系数值所在的列相对应的利率便是所求的 i 值。若无法找到恰好等于 α 的系数值，就应在表中 n 行上找出与 α 最接近的两个上下临界系数值，设为 β_1、β_2（$\beta_1>\alpha>\beta_2$，或 $\beta_1<\alpha<\beta_2$）。读出 β_1、β_2 所对应的临界利率，然后进一步运用内插法。

③在内插法下，假定利率 i 与相关的系数在较小范围内线性相关，可根据临界系数 β_1、β_2 和临界利率 i_1、i_2，计算出 i，公式为：

$$i=i_1+\frac{\beta_1-\alpha}{\beta_1-\beta_2}\cdot(i_2-i_1)$$

▣ 任务实施

一、终值计算

［案例 1］

1. 启动 Excel 2016，选择“文件”|“新建”命令，新建一个空白工作簿，重命名 Sheet 1为“投资分析表”（见图 2－1）。

	A	B
1	投资分析表	
2	表1	单位：元
3	项目	数值
4	现金流量现值	-500.00
5	期数（年）	12
6	投资回报率	3.60%
7	现金流量终值	
8		

图 2－1

2. 根据［案例 1］计算现金流量的未来值。在这里，我们需要用到函数 FV。函数 FV 是按给定的利率、期数和每期收支的现金流量计算复利终值或者年金终值。函数格式如下：

FV（rate，nper，pmt，pv，type）

其中，Rate——各期利率。

Nper——总投资期，即该项投资总的付款期数。

Pmt ——各期支出金额，在整个投资期内不变。

Pv——现值。

Type——数值 0 或 1，指定付款时间是期初还是期末。1 = 期初；0 或忽略 = 期末。

在 B7 输入公式，B7 = FV（B6，B5，B4），按［确认］键（见图 2 - 2）。

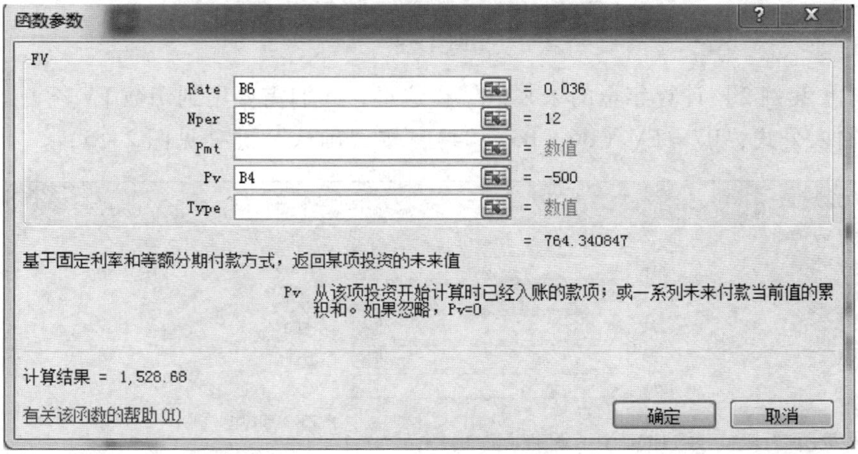

图 2 - 2

3. 在 B7 单元格计算出复利终值为 764.34 元（见图 2 - 3）。

	A	B
1	投资分析表	
2	表1	单位：元
3	项目	数值
4	现金流量现值	-500.00
5	期数（年）	12
6	投资回报率	3.60%
7	现金流量终值	764.34
8		

图 2 - 3

［案例 2］

1. 启动 Excel 2016，选择“文件”|“新建”命令，新建一个空白工作簿，重命名 Sheet 1为“投资分析表”（见图 2 - 4）。

投资分析表

表1　　　　单位：元

项目	数值
年金	-500.00
期数（年）	12
投资回报率	3.60%
现金流量终值	

图 2－4

2. 根据［案例 2］计算年金的未来值。在这里，我们需要用到函数 FV。在 B7 输入公式，B7 = FV（B6，B5，B4），按“确认”键（见图 2－5）。

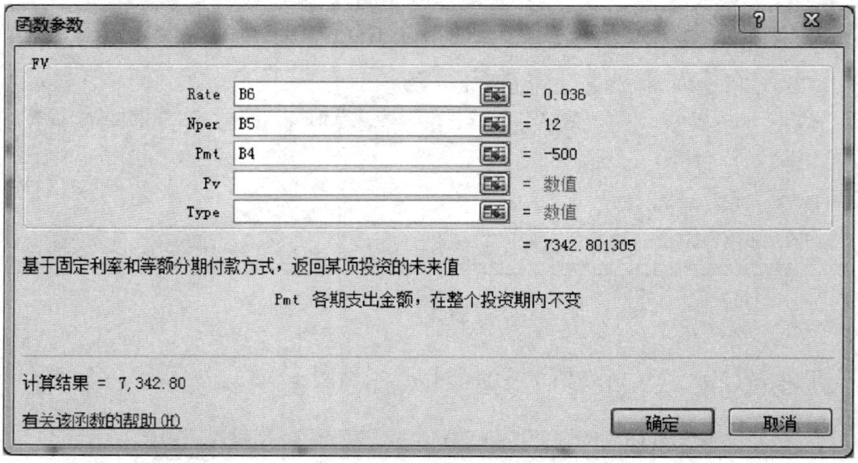

图 2－5

3. 在 B7 单元格计算出年金终值为 7342.80 元（见图 2－6）。

投资分析表

表1　　　　单位：元

项目	数值
年金	-500.00
期数（年）	12
投资回报率	3.60%
现金流量终值	7,342.80

图 2－6

二、现值计算

[案例3]

1. 创建一个“投资分析表”，见图2-7。

	A	B
1	投资分析表	
2	表1	单位：元
3	项目	数值
4	未来现金流量	100,000.00
5	期数（年）	5
6	投资回报率	12%
7	现金流量现值	
8		

图2-7

2. 根据［案例3］计算未来现金流量的现值。在这里，我们需要用到函数PV。函数PV是按给定的利率、期数和每期收支的现金流量计算复利现值或者年金现值。函数格式如下：

PV（rate，nper，pmt，fv，type）

其中，Rate——各期利率。

Nper——总投资期，即该项投资的偿款期总数。

Pmt ——各期所获得的金额，在整个投资期内不变。

Fv——终值。

Type——数值0或1，指定付款时间是期初还是期末。1=期初；0或忽略=期末。

在B7输入公式，B7=PV（B6，B5，B4），按［确认］键（见图2-8）。

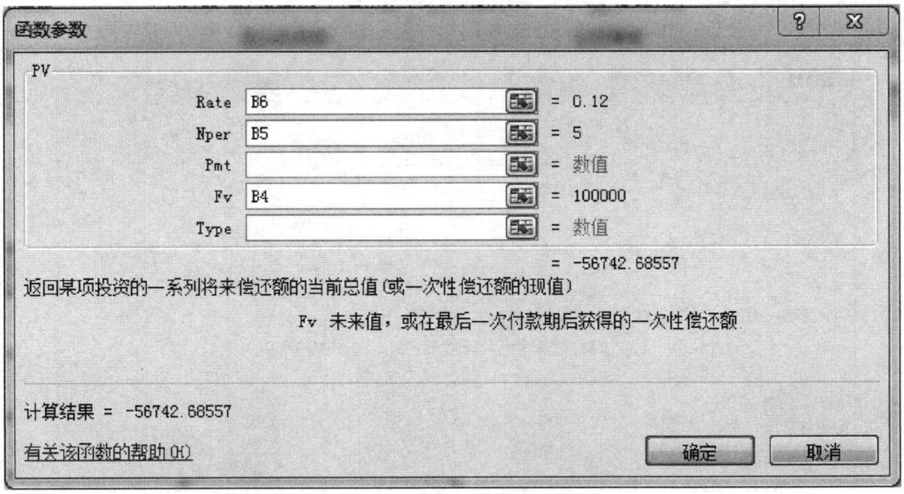

图2-8

3. 在 B7 单元格计算出复利现值为 56742.69 元（见图 2－9）。

	A	B
1	投资分析表	
2	表1	单位：元
3	项目	数值
4	未来现金流量	100,000.00
5	期数（年）	5
6	投资回报率	12%
7	现金流量现值	¥-56,742.69
8		

图 2－9

［案例 4］

1. 创建一个“投资分析表”，见图 2－10。

	A	B
1	投资分析表	
2	表1	单位：元
3	项目	数值
4	年金	100,000.00
5	期数（年）	5
6	投资回报率	12%
7	现金流量现值	
8		

图 2－10

2. 根据［案例 4］资料计算年金的现值。在这里，我们需要用到函数 PV。在 B7 输入公式，B7＝PV（B6，B5，B4），按［确认］键（见图 2－11）。

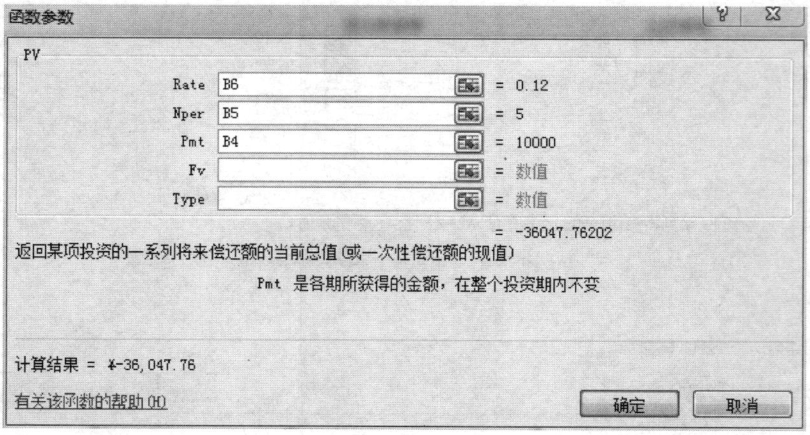

图 2－11

3. 在 B7 单元格计算出年金的现值为 36047.76 元（见图 2－12）。

投资分析表

表1　　单位：元

项目	数值
年金	100,000.00
期数（年）	5
投资回报率	12%
现金流量现值	¥-36,047.76

图 2－12

三、年金计算

［案例 5］

1. 创建一个“年金计算表”，见图 2－13。

年金计算表

项目	数值
终值	1000
期数（年）	5
投资回报率	10%
年金	

图 2－13

2. 根据［案例 5］资料计算每期收支的现金流量。在这里，我们需要用到 PMT 函数，函数 PMT 是按给定的利率、期数及年金类型等，计算每期收支的现金流量。函数格式如下：

PMT（rate，nper，pv，fv，type）

其中，Rate——各期利率。

Nper——总投资期或贷款期，即该项投资或贷款的付款期总数

Pv——现值，从该项投资（或贷款）开始计算时已经入账的款项，或一系列未来付款当前值的累积和。

Fv——终值，或在最后一次付款可以获得的现金余额。如果忽略，则认为此值为 0。

Type——逻辑值 0 或 1，指定付款时间是期初还是期末。1＝期初；0 或忽略＝期末

在 C6 输入公式，C6 = PMT（C5，C4，C3），按“确认”键（见图 2 - 14）。

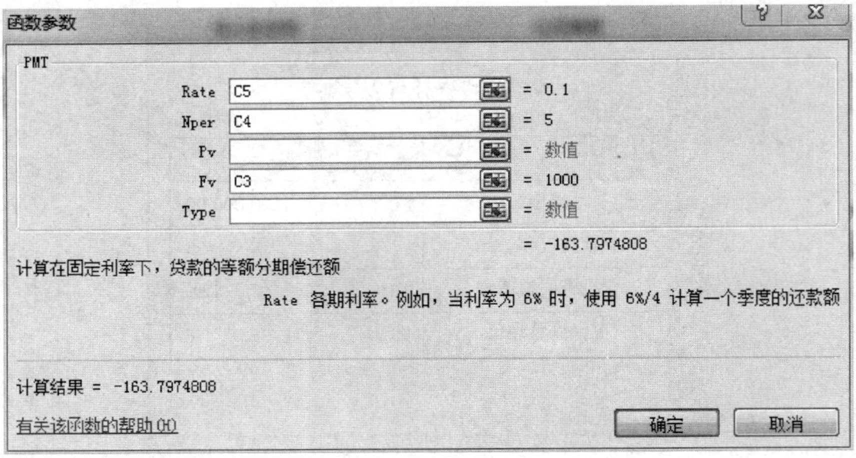

图 2 - 14

3. 在 C6 单元格计算出每年的现金流量为 163.80（见图 2 - 15）。

年金计算表

项目	数值
终值	1000
期数（年）	5
投资回报率	10%
年金	¥-163.80

图 2 - 15

[案例 6]

1. 创建一个“年金计算表”，见图 2 - 16。

年金计算表

项目	数值
现值	2000
期数（年）	10
投资回报率	10%
年金	

图 2 - 16

2. 根据［案例 5］资料计算每期收支的现金流量。在这里，我们需要用到 PMT 函数。在 C6 输入公式，C6 = PMT（C5，C4，C3），按“确认”键（见图 2－17）。

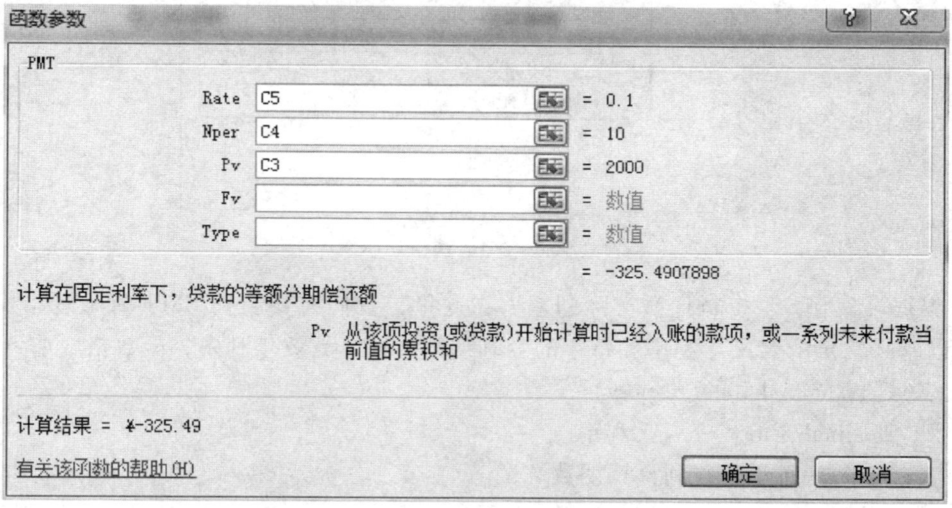

图 2－17

3. 在 C6 单元格计算出每年的现金流量为 325.49（见图 2－18）。

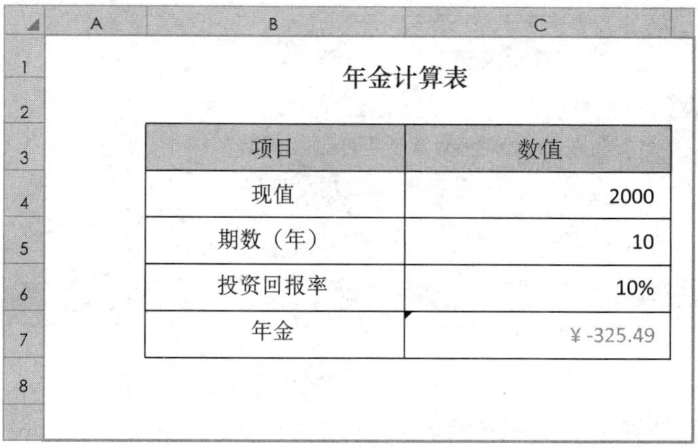

	A	B	C
1		年金计算表	
2			
3		项目	数值
4		现值	2000
5		期数（年）	10
6		投资回报率	10%
7		年金	¥ -325.49
8			

图 2－18

四、利率计算

［案例 7］

1. 创建一个“名义利率与实际利率转换”，见图 2－19。

	A	B	C
1		名义利率与实际利率转换	
2			
3		项目	数值
4		一年计息次数	4
5		名义利率	6.30%
6		实际利率	
7			
8			

图 2－19

2. 根据［案例 5］资料计算实际利率。在这里，我们需要用到 EFFECT 函数。EFFECT 函数可以基于给定的名义年利率和每年的复利期数，计算有效年利率，函数格式如下：

EFFECT（Nominal Rate，Npery）

其中，Nominal Rate——名义利率。

Npery—每年的复利计算期数。

在 C6 输入公式，C6＝EFFECT（C4，C3），按［确认］键见图 2－20。

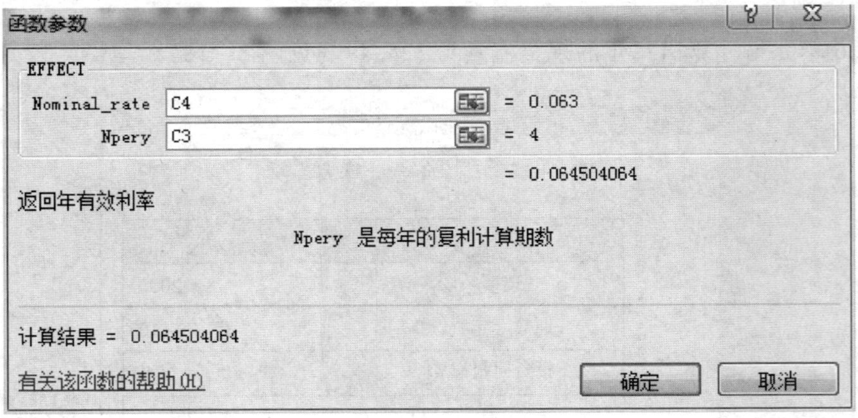

图 2－20

3. 在 C6 单元格计算出实际利率为 6.45%（见图 2－21）。

	A	B	C
1		名义利率与实际利率转换	
2			
3		项目	数值
4		一年计息次数	4
5		名义利率	6.30%
6		实际利率	6.45%
7			
8			

图 2－21

[案例 8]

1. 创建一个“利率计算表”，见图 2－22。

	A	B
1	利率计算表	
2	表1	单位：元
3	项目	数值
4	现金流量现值	-100.00
5	期数（年）	10
6	投资回报率	
7	现金流量终值	259.40
8		

图 2－22

2. 根据［案例 8］资料计算利率。在这里，我们需要用到函数 RATE。RATE 函数返回投资或贷款的每期实际利率。函数 RATE 通过迭代法计算得出，并且可能无解或有多个解。函数格式如下：

RATE（Nper，Pmt，Pv，Fv，Type，Guess）

其中，Nper——总投资期或贷款期，即该项投资或贷款的付款期总数。

Pmt ——各期所应收取（或支付）的金额，在整个投资期内不变。

Pv——现值。

Fv——终值，如果忽略，Fv＝0。

Type——数值 0 或 1，指定付款时间是期初还是期末。1＝期初；0 或忽略＝期末。

Guess——预期利率。

在 B6 输入公式，B7＝Rate（B5，B4，B7），按［确认］键（见图 2－23）。

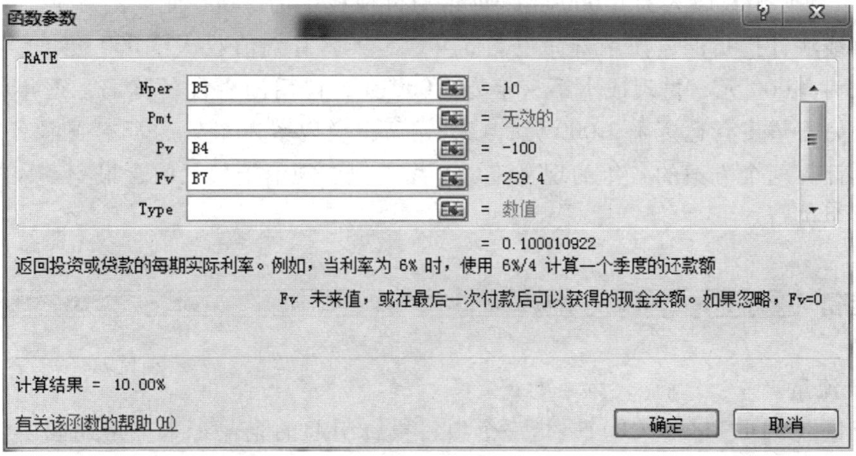

图 2－23

3. 在B6单元格计算出投资回报率为10%（见图2－24）。

利率计算表

表1　　单位：元

项目	数值
现金流量现值	-100.00
期数（年）	10
投资回报率	10.00%
现金流量终值	259.40

图2－24

任务2 项目投资决策

任务案例

［**案例9**］

北京宏达有限公司准备购入一项设备以扩充公司的生产能力。现有甲、乙两个方案可供选择，甲方案需投资10 000元，使用寿命为5年，采用直线法计提折旧，5年后，设备无残值。5年中，每年销售收入为6 000元，每年的付现成本为2 000元。乙方案需投资12 000元，采用直线法计提折旧，使用寿命也为5年，5年后有残值收入2 000元。5年中，每年的销售收入为8 000元，付现成本第一年为3 000元，以后随着设备陈旧，逐年将增加修理费400元，另需垫支营运资金3 000元，该公司所得税税率为25%，资本成本率为10%。

要求：计算两个方案的各年的现金流量、净现值、现值指数及内含报酬率，判断甲、乙两个方案哪个可行。

工作准备

1. 现金流量。

现金流量（Cash Flow，CF）是指一个项目投资引起的企业未来一定期间所发生的现金收支。一般情况下，投资决策中的现金流量通常是指现金净流量（Net Cash Flow，NCF）。

某年现金净流量＝该年现金流入量－该年现金流出量

$=CIt-COt\ (t=0, 1, 2, \cdots, n)$

投资阶段的现金流量主要是现金流出量，即在该投资项目上的原始投资，包括长期资产投资和营运资金垫支。

营业现金流量是指投资项目投入使用后，在其寿命期内由于生产经营所带来的现金流入和流出的数量。年营业现金净流量可用下列公式计算：

营业现金净流量＝营业收入－付现成本－所得税＝净利润＋非付现成本

＝(营业收入－营业成本)×(1－所得税税率)＋非付现成本

终结现金流量是指项目经济寿命完结时发生的现金流量。主要包括：固定资产的变价净收入和垫支的营运资金的收回。

2. 净现值。

净现值（Net Present Value，NPV）是指在项目计算期内，按照预定的折现率计算的所有现金净流量的现值之和。计算公式为：

$$\text{净现值（NPV）} = \sum_{t=0}^{n}\text{（第 } t \text{ 年的现金净流量} \times \text{第 } t \text{ 年的复利现值系数）}$$

净现值（NPV）＝现金流入量现值－现金流出量现值

3. 现值指数。

现值指数（Profitability Index，PI）又称作获利指数、现值比率，是指投资方案未来现金净流量总现值与原始投资额总现值的比值。现值指数的计算公式为：

$$\text{现值指数（PI）} = \frac{\text{未来现金净流量总现值}}{\text{原始投资额总现值}}$$

4. 内含报酬率。

内含报酬率（Internal Rate of Return，IRR）又称为内部收益率，是指能够使未来现金流入量现值等于未来现金流出量现值的折现率，或者说是使得投资项目净现值等于零的折现率。内含报酬率是投资项目本身可达到的报酬率。

计算方法，令 $NPV = \sum_{t=0}^{n}\frac{NCF_t}{(1+i)^t} = 0$，得出的 i 即为内含报酬率。

任务实施

一、现金流量的计算

建立北京宏达有限公司“现金流量计算表”。建立步骤如下：

1. 启动 Excel 2016，选择“文件”|“新建”命令，新建一个空白工作簿，重命名 Sheet 1为“现金流量计算表”。

2. 根据［案例9］北京宏达有限公司的实际业务情况在表格中输入信息，见图 2－25。

	A	B	C	D	E	F	G	H	I
1	现金流量计算表								
2	方案	项目		0	1	2	3	4	5
3	甲方案	初始现金流量的计算	固定资产投资	10000					
4			营运资金垫资	0					
5			初始现金流量						
6		营业现金流量的计算	销售收入		6000	6000	6000	6000	6000
7			付现成本		2000	2000	2000	2000	2000
8			折旧						
9			税前利润						
10			所得税						
11			税后净利						
12			营业现金流量						
13		终结点现金流量的计算	固定资产残值						0
14			营运资金回收						0
15		现金流量合计							
16	乙方案	初始现金流量的计算	固定资产投资	12000					
17			营运资金垫资	3000					
18			初始现金流量						
19		营业现金流量的计算	销售收入		8000	8000	8000	8000	8000
20			付现成本		3000	3400	3800	4200	4600
21			折旧						
22			税前利润						
23			所得税						
24			税后净利						
25			营业现金流量						
26		终结点现金流量的计算	固定资产残值						2000
27			营运资金回收						3000
28		现金流量合计							

图 2－25

3. 计算甲乙方案初始现金流量。

在 D5 单元格中输入公式“＝0－D4－D3”，按［Enter］键计算甲方案建设期的现金流量－10 000。

在 D18 单元格中输入公式“＝0－D16－D17”，按［Enter］键计算乙方案建设期的现金流量－15 000。

4. 计算甲乙方案各年的年折旧额，在这里需要用到函数 SLN，SLN 函数用于返回某项资产在一个期间中的线性折旧值。函数格式如下：

SLN（Cost，Salvage，Life）

其中，Cost ——固定资产原值。

Salvage——固定资产使用年限终了时的估计残值。

Life——固定资产进行折旧计算的周期总数，也称固定资产的生命周期。

计算甲方案的年折旧额。在 E8 输入公式，E8＝SLN（$D$3，$I$13，$I$2），按“确认”键（见图 2－26）。

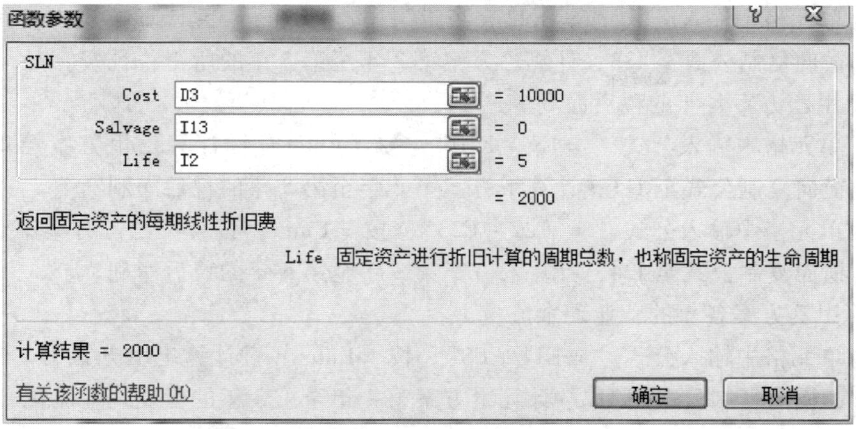

图 2－26

在 E8 单元格计算出甲方案第一年的固定资产年折旧额 2 000；选中 E8 单元格，将鼠标指针放到该单元格的右下角，当指针变成“＋”，横向拖动鼠标至 I8，复制 E8 单元格公式，依次计算出甲方案第 2 年到第 5 年的固定资产年折旧额。

同理，计算乙方案的年折旧额。在 E21 输入公式，E21＝（＄D＄16，＄I＄26，＄I＄2)，按［确认］键。同时，横向复制该公式至单元格 I21，计算出乙方案第 1 年至第 5 年的年折旧额（见图 2－27)。

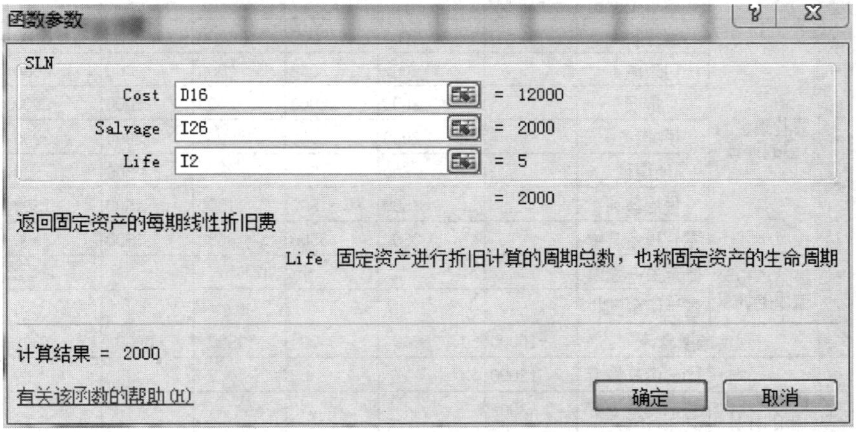

图 2－27

5. 计算甲乙方案各年的税前利润。

在 E9 单元格中输入公式“＝E6－E7－E8”，按［Enter］键计算出甲方案第 1 年税前利润；同时，横向复制公式至 I9，计算甲方案第 2 年至第 5 年的税前利润。

在 E22 单元格中输入公式“＝ E19－E20－E21”，按［Enter］键计算出乙方案第 1 年税前利润；同时，横向复制公式至 I22，计算乙方案第 2 年至第 5 年的税前利润。

6. 计算甲乙方案各年的所得税。

在 E10 单元格中输入公式“＝E9×25%”，按［Enter］键计算出甲方案第 1 年所得税；同时，横向复制公式至 I10，计算甲方案第 2 年至第 5 年的所得税税费。

在 E23 单元格中输入公式“ = E22 × 25%”，按［Enter］键计算出乙方案第 1 年所得税；同时，横向复制公式至 I23，计算乙方案第 2 年至第 5 年的所得税税费。

7. 计算甲乙方案各年的税后净利。

在 E11 单元格中输入公式“ = E9 - E10”，按［Enter］键计算出甲方案第 1 年税后净利；同时，横向复制公式至 I11，计算甲方案第 2 年至第 5 年的税后净利。

在 E24 单元格中输入公式“ = E22 - E23”，按［Enter］键计算出乙方案第 1 年税后净利；同时，横向复制公式至 I24，计算乙方案第 2 年至第 5 年的税后净利。

8. 计算甲乙方案各年的营业现金流量。

在 E12 单元格中输入公式“ = E11 + E8”，按［Enter］键计算出甲方案第 1 年营业现金流量；同时，横向复制公式至 I12，计算甲方案第 2 年至第 5 年的营业现金流量。

在 E25 单元格中输入公式“ = E24 + E21”，按［Enter］键计算出乙方案第 1 年营业现金流量；同时，横向复制公式至 I25，计算乙方案第 2 年至第 5 年的营业现金流量。

9. 结合终结点现金流量，计算甲乙方案各年现金流量。

最终结果见图 2 - 28。

	B	C	D	E	F	G	H	I
1	现金流量计算表							
2	项目		0	1	2	3	4	5
3	初始现金流量的计算	固定资产投资	10000					
4		营运资金垫资	0					
5		初始现金流量	-10000					
6	营业现金流量的计算	销售收入		6000	6000	6000	6000	6000
7		付现成本		2000	2000	2000	2000	2000
8		折旧		2000	2000	2000	2000	2000
9		税前利润		2000	2000	2000	2000	2000
10		所得税		500	500	500	500	500
11		税后净利		1500	1500	1500	1500	1500
12		营业现金流量		3500	3500	3500	3500	3500
13	终结点现金流量的计算	固定资产残值						0
14		营运资金回收						0
15	现金流量合计		-10000	3500	3500	3500	3500	3500
16	初始现金流量的计算	固定资产投资	12000					
17		营运资金垫资	3000					
18		初始现金流量	-15000					
19	营业现金流量的计算	销售收入		8000	8000	8000	8000	8000
20		付现成本		3000	3400	3800	4200	4600
21		折旧		2000	2000	2000	2000	2000
22		税前利润		3000	2600	2200	1800	1400
23		所得税		750	650	550	450	350
24		税后净利		2250	1950	1650	1350	1050
25		营业现金流量		4250	3950	3650	3350	3050
26	终结点现金流量的计算	固定资产残值						2000
27		营运资金回收						3000
28	现金流量合计		-15000	4250	3950	3650	3350	8050

图 2 - 28

二、投资决策指标的计算

建立北京宏达有限公司“项目投资指标计算表”。建立步骤如下：

1. 启动 Excel 2016，选择“文件”|“新建”命令，新建一个空白工作簿，重命名 Sheet 1为“项目投资指标计算表”。

2. 根据前面“现金流量计算表”的计算结果在表格中输入信息，见图 2－29。

	A	B	C	D	E	F	G	H	I	J	K
1	项目投资指标计算表										
2	年度	0	1	2	3	4	5	原始投资额	NPV	PI	IRR
3	甲方案各年现金流量	-10000	3500	3500	3500	3500	3500	10000			
4	乙方案各年现金流量	-15000	4250	3950	3650	3350	8050	15000			
5	资本成本率	10%									
6											

图 2－29

3. 计算甲乙方案的净现值，在这里需要用到函数 NPV，NPV 函数通过使用贴现率以及一系列未来支出（负值）和收入（正值），返回一项投资的净现值。函数格式如下：

NPV（Rate，Value1，[Value2]，…）

其中，Rate ——是一期的整个阶段的贴现率。

Value1，Value2，…——代表支出和收入的 1 到 254 个参数，时间均匀分布并出现在每期末尾。

在 I3 单元格输入公式“＝NPV（B5，C3：G3）＋B3”，按［Enter］键计算出甲方案的净现值。

在 I4 单元格输入公式“＝NPV（B5，C4：G4）＋B4”，按［Enter］键计算出乙方案的净现值。

4. 计算甲乙方案的现值指数。

在 J3 单元格输入公式“＝NPV（B5，C3：G3）/H3”，按［Enter］键计算出甲方案的现值指数。

在 J4 单元格输入公式“＝NPV（B5，C4：G4）/H4”，按［Enter］键计算出乙方案的现值指数。

在 B12 单元格中输入公式“＝＝NPV（B5，C3：G3）＋B3”，计算出新产品的安全边际率。

5. 计算甲乙方案的内含报酬率，在这里需要用到函数 IRR，IRR 函数用于返回连续期间的现金流量的内含报酬率。函数格式如下：

IRR（Values，Guess）

其中，Value——代表一个数组，或对包含用来计算返回内部报酬率的数字单元格的引用。

Guess——内部报酬率的猜测值。

在 K3 单元格，输入公式“＝IRR（B3：G3）”，按［确定］按钮，计算出甲方案的内含报酬率（见图 2-30）。

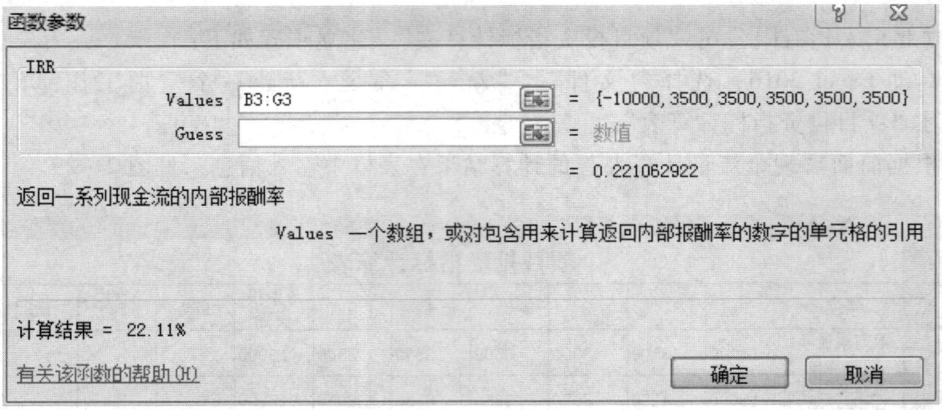

图 2-30

同理，在 K4 单元格，输入公式“=IRR（B4：G4）”，按［确定］按钮，计算出乙方案的内含报酬率。

最终计算结果见图 2-31。

	A	B	C	D	E	F	G	H	I	J	K
1	项目投资指标计算表										
2	年度	0	1	2	3	4	5	原始投资额	NPV	PI	IRR
3	甲方案各年现金流量	-10000	3500	3500	3500	3500	3500	10000	3267.75	1.33	22.11%
4	乙方案各年现金流量	-15000	4250	3950	3650	3350	8050	15000	2156.91	1.14	15.00%
5	资本成本率	10%									

图 2-31

任务 3 证券投资决策

任务案例

［案例 10］

假设某债券面值为 100 元，票面利率为 12%，期限为 6 年，发行日期为 2013 年 6 月 3 日，当前的市场利率为 9%。

要求：计算当债券价格为多少时才可进行投资？

[案例 11]

北京宏达有限公司拟购买一债券，该债券的发行日期为 2013 年 8 月 1 日，到期日期为 2023 年 8 月 1 日，成交日期为 2016 年 10 月 23 日，债券面值为 100 元，票面利率为 5.25%，当前市场利率为 6.55%，以单利计息，到期支付。

要求：计算该债券发行价为多少时，公司才能购买？

[案例 12]

北京宏达有限公司准备购买某债券，该债券面值为 100 元，5 年期，以贴现方式发行，到期按面值偿还，当时市场利率为 9%。

要求：计算该债券的发行价格。

[案例 13]

北京宏达有限公司拟购买一永久债券，该债券的面额为 2 000 元，年利率为 9%，投资者要求的年投资收益率为 12%。

要求：计算宏达公司能够接受的债券的价格。

[案例 14]

北京宏达有限公司在 2015 年 6 月 3 日以 87.65 元的价格购入面值为 100 元的债券，债券到期日为 2025 年 7 月 28 日，票面利率 5.75%，每年支付两次利息。

要求：计算该债券的收益率。

[案例 15]

北京宏达有限公司在 2015 年 3 月 27 日以 87.65 元的价格购入面值为 100 元的债券，债券发行日期为 2013 年 8 月 1 日，票面利率为 5.75%，到期付息。

要求：请计算该债券的收益率。

[案例 16]

北京宏达有限公司在 2019 年 2 月 27 日以 96.85 元的价格购入面值为 100 元的债券，债券到期日为 2019 年 7 月 28 日。

要求：计算该债券的收益率。

工作准备

一、债券估价

1. 典型债券估价模型

典型债券通常是固定利率债券，每期计算并支付利息、到期归还本金，这种债券价值的计算公式为：

$V = I \times (P/A, R, n) + M \times (P/F, R, n)$

2. 一次还本付息且不计算复利的债券估价模型

我国很多债券属于一次还本付息且不计复利的债券，其估价计算公式为：

$V = (M + I \times n) \times (P/F, R, n)$

3. 折价（零息）债券的估价模型

有些债券以贴现方式发行，到期按面值偿还，这种债券被称为“零息债券”，其估价模型为：

$V = M \times (P/F, R, n)$

4. 永久债券的估价模型

永久债券是指没有到期日，永远不停止支付利息的债券。英国和美国都发行过这种公债。对于永久公债，通常政府都保留了回购债券的权力。优先股实际上也是一种永久债券，如果公司的股利支付没有问题，将会持续地支付固定的优先股息。永久债券的价值计算公式如下：

$$V = \frac{I}{R}$$

二、债券投资收益的衡量

债券的收益水平通常用到期收益率来衡量。债券到期收益率是指自企业债券购买日至到期日可获得的收益率。它是考虑资金时间价值，按复利计算的投资收益率，是指使债券投资未来现金流入的现值等于债券买入价格时的折现率，是净现值为零的折现率，计算公式如下：

$$P = \frac{I_1}{(1+i)^1} + \frac{I_2}{(1+i)^2} + \cdots + \frac{I_n}{(1+i)^n} + \frac{M}{(1+i)^n}$$

式中：P——债券价格。

I——每期利息。

M——债券面值。

n——到期的年数。

i——折现率，债券到期收益率。

在上式中将折现率 i 求解出来，即为债券到期收益率。

▣ 任务实施

一、定期付息债券发行价格

［案例 10］

1. 启动 Excel 2016，选择“文件”|“新建”命令，新建一个空白工作簿，重命名 Sheet 1为“定期付息债券发行价格分析表”见图 2－32。

定期付息债券发行价格分析表

单位：元

项目	数值
发行日期	2013/6/3
到期日期	2019/6/3
票面利率	12.00%
市场利率	9.00%
面值	100.00
发行价格	

图 2－32

2. 根据［案例10］资料计算债券当前的发行价格。在这里，我们需要用到 Excel 函数 PRICE。PRICE 函数的主要作用是返回定期付息的面值 $100 的有价证券的价格。函数格式如下：

PRICE（Settlement，Maturity，Rate，Yld，Redemption，Frequency，Basis）

其中，Settlement ——是证券的成交日，即在发行日之后，证券卖给购买者的日期。

Maturity——为有价证券的到期日。到期日是有价证券有效期截止时的日期。

Rate——为有价证券的年息票利率。

Yld——为有价证券的年收益率。

Redemption——为面值 $100 的有价证券的清偿价值。

Frequency——为年付息次数。如果按年支付，Frequency = 1；按半年期支付，Frequency = 2；按季支付，Frequency = 4。

Basis——日计数基准类型（见表2－1）。

表2－1

Basis	日计数基准
0或省略	US（NASD）30/360
1	实际天数/实际天数
2	实际天数/360
3	实际天数/365
4	欧洲 30/360

在 C9 输入公式，C9＝PRICE（C4，C5，C6，C7，C8，1，3），按［确认］键（见图2－33）。

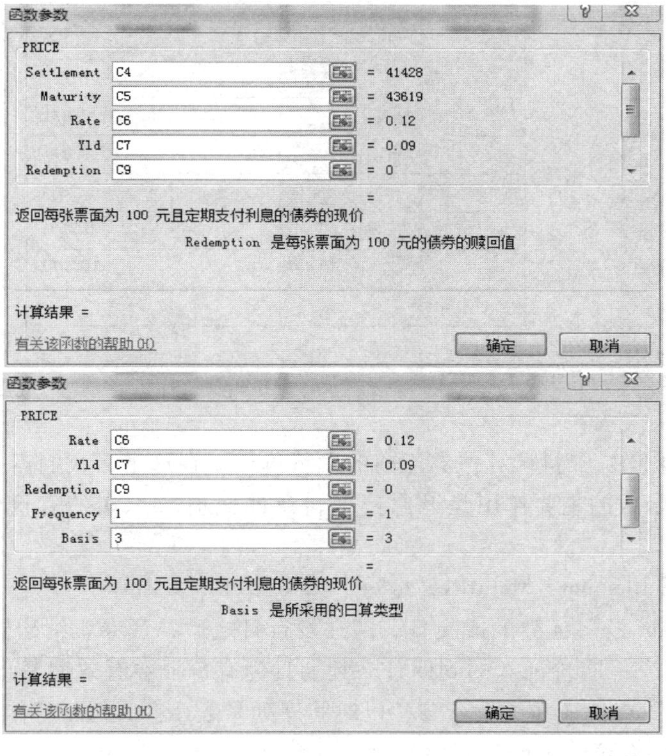

图2－33

3. 在 C9 单元格计算出债券的价格为 113.46 元（见图 2－34）。

	A	B	C
1		定期付息债券发行价格分析表	
2			单位：元
3		项目	数值
4		发行日期	2013/6/3
5		到期日期	2019/6/3
6		票面利率	12.00%
7		市场利率	9.00%
8		面值	100.00
9		发行价格	113.46
10			

图 2－34

二、到期付息债券价格

［案例 11］

1. 启动 Excel 2016，选择“文件”｜“新建”命令，新建一个空白工作簿，重命名 Sheet 1为“到期付息债券发行价格分析表”见图 2－35。

	A	B	C
1		到期付息债券价格分析表	
2			单位：元
3		项目	数值
4		成交日期	2016/10/23
5		到期日期	2023/8/1
6		发行日期	2013/8/1
7		票面利率	5.25%
8		年收益率	6.55%
9		面值	100.00
10		债券价格	
11			

图 2－35

2. 根据［案例 11］资料计算债券当前的发行价格。在这里，我们需要用到函数 PRICEMAT。PRICEMAT 函数的主要作用是返回到期付息的面值 ＄100 的有价证券的价格。函数格式：

PRICEMAT（Settlement，Maturity，Issue，Rate，Yld，Basis）

其中，Settlement ——证券的成交日。即在发行日之后，证券卖给购买者的日期。

Maturity——有价证券的到期日。到期日为有价证券有效期截止时的日期。

Issue——有价证券的发行日，以时间序列号表示。

Rate——有价证券的年利率。

Yld——有价证券的年收益率。

Basis——日计数基准类型。

在 C10 输入公式，C10 = PRICEMAT（C4，C5，C6，C7，C8，3），按［确认］键，见图 2－36。

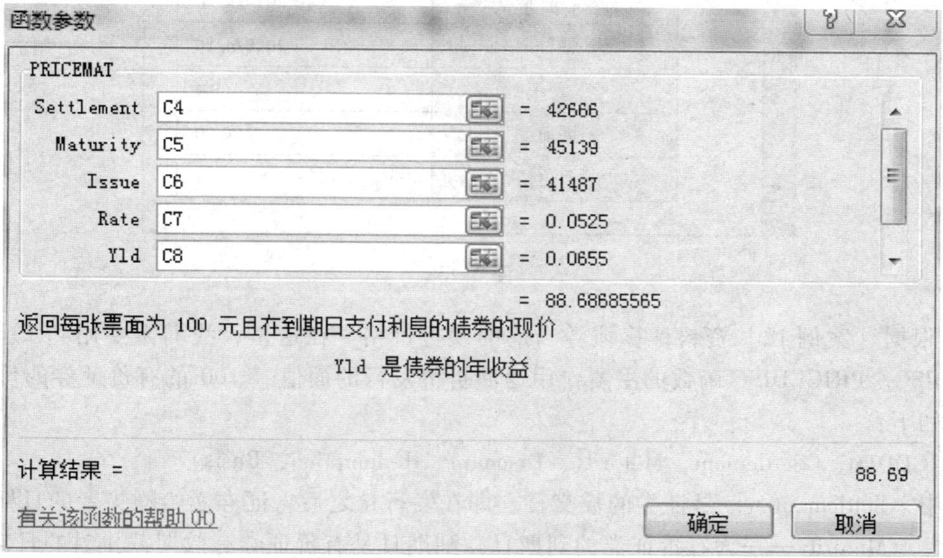

图 2－36

3. 在 C10 单元格计算出债券的价格为 88.69 元（见图 2－37）。

	A	B	C
1		到期付息债券价格分析表	
2			单位：元
3		项目	数值
4		成交日期	2016/10/23
5		到期日期	2023/8/1
6		发行日期	2013/8/1
7		票面利率	5.25%
8		年收益率	6.55%
9		面值	100.00
10		债券价格	88.69
11			

图 2－37

三、折价债券发行价格

［案例 12］

1. 启动 Excel 2016，选择“文件”|“新建”命令，新建一个空白工作簿，重命名 Sheet 1为“折价债券发行价格分析表”（见图 2－38）。

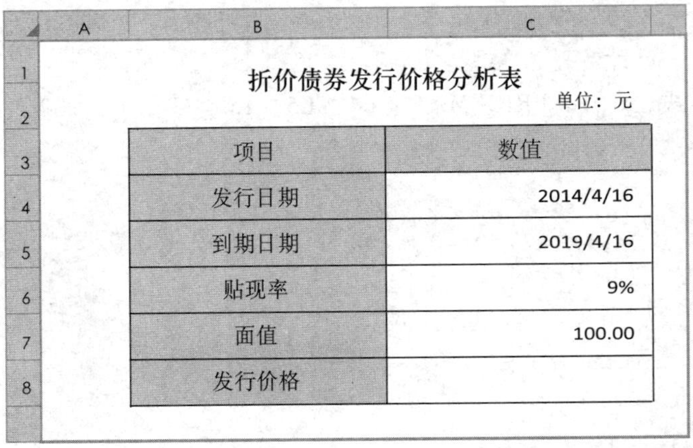

折价债券发行价格分析表

单位：元

项目	数值
发行日期	2014/4/16
到期日期	2019/4/16
贴现率	9%
面值	100.00
发行价格	

图 2－38

2. 根据［案例 12］资料计算债券当前的发行价格。在这里，我们需要用到 Excel 函数 PRICEDISC。PRICEDISC 函数的主要作用返回折价发行的面值 $100 的有价证券的价格。函数格式如下：

PRICEDISC（Settlement，Maturity，Discount，Redemption，Basis）

其中，Settlement——是证券的成交日。即在发行日之后，证券卖给购买者的日期。

Maturity——为有价证券的到期日。到期日是有价证券有效期截止时的日期。

Discount——为有价证券的贴现率。

Redemption——为面值 $100 的有价证券的清偿价值。

Basis——日计数基准类型。

在 C8 输入公式，C8 = PRICEDISC（C4，C5，C6，C7，3），按［确认］键，见图 2－39。

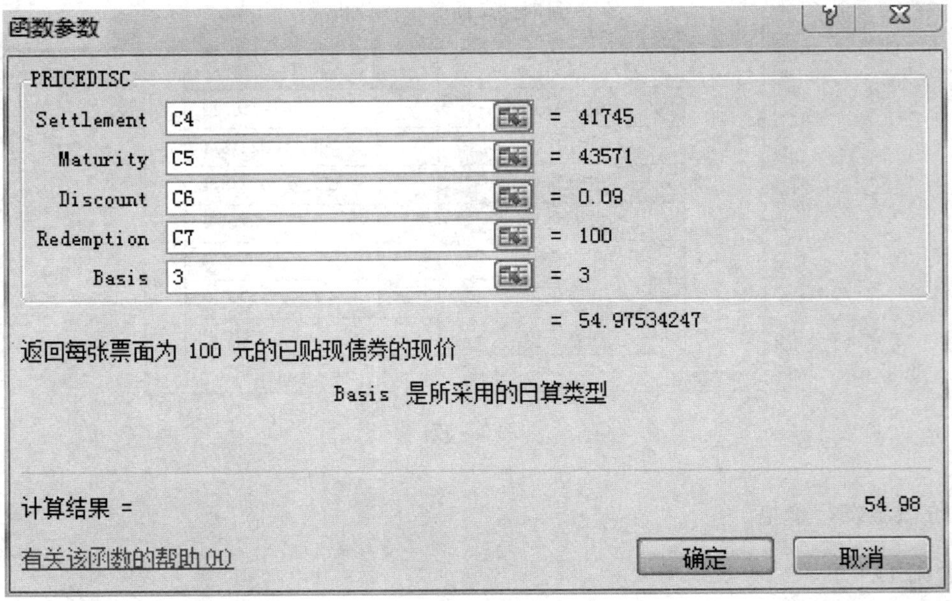

图 2－39

3. 在 C8 单元格计算出债券的价格为 54.98 元（见图 2－40）。

折价债券发行价格分析表

单位：元

项目	数值
发行日期	2014/4/16
到期日期	2019/4/16
贴现率	9%
面值	100.00
发行价格	54.98

图 2－40

四、永久债券价值估算

［案例 13］

1. 启动 Excel 2016，选择“文件”|“新建”命令，新建一个空白工作簿，重命名 Sheet 1为“永久债券价值分析表”见图 2－41。

永久债券价值分析表

单位：元

项目	数值
面额	2,000.00
年利率	9.00%
投资收益率	12.00%
永久债券价值	

图 2－41

2. 根据［案例 13］资料计算永久债券的价值，在 C7 输入公式，C7 = C4 * C5/C6（见图 2－42）。

永久债券价值分析表

单位：元

项目	数值
面额	2,000.00
年利率	9.00%
投资收益率	12.00%
永久债券价值	= C4*C5/C6

图 2－42

3. 在 C7 单元格计算出债券的价格为 1500 元（见图 2－43）。

永久债券价值分析表

单位：元

项目	数值
面额	2,000.00
年利率	9.00%
投资收益率	12.00%
永久债券价值	1,500.00

图 2－43

五、定期付息债券收益率计算

［案例 14］

1. 启动 Excel 2016，选择“文件”|“新建”命令，新建一个空白工作簿，重命名 Sheet 1为“定期付息债券收益率分析表”（见图 2－44）。

定期付息债券收益率分析表

单位：元

项目	数值
面值	100.00
成交日期	2015/6/3
到期日期	2025/7/28
票面利率	5.25%
买入价格	87.65
兑换价格	100.00
收益率	

图 2－44

2. 根据［案例 14］资料计算定期付息债券的收益率。在这里，我们需要用到 Excel 函数 YIELD。YIELD 函数的主要作用返回定期支付利息的债券的收益率。函数格式如下：

YIELD（Settlement，Maturity，Rate，Pr，Redemption，Frequency，Basis）

其中，Settlement ——证券的成交日。即在发行日之后，证券卖给购买者的日期。

Maturity——有价证券的到期日。到期日是有价证券有效期截止时的日期。

Rate——有价证券的年利率。

Pr——价证券的价格（按面值为￥100 计算）。

Redemption——面值 ＄100 的有价证券的清偿价值。

Frequency ——年付息次数。如果按年支付，Frequency ＝ 1；按半年期支付，Frequency = 2；按季支付，Frequency = 4。

Basis——日计数基准类型。

表 2－2

Basis	日计数基准
0 或省略	US（NASD）30/360
1	实际天数/实际天数
2	实际天数/360
3	实际天数/365
4	欧洲 30/360

在 C10 输入公式，C10 = YIELD（C5，C6，C7，C8，C9，2，3），按［确认］键（见图 2－45、图 2－46）。

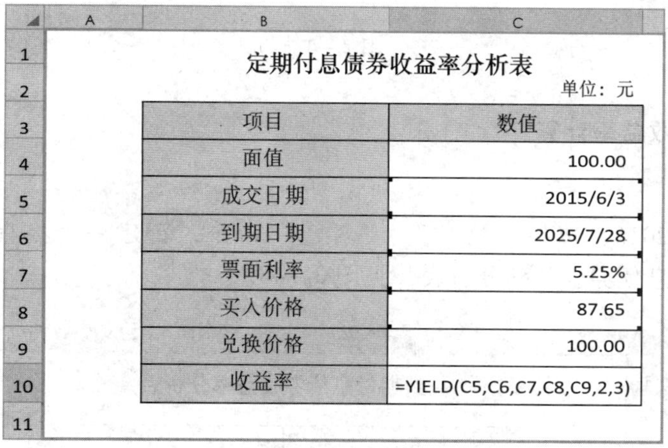

定期付息债券收益率分析表

单位：元

项目	数值
面值	100.00
成交日期	2015/6/3
到期日期	2025/7/28
票面利率	5.25%
买入价格	87.65
兑换价格	100.00
收益率	=YIELD(C5,C6,C7,C8,C9,2,3)

图 2－45

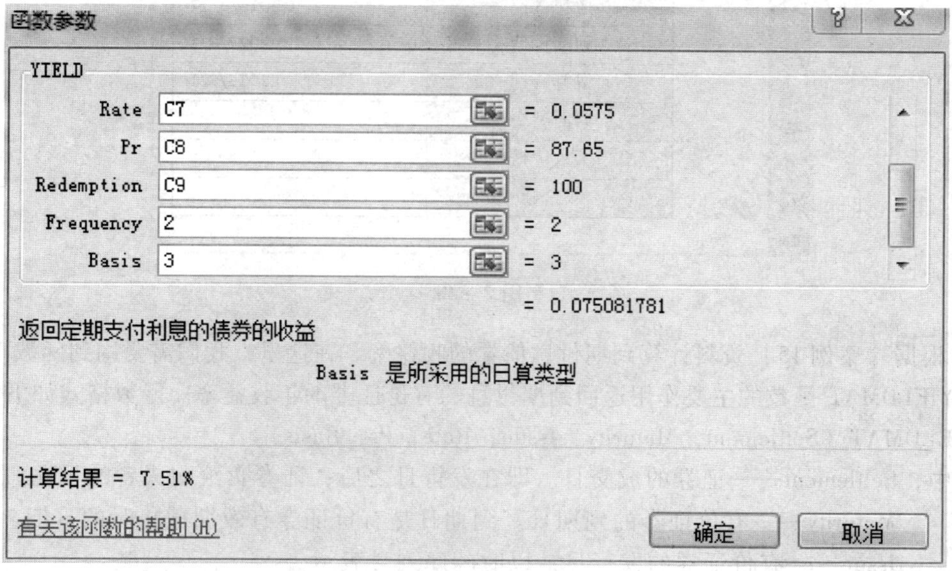

图 2－46

3. 在 C10 单元格计算出定期付息债券的收益率为 7.51%（见图 2－47）。

	A	B	C
1		定期付息债券收益率分析表	
2			单位：元
3		项目	数值
4		面值	100.00
5		成交日期	2015/6/3
6		到期日期	2025/7/28
7		票面利率	5.25%
8		买入价格	87.65
9		兑换价格	100.00
10		收益率	7.51%
11			

图 2－47

六、到期付息债券收益率计算

［案例 15］

1. 启动 Excel 2016，选择“文件”|“新建”命令，新建一个空白工作簿，重命名 Sheet 1为“到期付息债券收益率分析表”见图 2－48。

	A	B	C
1		到期付息债券收益率分析表	
2			单位：元
3		项目	数值
4		面值	100.00
5		成交日期	2015/3/27
6		到期日期	2027/8/1
7		发行日期	2013/8/1
8		票面利率	5.75%
9		买入价格	87.65
10		收益率	
11			

图 2－48

2. 根据［案例 15］资料计算到期付息债券的收益率。在这里，我们需要用到函数 YIELDMAT。YIELDMAT 函数的主要作用返回到期付息的有价证券的年收益率。函数格式如下：

YIELDMAT（Settlement，Maturity，Issue，Rate，Pr，Basis）

其中，Settlement——证券的成交日。即在发行日之后，证券卖给购买者的日期。

Maturity——有价证券的到期日。到期日是有价证券有效期截止时的日期。

Issue——有价证券的发行日，以时间序列号表示。

Rate——有价证券在发行日的利率。

Pr——价证券的价格（按面值为￥100 计算）。

Basis——日计数基准类型。

表 2－3

Basis	日计数基准
0 或省略	US（NASD）30/360
1	实际天数/实际天数
2	实际天数/360
3	实际天数/365
4	欧洲 30/360

在 C10 输入公式，C10＝ YIELDMAT（C5，C6，C7，C8，C9，3），见图 2－49。

图 2－49

或根据提示输入相应的参数，见图 2－50。

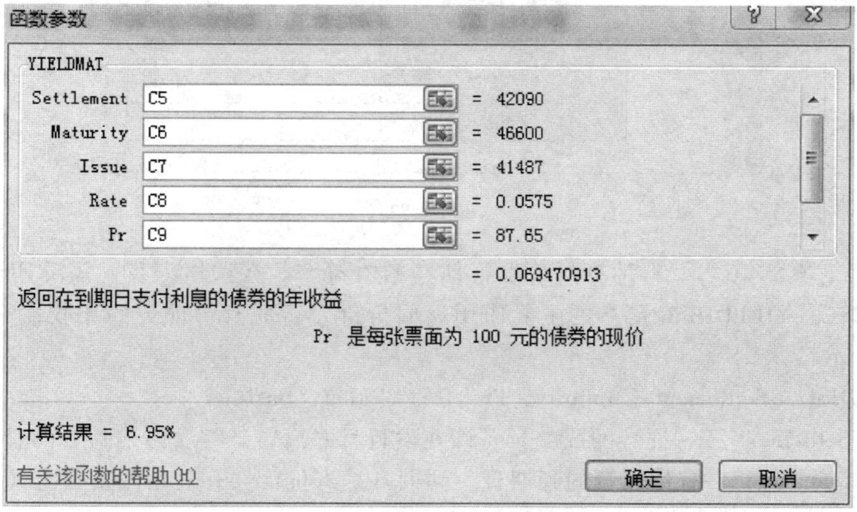

图 2－50

3. 在 C10 单元格计算出到期付息债券的收益率为 6.95%（见图 2－51）。

	A	B	C
1		到期付息债券收益率分析表	
2			单位：元
3		项目	数值
4		面值	100.00
5		成交日期	2015/3/27
6		到期日期	2027/8/1
7		发行日期	2013/8/1
8		票面利率	5.75%
9		买入价格	87.65
10		收益率	6.95%
11			

图 2－51

七、折价发行债券收益率计算

［案例 16］

1. 启动 Excel 2016，选择“文件”｜“新建”命令，新建一个空白工作簿，重命名 Sheet 1为“折价发行债券收益率分析表”（见图 2－52）。

	A	B	C
1		折价发行债券收益率分析表	
2			单位：元
3		项目	数值
4		面值	100.00
5		成交日期	2019/2/27
6		到期日期	2019/7/28
7		买入价格	96.85
8		清偿价格	100.00
9		收益率	
10			

图 2－52

2. 根据［案例 16］资料计算折价发行债券的收益率。在这里，我们需要用到 Excel 函数 YIELDDISC。YIELDDISC 函数的主要作用返回折价发行的有价证券的年收益率。函数格式如下：

YIELDDISC（Settlement，Maturity，Pr，Redemption，Basis）

其中，Settlement ——证券的成交日。即在发行日之后，证券卖给购买者的日期。

Maturity——有价证券的到期日。到期日是有价证券有效期截止时的日期。

Pr——有价证券的价格（按面值为￥100 计算）。

Redemption——面值 $100 的有价证券的清偿价值。

Basis——日计数基准类型。

表 2-4

Basis	日计数基准
0 或省略	US（NASD）30/360
1	实际天数/实际天数
2	实际天数/360
3	实际天数/365
4	欧洲 30/360

在 C9 输入公式，C9 = YIELDDISC（C5，C6，C7，C8，1），见图 2-53。

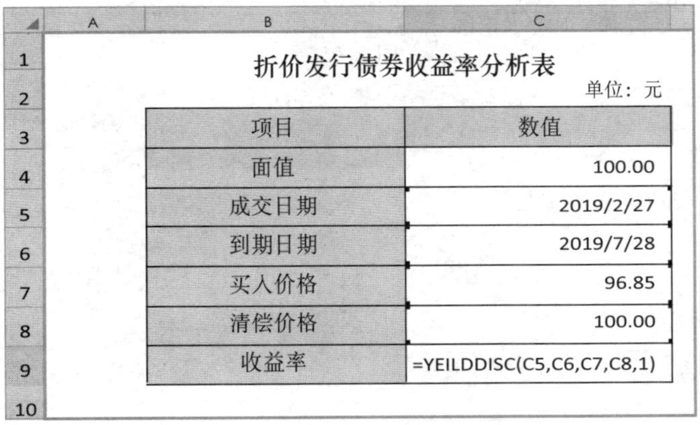

图 2-53

或根据提示输入相应的参数，见图 2-54。

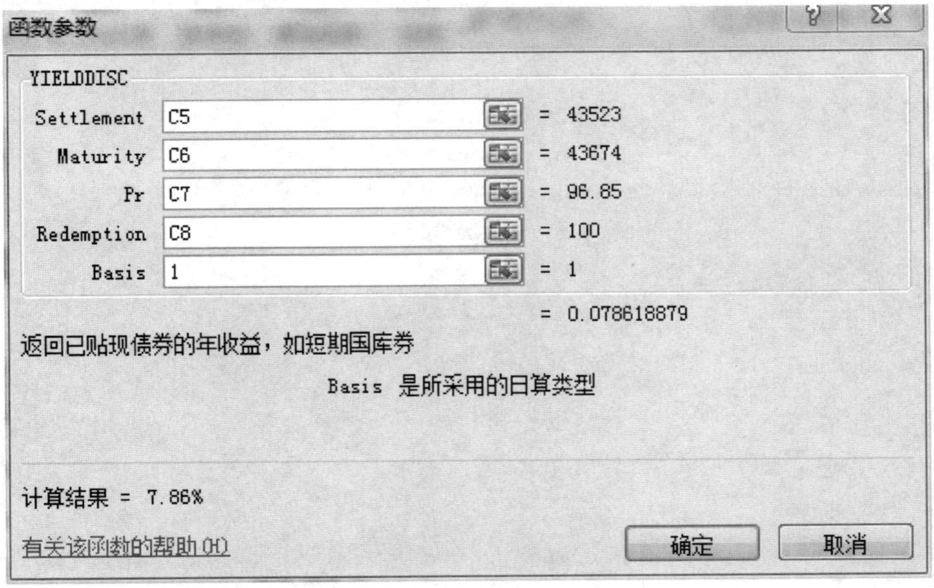

图 2-54

3. 在 C9 单元格计算出折价发行债券的收益率为 7.86%（见图 2－55）。

	A	B	C
1		折价发行债券收益率分析表	
2			单位：元
3		项目	数值
4		面值	100.00
5		成交日期	2019/2/27
6		到期日期	2019/7/28
7		买入价格	96.85
8		清偿价格	100.00
9		收益率	7.86%
10			

图 2－55

3 项目三 筹资管理

学习目标

1. 能利用 Excel 进行销售百分比法预测资金需要量；
2. 能利用 Excel 进行线性回归法预测资金需要量；
3. 能利用 Excel 进行个别成本资本及加权平均资本成本的计算；
4. 能利用 Excel 进行最优资本结构决策；
5. 能利用 Excel 进行长期筹资方式决策。

任务1 预测资金需要量

任务案例

［案例1］

北京宏达有限公司2019年的资产负债表简表见表3－1。2019年度销售额为1 100万元，销售净利率为10%，股利分配率为60%，预计2020年度的销售额增长率为20%。

要求：请用销售百分比法预测2020年资金需要量。

［案例2］

北京宏达有限公司2014年以来的历年销售量X及其对应的资金需要量Y，见表3－2。预计2020年的销售量为12万件。

要求：请预测2020年的资金需要量。

表 3－1　　资产负债表简表

编制单位：北京宏达有限公司　　2019 年 12 月 31 日　　单位：元

资产类	期末数	负债及所有者权益	期末数
货币资金	2 000 000	应付账款	1 500 000
应收账款	600 000	应付票据	200 000
存货	2 650 000	短期借款	90 000
固定资产净值	4 750 000	应付债券	0
		实收资本	6 000 000
		资本公积	1 400 000
		留存收益	810 000
资产合计	10 000 000	负债及所有者权益合计	10 000 000

表 3－2　　销售量及资金需要量

年度	销售量 X（万件）	资金需要量 Y（万元）
2014	9	10.0
2015	8	9.5
2016	7	8.0
2017	9	10.0
2018	10	10.5
2019	11	12.0

工作准备

资金需要量预测是财务预测的重要内容。资金需要量预测是指企业根据生产经营的需求，对未来所需资金进行估计和推测。企业筹集资金时，首先要预测资金需要量，即对企业未来组织生产经营活动的资金需要量进行估计、分析和判断，这是企业制订融资计划的基础。

资金需要量的预测方法有销售百分比法、线性回归法等。

一、销售百分比法

销售百分比法是根据销售额与资产负债表中有关项目间的比例关系，预测各项目短期资金需要量的方法。

1. 销售百分比法的基本假设

（1）资产负债表中的各项目可以划分为敏感项目与非敏感项目。凡是随销售额的变动而变动并呈现出一定比例关系的项目，均称为敏感项目；凡是不随销售额的变动而变动的项目，均称为非敏感项目。

（2）敏感项目与销售额之间成正比例关系。这一假设又包含两方面的含义：一是线性假设，即敏感项目与销售额之间为正相关；二是直线过原点，即销售额为零时，项目的初始值也为零。

（3）基期与预测期的情况基本不变。这一假设包含三重含义：一是基期与预测期的敏感项目和非敏感项目的划分不变；二是敏感项目与销售额之间成固定比例，或称比例不变；三是销售结构和价格水平与基期相比基本不变。

（4）企业的内部资金来源仅包括留存收益，或者说，企业当期计提的折旧在当期全部用来更新固定资产。

（5）销售预测比较准确。销售预测是销售百分比法应用的重要前提之一，只有销售预测准确，才能比较准确地预测资金需要量。

2. 预测的步骤

（1）确定资产、负债中与销售额有固定比例关系的项目，这种项目被称为敏感项目。敏感项目包含敏感资产项目（如现金、应收账款、存货等）和敏感负债项目（如应付账款、应付票据等）。

（2）对各个敏感项目，计算其基期的金额占基期销售收入的百分比，并计算出敏感资产项目占基期销售收入的百分比的合计数和敏感负债项目占基期销售收入的百分比的合计数。

（3）根据预测期的销售收入和销售净利润率，结合预测期支付股利的比率，确定预测期内留存收益的增加额。

（4）根据销售收入的增长额，确定企业预测期需要从外部筹措的资金需要量。

计算公式为：

$M=A/S_1-A/S_1-PES_2$

式中，M 为需要从外部筹措的资金需要量；A 为随销售变化的资产；B 为随销售变化的负债；S_1为基期销售额；S_2为预测期销售额；ΔS 为销售变动额；P 为销售净利润率；E 为保留盈余比率；A/S_1为变动资产占基期销售额的百分比；B/S_1为变动负债占基期销售额的百分比。

二、线性回归法

线性回归法是利用数理统计中的回归分析来确定两种或两种以上变量间相互依赖的定量关系的一种统计分析方法，应用十分广泛。

任务实施

一、销售百分比法

利用销售百分比法预测资金需要的步骤如下：

1. 启动 Excel 2016，新建“2020 资金需要量预测”工作簿，将Sheet 1重命名为“销售百分比法”。

2. 根据［案例 1］中资料，输入北京宏达有限公司 2019 年资产负债表简表，见图 3－1。

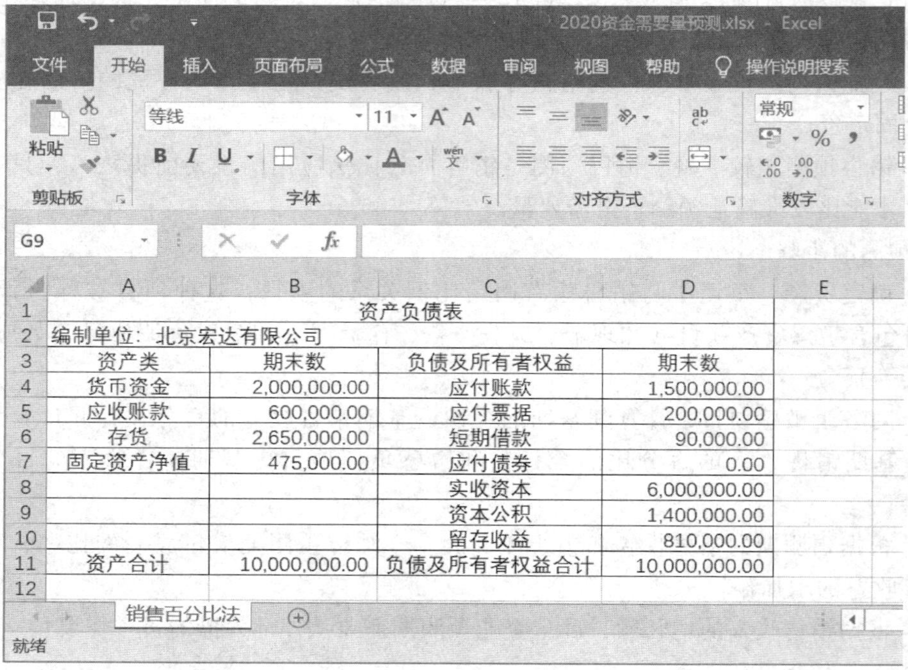

资产负债表			
编制单位：北京宏达有限公司			
资产类	期末数	负债及所有者权益	期末数
货币资金	2,000,000.00	应付账款	1,500,000.00
应收账款	600,000.00	应付票据	200,000.00
存货	2,650,000.00	短期借款	90,000.00
固定资产净值	475,000.00	应付债券	0.00
		实收资本	6,000,000.00
		资本公积	1,400,000.00
		留存收益	810,000.00
资产合计	10,000,000.00	负债及所有者权益合计	10,000,000.00

图 3－1 资产负债表简表

3. 在同一张工作表中创建“销售百分比计算表”和“资金预测计算表”，见图 3－2。

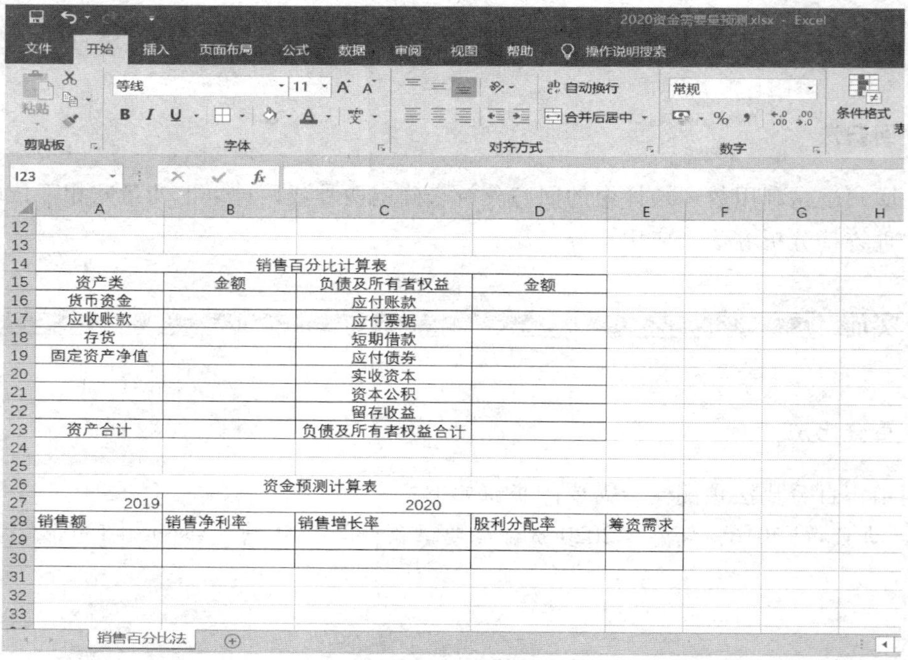

销售百分比计算表			
资产类	金额	负债及所有者权益	金额
货币资金		应付账款	
应收账款		应付票据	
存货		短期借款	
固定资产净值		应付债券	
		实收资本	
		资本公积	
		留存收益	
资产合计		负债及所有者权益合计	

资金预测计算表				
2019	2020			
销售额	销售净利率	销售增长率	股利分配率	筹资需求

图 3－2 销售百分比计算表与资金预测计算表

4. 将 B16：B23 和 D16：D23 单元格区域的属性设置为“百分比”，小数位数设置为“2”。各单元格的公式设置如下：B16 = B4/A29，B17 = B5/A29，B18 = B6/A29，在 B19 单元格中输入“N”，D16 = D4/A29，D17 = D5/A29，在 D18：D22 单元格区域中输入“N”，B23 = SUM（B16：B18），D23 = SUM（D16：D17）。

输入公式后的结果见图 3－3。

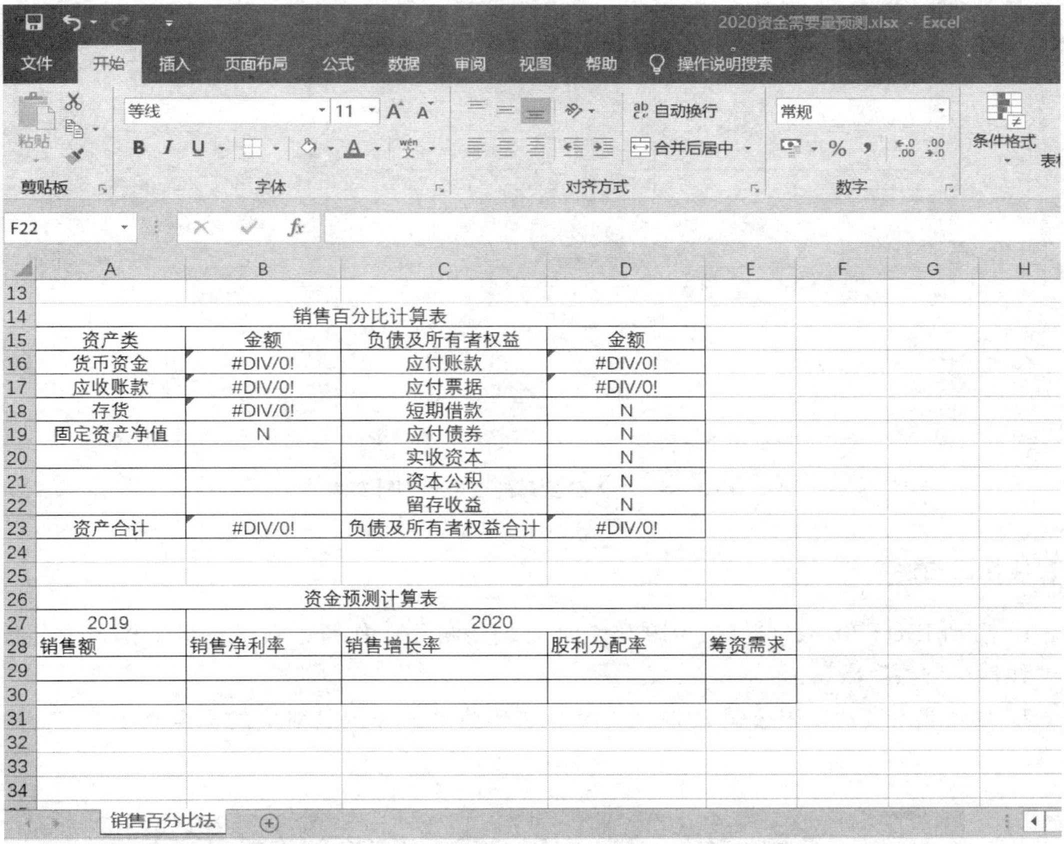

销售百分比计算表

资产类	金额	负债及所有者权益	金额
货币资金	#DIV/0!	应付账款	#DIV/0!
应收账款	#DIV/0!	应付票据	#DIV/0!
存货	#DIV/0!	短期借款	N
固定资产净值	N	应付债券	N
		实收资本	N
		资本公积	N
		留存收益	N
资产合计	#DIV/0!	负债及所有者权益合计	#DIV/0!

资金预测计算表

2019	2020			
销售额	销售净利率	销售增长率	股利分配率	筹资需求

图 3－3　输入公式后的销售百分比计算表

5. 将 B29：D29 单元格区域的属性设置为“百分比”。在 A29：D29 单元格区域内依次输入销售额、销售净利率、销售额增长率、股利分配率有关数据。

6. 在 E29 单元格中输入公式“ = （B23 － D23） * A29 * C29 － A29 * （1 + C29） * B29 * （1 － D29）”，即可计算出 2020 年的资金需要量为 182 000 元，见图 3－4。

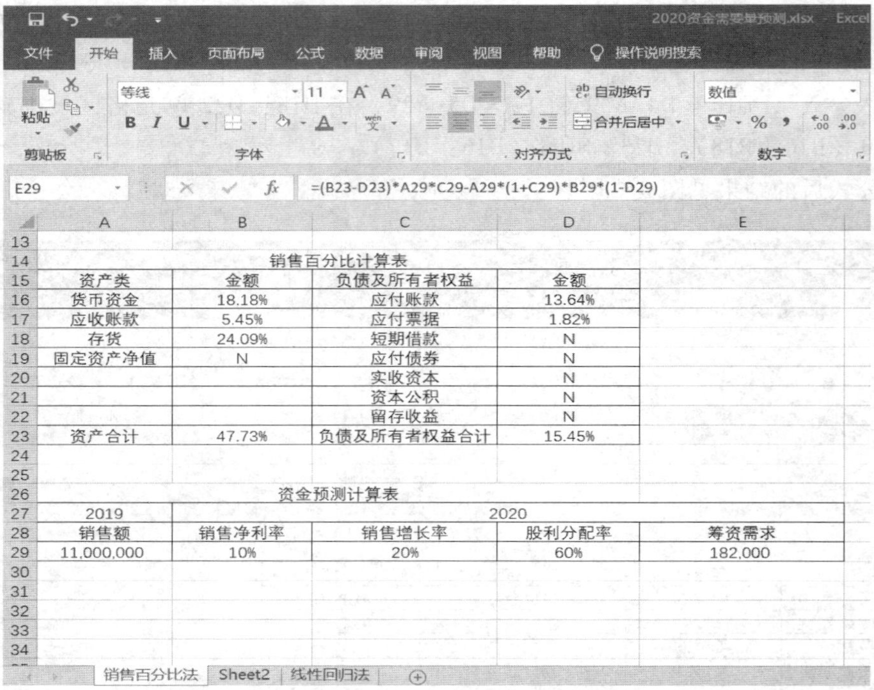

销售百分比计算表

资产类	金额	负债及所有者权益	金额
货币资金	18.18%	应付账款	13.64%
应收账款	5.45%	应付票据	1.82%
存货	24.09%	短期借款	N
固定资产净值	N	应付债券	N
		实收资本	N
		资本公积	N
		留存收益	N
资产合计	47.73%	负债及所有者权益合计	15.45%

资金预测计算表

2019	2020			
销售额	销售净利率	销售增长率	股利分配率	筹资需求
11,000,000	10%	20%	60%	182,000

图 3-4　输入公式后的资金预测计算表

二、线性回归法

1. 启动 Excel 2016，打开“2020 资金需要量预测”工作簿，新增一张工作表，重命名为“线性回归法”。

2. 输入北京宏达有限公司 2014—2019 年历年销售量 X 及其对应的资金需要量 Y，见图 3-5。

年度	销售额X_i（万元）	资金需要量Y_i（万元）
2014	9	10
2015	8	9.5
2016	7	8
2017	9	10
2018	10	10.5
2019	11	12

图 3-5　输入数据

3. 选中 B1：C7 单元格区域，插入折线图，见图 3－6。从图中可以看出资金需要量与销售量线性相关。

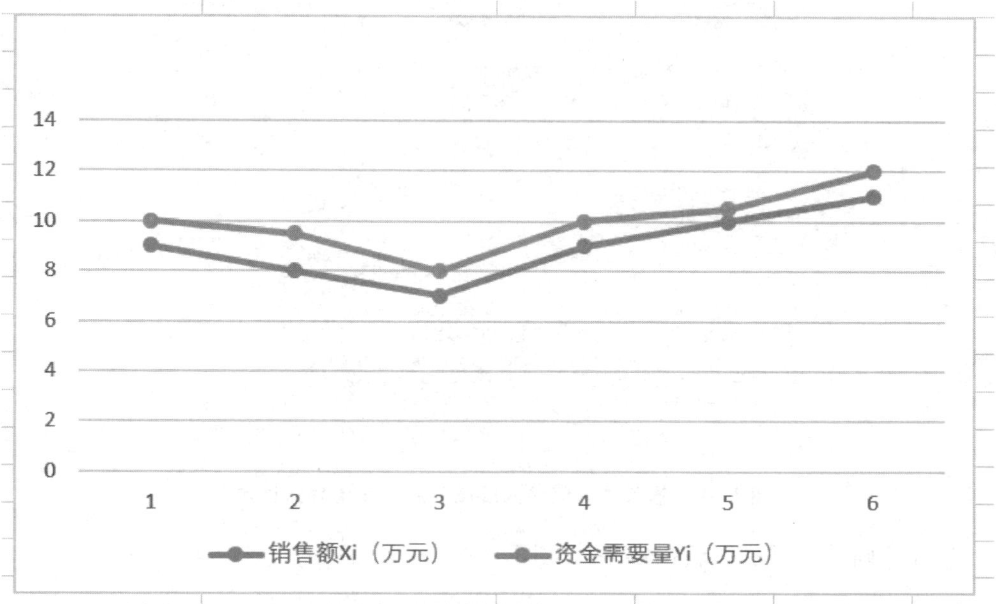

图 3－6　折线图

4. 进行回归分析。

如果“数据”选项卡下没有［分析］组按钮，则需要自己加载分析工具栏。加载方法如下：依次单击［文件］选项卡、［选项］和［加载项］类别，在“管理”框中选择“Excel 加载项”，再单击［转到］，在“可用加载宏”框中选中“分析工具库”复选框，然后单击［确定］按钮，“数据”选项卡下就会出现“分析”组按钮。

选择“数据”选项卡下“分析”组中的［数据分析］按钮，打开“数据分析”对话框，选择“回归”选项，见图 3－7。

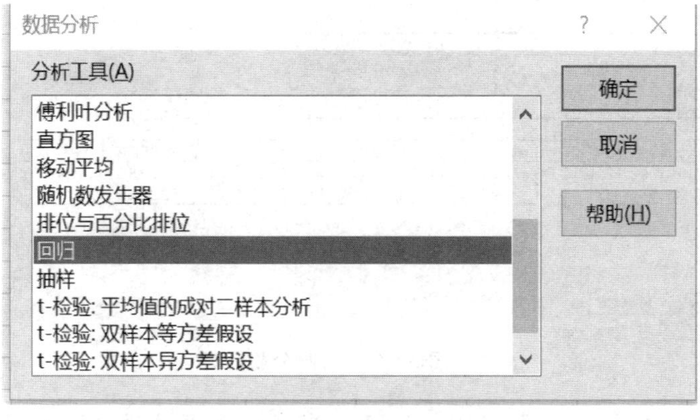

图 3－7　“数据分析”对话框

5. 单击［确定］按钮，输入“Y 值输入区域”和“X 值输入区域”，见图 3－8。

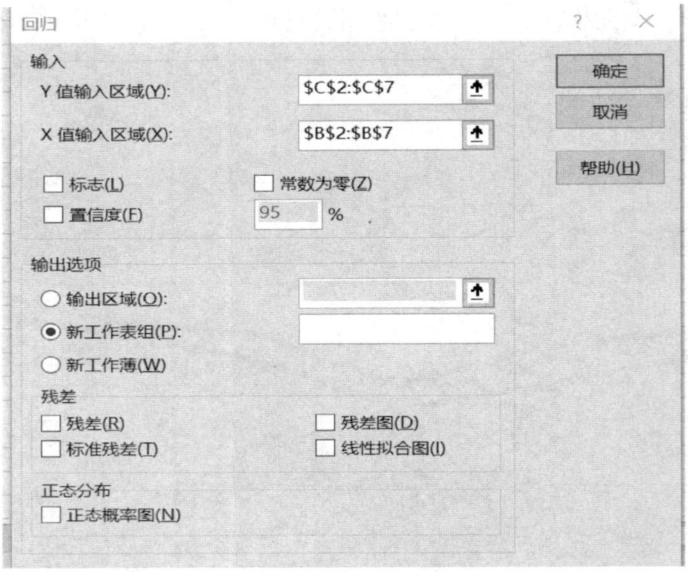

图 3-8　输入“Y 值输入区域”和“X 值输入区域”

6. 单击［确定］按钮，输出结果，见图 3-9。

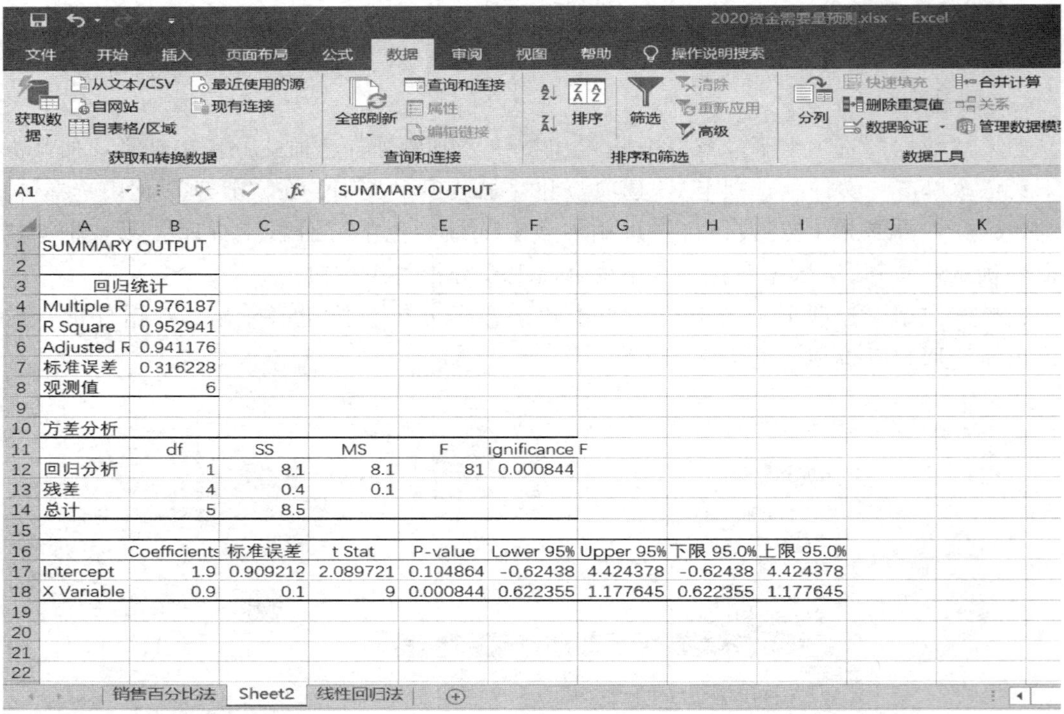

图 3-9　回归分析

7. 得出回归分析方程，即 Y = 1.9 + 0.9X。当 X = 12 万件时，得出资金需要量 Y 的值为 12.7 万元。

任务 2
计算资本成本

任务案例

[案例 3]

北京宏达有限公司通过以下几种方式筹集资金，企业所得税税率为 25%。

要求：计算各种筹资方式下的资本成本。

（1）北京宏达有限公司发行 5 年期长期借款 200 万元，年利率为 8%，每年付息一次，到期一次还本，筹资费用率为 0.5%。

要求：计算长期借款资本成本。

（2）北京宏达有限公司平价发行 5 年期债券共 200 万元，票面利率为 9%，发行费用率为 2%。假设公司溢价发行债券 240 万元（其面值为 200 万元），其他条件相同。

要求：计算该债券资本成本。

（3）北京宏达有限公司发行普通股 1 200 万元，普通股市价为 30 元，本年发放股利为每股 2 元，估计股利以后每年增长 8%，筹资费用率为股票市价的 3.5%。

要求：计算该普通股资本成本。

（4）北京宏达有限公司留存收益 600 万元，无风险报酬率为 12%，市场平均报酬率为 16%，北京宏达有限公司普通股 β 系数为 1.5。

要求：计算该留存收益资本成本。

[案例 4]

北京宏达有限公司账面反映的长期资金共有 1 000 万元。其中长期借款 100 万元，应付长期债券共 150 万元，普通股 500 万元，留存收益 250 万元；其资本成本率分别为 6.15%、8.08%、21.50%、21%。

要求：计算该公司的加权平均资本成本。

[案例 5]

北京宏达有限公司欲筹资 1 000 万元，有三种方案可供选择（见表 3-3）。

要求：计算这三种方案的加权平均资本成本，并选择最优筹资方案。

表 3-3　筹资组合及个别资本成本　单位：万元

筹资方式	A 方案		B 方案		C 方案	
	筹资金额	个别成本	筹资金额	个别成本	筹资金额	个别成本
长期借款	100	6%	100	6.5%	200	7%
长期债券	200	8%	300	8%	400	10%

续表

筹资方式	A 方案		B 方案		C 方案	
	筹资金额	个别成本	筹资金额	个别成本	筹资金额	个别成本
优先股	100	12%	100	12%	100	12%
普通股	600	15%	500	15%	300	15%
合计	1 000		1 000		1 000	

工作准备

一、认识资本成本

资本成本是指企业为筹集和使用资金而付出的代价。资本成本包括资金筹集费用和资金占用费用两部分。资金筹集费用是指资金筹集过程中支付的各种费用，如发行股票或发行债券时支付的印刷费、律师费、公证费、担保费及广告宣传费。资金占用费是指占用他人资金应支付的费用，或者说是资金所有者凭借其对资金的所有权向资金使用者索取的报酬，如股东的股息、红利、债券及银行借款的利息。资本成本率的计算公式为：

$$资本成本=\frac{每年的用资费用}{(筹资总额-筹资费用)}$$

二、计算个别资本成本

1. 长期借款资本成本。

$$长期借款资本成本=\frac{长期借款利率\times(1-所得税率)}{1-筹资费用率}$$

即：$K_l=\frac{i\cdot(1-T)}{1-f}$

K_l——长期借款资本成本。

i——长期借款年利率。

T——企业所得税税率。

f——长期借款筹资费用率。

2. 债券资本成本。

（1）平价发行。

$$债券资本成本=\frac{债券利率\times(1-所得税税率)}{1-筹资费用率}$$

即：$K_b=\frac{i\cdot(1-T)}{1-f}$

K_b——债券资本成本。

i——债券年利率。

T——企业所得税税率。

f——债券筹资费用率。

（2）溢（折）价发行。

$$债券资本成本=\frac{发行总面额\times债券利率\times(1-所得税税率)}{筹资总额\times(1-筹资费用率)}$$

即：$K_b=\frac{I\cdot(1-T)}{B\cdot(1-f)}=\frac{B_0\cdot i\cdot(1-T)}{B\cdot(1-f)}$

其中：K_b债券资本成本，I为债券年利息额，B为债券筹资额，B_0为债券筹资面额，T为企业所得税率，f为债券筹资费用率。

3. 优先股资本成本。

$$优先股资本成本=\frac{优先股股利}{筹资总额\times(1-筹资费用率)}$$

即：$K_s=\frac{D}{P(1-f)}$

其中：K_s为优先股资本成本，D为优先股每股股利，P为目前股票市价，f为优先股筹资费用率。

4. 普通股资本成本。

（1）固定股利模型。

$$普通股资本成本=\frac{股利总额}{筹资总额\times(1-筹资费用率)}=\frac{每股股利}{每股市价\times(1-筹资费用率)}$$

即：$K_s=\frac{D}{P(1-f)}$

其中：K_s普通股资本成本，D为股票每股股利，P为目前股票每股市价，f为股票筹资费用率。

（2）固定股利增长模型。

$$普通股资本成本=\frac{预期最近一年每股股利}{每股市价\times(1-筹资费用率)}+股利年增长率=\frac{本年每股股利\times(1+股利年增长率)}{每股市价}+股利年增长率$$

即：$K_s=\frac{D1}{P(1-f)}+g=\frac{D_0(1+g)}{P(1-f)}+g$

其中：K_s普通股资本成本，D_1为某股票预期最近一年的股利，P为目前股票市场价格，D_0为某股票本年支付的股利，g为未来每年股利增长率，f为股票筹资费用率。

（3）资本资产定价模型。

普通股资本成本＝无风险报酬率＋股票的贝塔系数×（市场平均报酬率－无风险报酬率）

$K_s=R_f+\beta(R_m-R_f)$

其中：K_s普通股资本成本，R_f为无风险报酬率，β为某股票贝塔系数，R_m为市场平均报酬率。

（4）风险溢价模型。

普通股资本成本＝债务成本＋股东比债权人承担更大风险所要求的风险溢价

即：$K_s=K_b+RP_c$

其中：K_s为普通股资本成本；K_b为债务成本，RP_C为股东比债权人承担更大风险所要求的风险溢价。

5. 留存收益资本成本。

留存收益资本成本可以参考普通股资本成本的计算模型，采用股利增长模型法、资本资产定价模型法和风险溢价模型等方法计算。

三、加权资本成本的计算

综合资本成本率 = ∑（个别资本成本 × 个别资本占全部资金的比重）

$$K_w = \sum_{j=1}^{n} K_J W_J$$

式中，K_w为综合资本成本率，也可称为加权平均资本成本率；K_j为第 j 种个别资本成本率；W_j为第 j 种个别资本占全部资金的比重。

四、最优资本结构决策

资本结构是指企业各种资本的组成结构和比例关系，实质是企业负债和所有者权益之间的比例关系。它是企业筹资的核心问题。

最优资本结构是指在一定的条件下，使企业的综合资本成本最低，同时使企业价值最大的资本结构，它是企业的目标资本结构。

确定最优资本结构的方法主要有比较资本成本法、每股收益无差别点分析法、比较公司价值法。利用 Excel 进行最优资本结构决策，最常用的方法是比较资本成本法。

▣ 任务实施

启动 Excel 2016，新建“资本成本模型”工作簿。

一、计算个别资本成本

1. 打开“资本成本模型”工作簿，新建“长借款资本成本”工作表。在工作表“长期借款资本成本”中输入北京宏达有限公司长期借款相关数据：分别在单元格 B2、B3、B4、B5 中输入长期借款金额、长期借款利率、所得税率和长期借款筹资费用率。将 B6 单元格区域的属性设置为“百分比”，小数位数设置为“2”。在 B6 单元格中输入公式“=B3*(1-B4)/(1-B5)”，计算结果见图 3-10。

2. 打开“资本成本模型”工作簿，新建“债券资本成本”工作表。在“债券资本成本”工作表中输入债券相关数据：分别在单元格 B2、B3、B4、B5 中输入北京宏达有限公司平价发行的债券金额、债券利率、所得税率和债券筹资费用率。分别在单元格 B8、B9、B10、B11、B12 中输入北京宏达有限公司溢（折）价发行的债券发行面额、债券筹资金额、债券利率、所得税税率和债券筹资费用率。将 B6 和 B13 单元格区域的属性设置为“百分比”，小数位数设置为“2”。在 B6 单元格中输入公式“=B3*(1-B4)/(1-B5)”，在 B13 单元格中输入公式“=B8*B10*(1-B11)/(B9*(1-B12))”，计算结果见图 3-11。

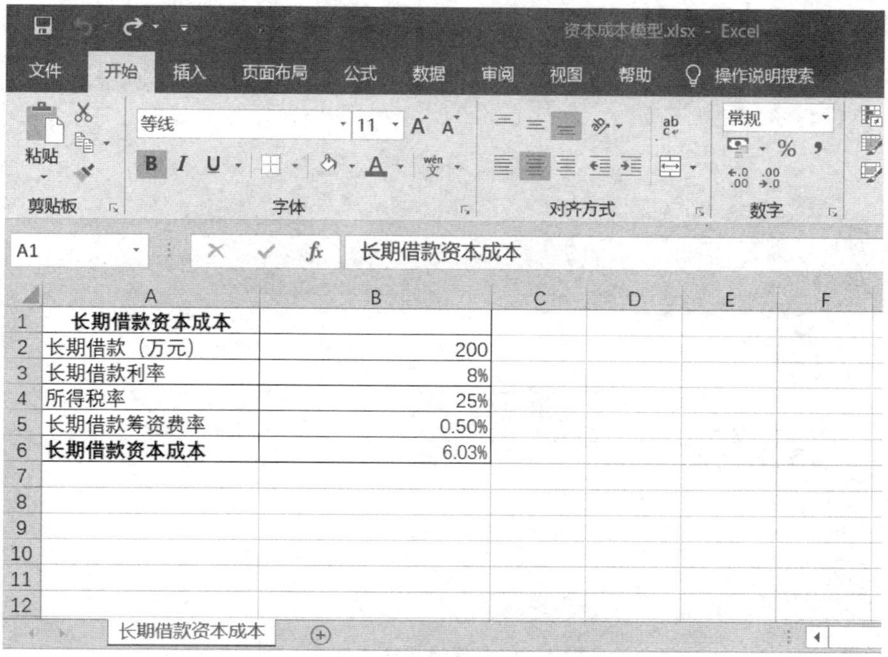

图 3-10 长期借款资本成本

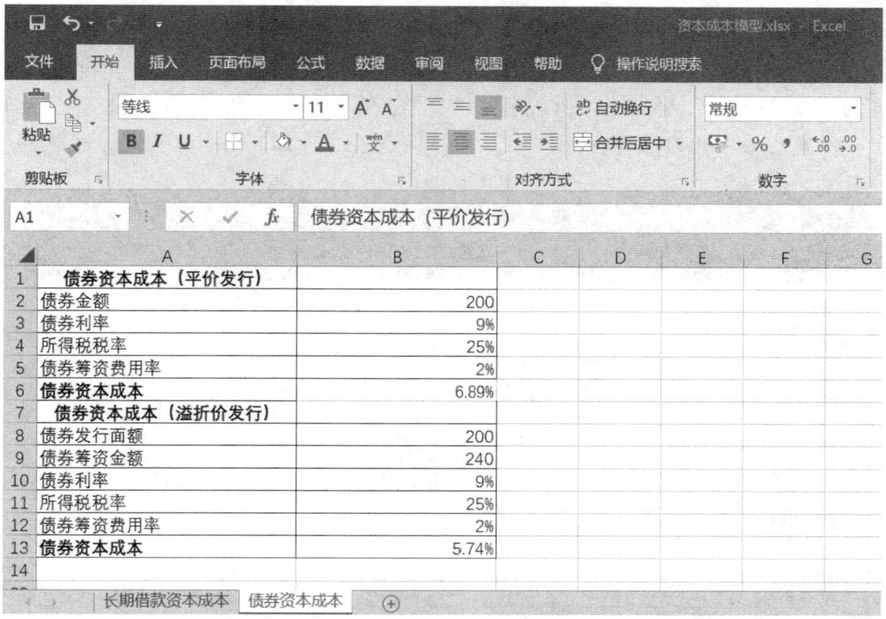

图 3-11 债券资本成本

3. 打开“资本成本模型”工作簿，新建“普通股资本成本”工作表。在“普通股资本成本”工作表中输入北京宏达有限公司普通股相关数据：分别在单元格 B2、B3、B4、B5 中输入本年每股股利、每股市价、普通股筹资费用率和股利年增长率。将 B6 单元格区域的属性设置为“百分比”，小数位数设置为“2”。在 B6 单元格中输入公式“=B3*(1+B6)/(B4*(1-B5))+B6”，计算结果见图 3-12。

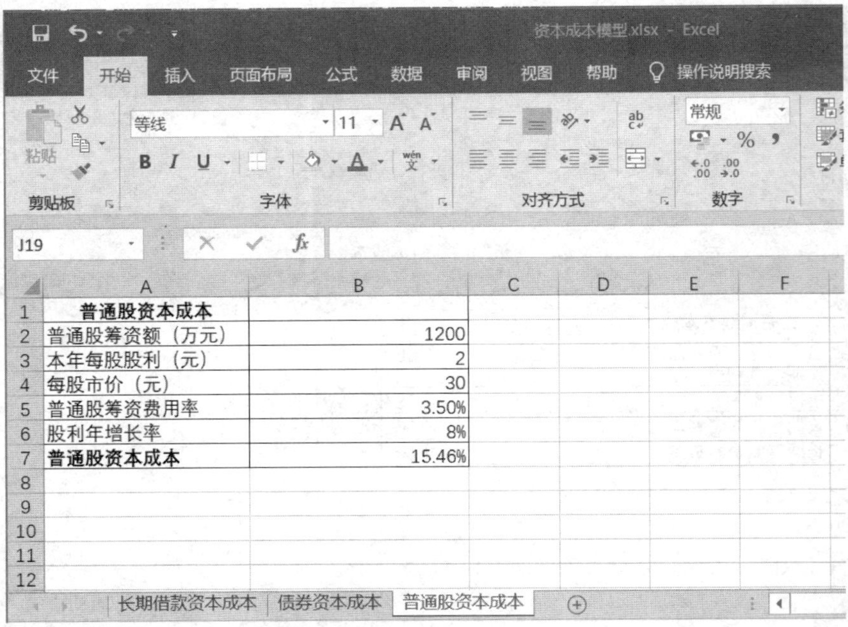

	A	B
1	普通股资本成本	
2	普通股筹资额（万元）	1200
3	本年每股股利（元）	2
4	每股市价（元）	30
5	普通股筹资费用率	3.50%
6	股利年增长率	8%
7	普通股资本成本	15.46%

图3-12　普通股资本成本

4. 打开“资本成本模型”工作簿，新建“留存收益资本成本”工作表。在“留存收益资本成本”工作表中输入北京宏达有限公司留存收益相关数据：分别在单元格B2、B3、B4、B5中输入留存收益金额、无风险报酬率、β系数、市场平均报酬率。将B6单元格区域的属性设置为“百分比”，小数位数设置为“2”。在B6单元格中输入公式“=B3+B4*(B5-B3)”，计算结果见图3-13。

	A	B
1	留存收益资本成本	
2	留存收益金额（万元）	600
3	无风险报酬率	12%
4	β系数	1.5
5	市场平均报酬率	16%
6	留存收益资本成本	18.00%

图3-13　留存收益资本成本

利用各种筹资方式下资本成本所在单元格的公式设定，在已知其他变量数据的条件下，可以很容易地求出各种筹资方式下的资本成本。

二、计算加权资本成本

1. 启动 Excel 2016，打开“资本成本模型”工作簿，新建“加权平均资本成本”工作表。在“加权平均资本成本”工作表中输入案例 4 中各种筹资方式相关数据：分别在单元格 B3、B4、B5、B6 中输入各种筹资方式对应的金额。

2. 分别在单元格 C3、C4、C5、C6 中输入各种筹资方式对应的资本成本。

3. 在 C7 单元格区域的属性设置为“百分比”，小数位数设置为“2”。在 C7 单元格区域中输入公式“=SUMPRODUCT（B3：B6，C3：C6）/SUM（B3：B6）”，就可以计算出各筹资方式的加权平均资本成本。

计算结果见图 3－14。

	A	B	C
1	加权资本成本		
2	项目	金额	资本成本
3	长期借款（万元）	100	6.15%
4	长期债券（万元）	150	8.08%
5	普通股（万元）	500	21.50%
6	留存收益（万元）	250	21%
7	加权平均资本成本		17.83%

图 3－14 加权平均资本成本

SUMPRODUCT（ ）是计算乘积之和的函数。

（1）类型：数学与三角函数。

（2）格式：SUMPRODUCT（array1，array2，array3，…）。

其中，array1、array2、array3 等为数组，其相应元素需要进行相乘并求和。

（3）功能：在给定的几组数组中，将数组间对应的元素相乘，并返回各乘积之和。

三、最优资本结构决策

1. 启动 Excel 2016，打开“资本成本模型”工作簿，新建“最优资本机构决策”工作表。根据［案例 5］资料输入各种筹资组合方案的数据，见图 3－15。

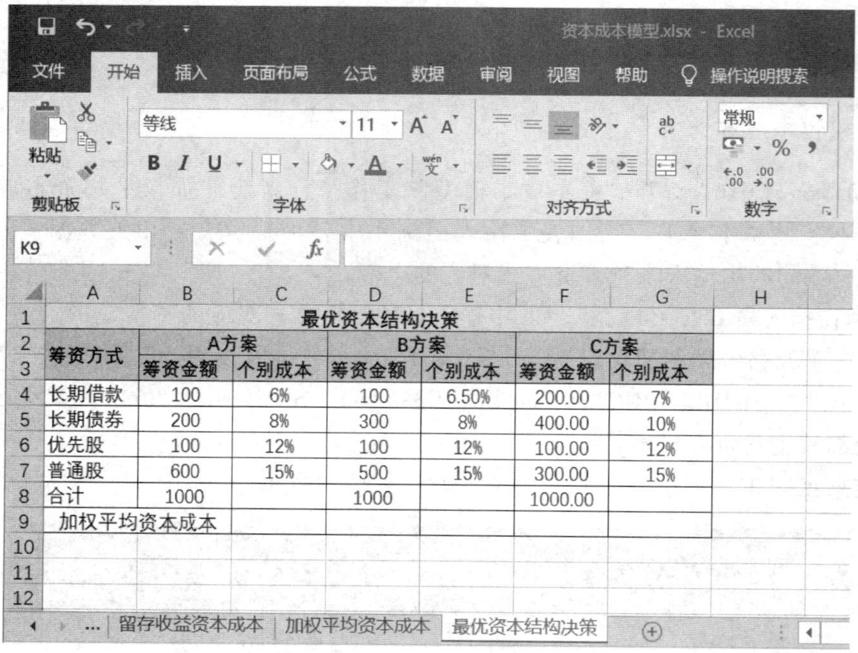

	A	B	C	D	E	F	G
1	最优资本结构决策						
2	筹资方式	A方案		B方案		C方案	
3		筹资金额	个别成本	筹资金额	个别成本	筹资金额	个别成本
4	长期借款	100	6%	100	6.50%	200.00	7%
5	长期债券	200	8%	300	8%	400.00	10%
6	优先股	100	12%	100	12%	100.00	12%
7	普通股	600	15%	500	15%	300.00	15%
8	合计	1000		1000		1000.00	
9	加权平均资本成本						

图 3-15　各种筹资组合方案

2. 单元格 C9、E9、G9 单元格区域的属性设置为“百分比”，小数位数设置为“2”，在单元格 C9、E9、G9 区域中分别输入计算公式“C9 = SUMPRODUCT（B4：B7，C4：C7）/SUM（B4：B7）”“E9 = SUMPRODUCT（D4：D7，E4：E7）/SUM（D4：D7）”“G9 = SUMPRODUCT（F4：F7，G4：G7）/SUM（F4：F7）”。

计算结果见图 3-16。

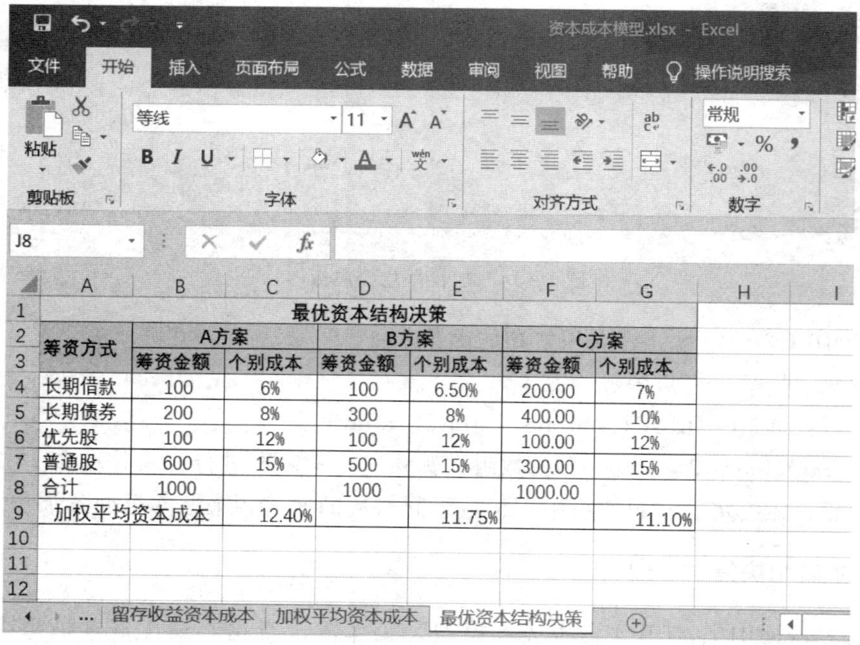

	A	B	C	D	E	F	G
1	最优资本结构决策						
2	筹资方式	A方案		B方案		C方案	
3		筹资金额	个别成本	筹资金额	个别成本	筹资金额	个别成本
4	长期借款	100	6%	100	6.50%	200.00	7%
5	长期债券	200	8%	300	8%	400.00	10%
6	优先股	100	12%	100	12%	100.00	12%
7	普通股	600	15%	500	15%	300.00	15%
8	合计	1000		1000		1000.00	
9	加权平均资本成本		12.40%		11.75%		11.10%

图 3-16　各方案加权平均资本成本

可以计算出各方案的加权资本成本：A 方案加权资本成本为 =12.40%，B 方案加权资本成本为 =11.75%，C 方案加权资本成本为 =11.10%。比较后可知，C 方案的加权资本成本最低，故应选择 C 方案。

任务 3 确定筹资方式

任务案例

[案例 6]

北京宏达有限公司 M 实验大楼改造建设资金筹集可以通过两种方式取得。

方式一：长期借款。

5 年期长期借款，借款金额为 2 050 万元，年借款利率为 6.5%，2019 年 12 月 31 日取得贷款，于每年度 12 月 31 日支付本年利息，首次付息日为 2020 年 12 月 31 日。2024 年 12 月 31 日支付最后一期利息，并归还借款本金。

方式二：长期债券。

北京宏达有限公司于 2019 年 12 月 31 日发行面值为 1 000 元的债券 20 000 份，发行价格为 1 025 元/份，票面利率为 6%，发行费用为 100 万元。公司每年付息一次，于每年 12 月 31 日付息；首次付息日为 2020 年 12 月 31 日；2024 年 12 月 31 日到期赎回。债券发行费用计入当期损益且不得所得税税前列支。

要求：根据以上资料，完成筹资方式决策。以完整小数位数引用计算，标有“%”的项目，计算结果以“%”形式四舍五入保留 2 位小数填制答案，如：3.50%；其余结果以四舍五入保留 2 位小数填制答案；筹资方式以借款/债券填制答案。

考核单据见表 3-4。

表 3-4 筹资方式决策表

时间/年末	2019	2020	2021	2022	2023	2024	2025	2026	2027	2028	2029	2030
方式 1：长期借款												
取得本金		—	—	—	—	—	—	—	—	—	—	—
支付利息	—						—	—	—	—	—	—
其中：支付资本化利息	—		—	—	—	—	—	—	—	—	—	—
支付费用化利息	—	—					—	—	—	—	—	—
资本化利息对应折旧抵税	—	—										
费用化利息抵税	—	—					—	—	—	—	—	—
归还本金	—	—	—	—	—		—	—	—	—	—	—

续表

时间/年末	2019	2020	2021	2022	2023	2024	2025	2026	2027	2028	2029	2030
各期税后现金流量												
税后资本成本率（%折现模式）		—	—	—	—	—	—	—	—	—	—	—
方式2：发行债券												
发行债券收取资金		—	—	—	—	—	—	—	—	—	—	—
发行费用支出		—	—	—	—	—	—	—	—	—	—	—
支付债券利息	—						—	—	—	—	—	—
其中：资本化债券利息	—		—	—	—	—	—	—	—	—	—	—
费用化债券利息	—	—					—	—	—	—	—	—
资本化利息对应折旧抵税	—	—										
费用化利息抵税	——	—					—	—	—	—	—	——
赎回债券支出资金	—	—	—	—	—		—	—	—	—	—	—
各期税后现金流量												
税后资本成本率（%折现模式）		—	—	—	—	—	—	—	—	—	—	—
选择何种方式（借款/债券）												

工作准备

企业筹集的长期资金一般使用时间比较长，其货币时间价值的存在对资金使用成本影响比较大。因此，通过比较不同筹资方式折现模式下的税后资本成本率的高低，做出长期筹资方式的选择更为合理。

折现模式下的税后资本成本率的计算，其基本原理是根据长期资金形成的每年净现金流量，利用内含报酬率法计算出税后的资本成本率。特别值得注意的是，计算税后各期净流量时不仅要考虑不同筹资方式下利息费用的资本化处理和费用化处理问题，还要考虑各期利息对所得税的影响。

长期筹资方式决策就是根据不同筹资方式的（折现模式下）税后资本成本率的高低确定筹资方式的选择。

利用 Excel 计算折现模式下的税后资本成本率，主要用到内含报酬率函数。

IRR（）是计算内含报酬率的函数。

类型：财务函数。

格式：IRR（values，guess）。其中，values 为数组或单元格的引用；guess 为对 IRR（）计算结果的估计值。

功能：返回连续期间现金流量的内含报酬率。

▣ 任务实施

［案例6］中长期筹资方式选择的操作步骤如下：

1. 启动 Excel 2016，新建“长期筹资方式决策表”工作簿，并将Sheet 1重新命名为“长期筹资方式决策”，见图3－17。

	A	B	C	D	E	F	G	H	I	J	K	L	M
1	时间（年末）	2019年	2020年	2021年	2022年	2023年	2024年	2025年	2026年	2027年	2028年	2029年	2030年
2	**方式1：长期借款**												
3	取得本金		—	—	—	—	—	—	—	—	—	—	—
4	支付利息	—						—	—	—	—	—	—
5	其中：支付资本化利息	—		—	—	—	—	—	—	—	—	—	—
6	支付费用化利息	—	—					—	—	—	—	—	—
7	资本化利息对应折旧抵税	—	—										
8	费用化利息抵税	—	—					—	—	—	—	—	—
9	归还本金	—	—	—	—	—		—	—	—	—	—	—
10	各期税后现金流量												
11	税后资本成本率（%折现模式）		—	—	—	—	—	—	—	—	—	—	—
12	**方式2：发行债券**												
13	发行债券收取资金		—	—	—	—	—	—	—	—	—	—	—
14	发行费用支出		—	—	—	—	—	—	—	—	—	—	—
15	支付债券利息	—						—	—	—	—	—	—
16	其中：资本化债券利息	—		—	—	—	—	—	—	—	—	—	—
17	费用化债券利息	—	—					—	—	—	—	—	—
18	资本化利息对应折旧抵税	—	—										
19	费用化利息抵税	—	—					—	—	—	—	—	—
20	赎回债券支出资金	—	—	—	—	—		—	—	—	—	—	—
21	各期税后现金流量												
22	税后资本成本率（%折现模式）		—	—	—	—	—	—	—	—	—	—	—
23	**选择何种方式（借款/债券）**												

图3－17　新建长期筹资方式决策模型

2. 在（B3：M10）与（B13：M21）单元格区域的属性设置为“数值”，小数位数设置为“2”。输入北京宏达有限公司M实验大楼改造建设资金筹集初始数据资料，见图3－18。

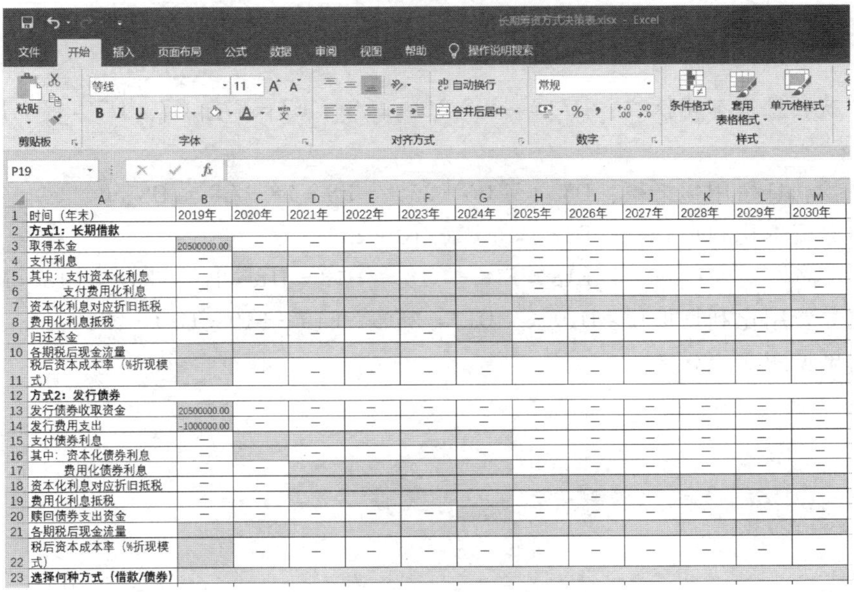

	A	B	C	D	E	F	G	H	I	J	K	L	M
1	时间（年末）	2019年	2020年	2021年	2022年	2023年	2024年	2025年	2026年	2027年	2028年	2029年	2030年
2	**方式1：长期借款**												
3	取得本金	20500000.00	—	—	—	—	—	—	—	—	—	—	—
4	支付利息	—						—	—	—	—	—	—
5	其中：支付资本化利息	—		—	—	—	—	—	—	—	—	—	—
6	支付费用化利息	—	—					—	—	—	—	—	—
7	资本化利息对应折旧抵税	—	—										
8	费用化利息抵税	—	—					—	—	—	—	—	—
9	归还本金	—	—	—	—	—		—	—	—	—	—	—
10	各期税后现金流量												
11	税后资本成本率（%折现模式）		—	—	—	—	—	—	—	—	—	—	—
12	**方式2：发行债券**												
13	发行债券收取资金	20500000.00	—	—	—	—	—	—	—	—	—	—	—
14	发行费用支出	-1000000.00	—	—	—	—	—	—	—	—	—	—	—
15	支付债券利息	—						—	—	—	—	—	—
16	其中：资本化债券利息	—		—	—	—	—	—	—	—	—	—	—
17	费用化债券利息	—	—					—	—	—	—	—	—
18	资本化利息对应折旧抵税	—	—										
19	费用化利息抵税	—	—					—	—	—	—	—	—
20	赎回债券支出资金	—	—	—	—	—		—	—	—	—	—	—
21	各期税后现金流量												
22	税后资本成本率（%折现模式）		—	—	—	—	—	—	—	—	—	—	—
23	**选择何种方式（借款/债券）**												

图3－18　输入初始数据

3. 计算两个方案的每期应付利息，并根据资本化利息或费用化利息属性填入对应单元格区域。

长期借款利息分别为：C4 = －B3 ∗ 6.5% ；D4 = E4 = F4 = G4 = C4；C5 = C4；D6 = D4；E6 = E4；F6 = F4；G6 = G4；发行债券利息分别为：C15 = －20 000 000 ∗ 6% ；D15 = E15 = F15 = G15 = C15；C16 = C15；D17 = D15；E17 = E15；F17 = F15；G17 = G15。

计算结果见图 3－19。

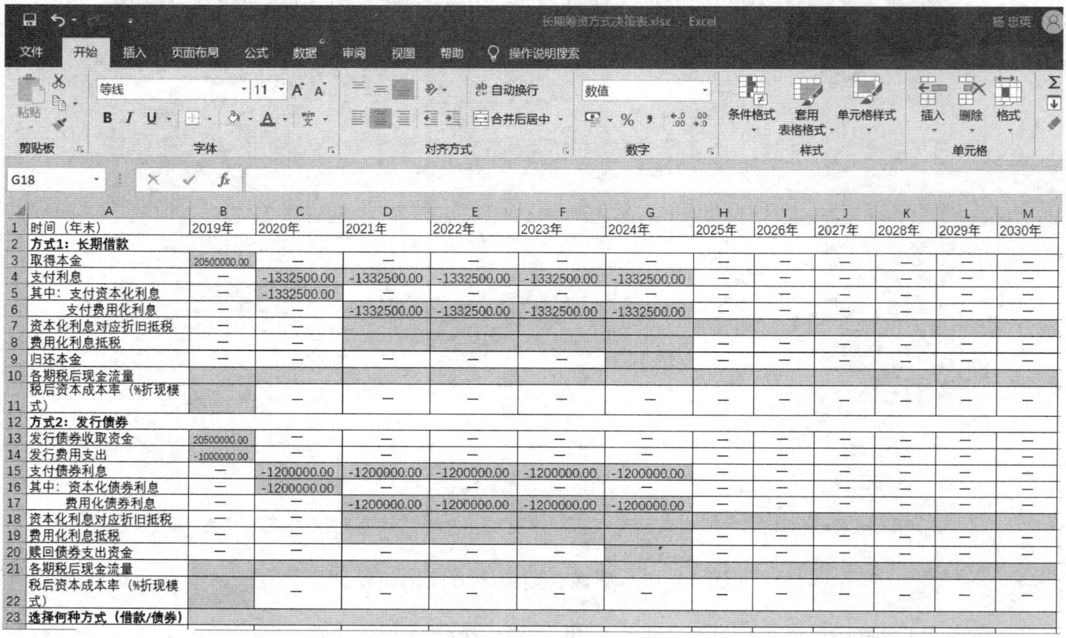

	A	B	C	D	E	F	G	H	I	J	K	L	M
1	时间（年末）	2019年	2020年	2021年	2022年	2023年	2024年	2025年	2026年	2027年	2028年	2029年	2030年
2	**方式1：长期借款**												
3	取得本金	20500000.00	—	—	—	—	—	—	—	—	—	—	—
4	支付利息	—	-1332500.00	-1332500.00	-1332500.00	-1332500.00	-1332500.00	—	—	—	—	—	—
5	其中：支付资本化利息	—	-1332500.00	—	—	—	—	—	—	—	—	—	—
6	支付费用化利息	—	—	-1332500.00	-1332500.00	-1332500.00	-1332500.00	—	—	—	—	—	—
7	资本化利息对应折旧抵税	—	—										
8	费用化利息抵税	—	—					—	—	—	—	—	—
9	归还本金	—	—	—	—	—		—	—	—	—	—	—
10	各期税后现金流量												
11	税后资本成本率（%折现模式）		—	—	—	—	—	—	—	—	—	—	—
12	**方式2：发行债券**												
13	发行债券收取资金	20500000.00	—	—	—	—	—	—	—	—	—	—	—
14	发行费用支出	-1000000.00	—	—	—	—	—	—	—	—	—	—	—
15	支付债券利息	—	-1200000.00	-1200000.00	-1200000.00	-1200000.00	-1200000.00	—	—	—	—	—	—
16	其中：资本化债券利息	—	-1200000.00	—	—	—	—	—	—	—	—	—	—
17	费用化债券利息	—	—	-1200000.00	-1200000.00	-1200000.00	-1200000.00	—	—	—	—	—	—
18	资本化利息对应折旧抵税	—	—										
19	费用化利息抵税	—	—					—	—	—	—	—	—
20	赎回债券支出资金	—	—	—	—	—		—	—	—	—	—	—
21	各期税后现金流量												
22	税后资本成本率（%折现模式）		—	—	—	—	—	—	—	—	—	—	—
23	**选择何种方式（借款/债券）**												

图 3－19 利息计算

4. 计算两个方案的利息抵税，并根据资本化利息或费用化利息抵税额填入对应单元格区域。

长期借款利息资本化抵税：D7 = －C5/10 ∗ 25% ；E7 = F7 = G7 = H7 = I7 = J7 = K7 = L7 = M7 = D7；

长期借款利息费用化抵税：D8 = －D6 ∗ 25% ；E8 = F8 = G8 = D8；

发行债券资本化利息抵税：D18 = －C16/10 ∗ 25% ；

E18 = F18 = G18 = H18 = I18 = J18 = K18 = L18 = M18 = D18；

发行债券费用化利息抵税：D19 = －D17 ∗ 25% ；E19 = F19 = G19 = D19。

计算结果见图 3－20。

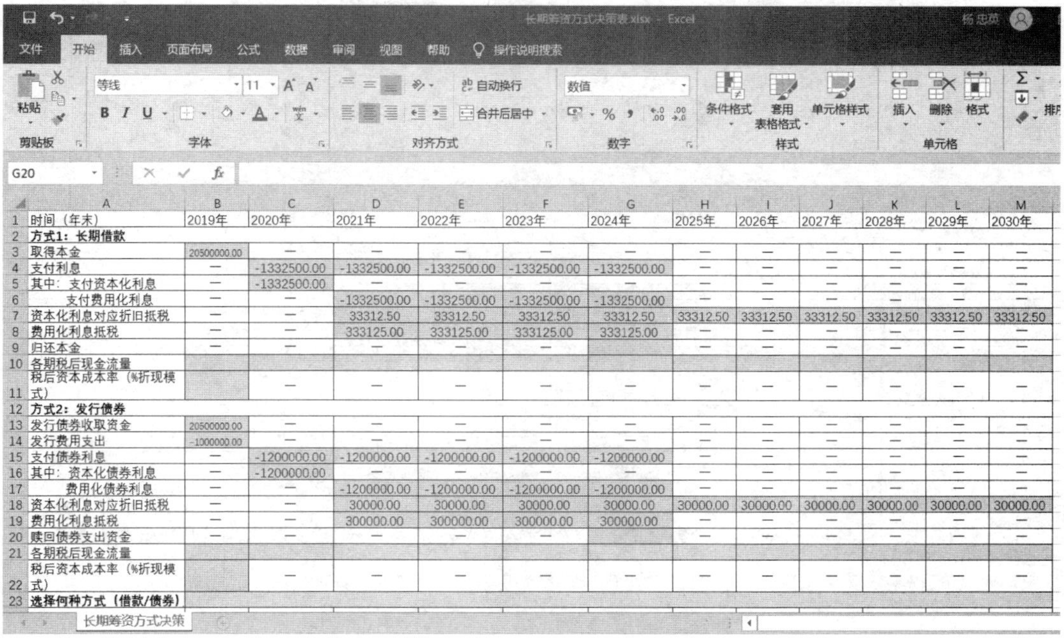

	A	B	C	D	E	F	G	H	I	J	K	L	M
1	时间（年末）	2019年	2020年	2021年	2022年	2023年	2024年	2025年	2026年	2027年	2028年	2029年	2030年
2	**方式1：长期借款**												
3	取得本金	20500000.00	—	—	—	—	—	—	—	—	—	—	—
4	支付利息	—	-1332500.00	-1332500.00	-1332500.00	-1332500.00	-1332500.00	—	—	—	—	—	—
5	其中：支付资本化利息	—	-1332500.00	—	—	—	—	—	—	—	—	—	—
6	支付费用化利息	—	—	-1332500.00	-1332500.00	-1332500.00	-1332500.00	—	—	—	—	—	—
7	资本化利息对应折旧抵税	—	—	33312.50	33312.50	33312.50	33312.50	33312.50	33312.50	33312.50	33312.50	33312.50	33312.50
8	费用化利息抵税	—	—	333125.00	333125.00	333125.00	333125.00	—	—	—	—	—	—
9	归还本金	—	—	—	—	—		—	—	—	—	—	—
10	各期税后现金流量												
11	税后资本成本率（%折现模式）		—	—	—	—	—	—	—	—	—	—	—
12	**方式2：发行债券**												
13	发行债券收取资金	20500000.00	—	—	—	—	—	—	—	—	—	—	—
14	发行费用支出	-1000000.00	—	—	—	—	—	—	—	—	—	—	—
15	支付债券利息	—	-1200000.00	-1200000.00	-1200000.00	-1200000.00	-1200000.00	—	—	—	—	—	—
16	其中：资本化债券利息	—	-1200000.00	—	—	—	—	—	—	—	—	—	—
17	费用化债券利息	—	—	-1200000.00	-1200000.00	-1200000.00	-1200000.00	—	—	—	—	—	—
18	资本化利息对应折旧抵税	—	—	30000.00	30000.00	30000.00	30000.00	30000.00	30000.00	30000.00	30000.00	30000.00	30000.00
19	费用化利息抵税	—	—	300000.00	300000.00	300000.00	300000.00	—	—	—	—	—	—
20	赎回债券支出资金	—	—	—	—	—		—	—	—	—	—	—
21	各期税后现金流量												
22	税后资本成本率（%折现模式）		—	—	—	—	—	—	—	—	—	—	—
23	**选择何种方式（借款/债券）**												

图 3-20　计算利息抵税

5. 在工作中输入归还本金金额。在 G9 单元格区域输入“=-B3”；在 G20 单元格输入债券本金“=2 000 000”元，输入结果见图 3-21。

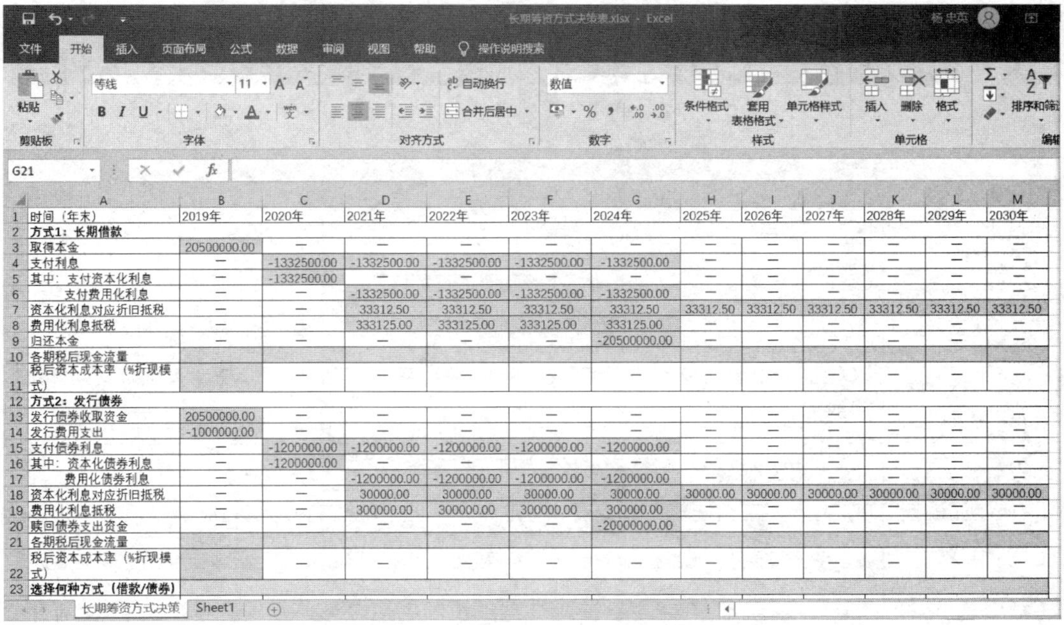

	A	B	C	D	E	F	G	H	I	J	K	L	M
1	时间（年末）	2019年	2020年	2021年	2022年	2023年	2024年	2025年	2026年	2027年	2028年	2029年	2030年
2	**方式1：长期借款**												
3	取得本金	20500000.00	—	—	—	—	—	—	—	—	—	—	—
4	支付利息	—	-1332500.00	-1332500.00	-1332500.00	-1332500.00	-1332500.00	—	—	—	—	—	—
5	其中：支付资本化利息	—	-1332500.00	—	—	—	—	—	—	—	—	—	—
6	支付费用化利息	—	—	-1332500.00	-1332500.00	-1332500.00	-1332500.00	—	—	—	—	—	—
7	资本化利息对应折旧抵税	—	—	33312.50	33312.50	33312.50	33312.50	33312.50	33312.50	33312.50	33312.50	33312.50	33312.50
8	费用化利息抵税	—	—	333125.00	333125.00	333125.00	333125.00	—	—	—	—	—	—
9	归还本金	—	—	—	—	—	-20500000.00	—	—	—	—	—	—
10	各期税后现金流量												
11	税后资本成本率（%折现模式）		—	—	—	—	—	—	—	—	—	—	—
12	**方式2：发行债券**												
13	发行债券收取资金	20500000.00	—	—	—	—	—	—	—	—	—	—	—
14	发行费用支出	-1000000.00	—	—	—	—	—	—	—	—	—	—	—
15	支付债券利息	—	-1200000.00	-1200000.00	-1200000.00	-1200000.00	-1200000.00	—	—	—	—	—	—
16	其中：资本化债券利息	—	-1200000.00	—	—	—	—	—	—	—	—	—	—
17	费用化债券利息	—	—	-1200000.00	-1200000.00	-1200000.00	-1200000.00	—	—	—	—	—	—
18	资本化利息对应折旧抵税	—	—	30000.00	30000.00	30000.00	30000.00	30000.00	30000.00	30000.00	30000.00	30000.00	30000.00
19	费用化利息抵税	—	—	300000.00	300000.00	300000.00	300000.00	—	—	—	—	—	—
20	赎回债券支出资金	—	—	—	—	—	-20000000.00	—	—	—	—	—	—
21	各期税后现金流量												
22	税后资本成本率（%折现模式）		—	—	—	—	—	—	—	—	—	—	—
23	**选择何种方式（借款/债券）**												

图 3-21　归还本金

6. 利用 SUM（）函数计算两方案的每期税后净现金流量，分别计入相关单元格区域。计算结果见图 3-22。

	A	B	C	D	E	F	G	H	I	J	K	L	M
1	时间（年末）	2019年	2020年	2021年	2022年	2023年	2024年	2025年	2026年	2027年	2028年	2029年	2030年
2	**方式1：长期借款**												
3	取得本金	20500000.00	—	—	—	—	—	—	—	—	—	—	—
4	支付利息	—	-1332500.00	-1332500.00	-1332500.00	-1332500.00	-1332500.00	—	—	—	—	—	—
5	其中：支付资本化利息	—	-1332500.00	—	—	—	—	—	—	—	—	—	—
6	支付费用化利息	—	—	-1332500.00	-1332500.00	-1332500.00	-1332500.00	—	—	—	—	—	—
7	资本化利息对应折旧抵税	—	—	33312.50	33312.50	33312.50	33312.50	33312.50	33312.50	33312.50	33312.50	33312.50	33312.50
8	费用化利息抵税	—	—	333125.00	333125.00	333125.00	333125.00	—	—	—	—	—	—
9	归还本金	—	—	—	—	—	-20500000.00	—	—	—	—	—	—
10	各期税后现金流量	20500000.00	-1332500.00	-966062.50	-966062.50	-966062.50	-21466062.50	33312.50	33312.50	33312.50	33312.50	33312.50	33312.50
11	税后资本成本率（%折现模式）		—	—	—	—	—	—	—	—	—	—	—
12	**方式2：发行债券**												
13	发行债券收取资金	20500000.00	—	—	—	—	—	—	—	—	—	—	—
14	发行费用支出	-1000000.00	—	—	—	—	—	—	—	—	—	—	—
15	支付债券利息	—	-1200000.00	-1200000.00	-1200000.00	-1200000.00	-1200000.00	—	—	—	—	—	—
16	其中：资本化债券利息	—	-1200000.00	—	—	—	—	—	—	—	—	—	—
17	费用化债券利息	—	—	-1200000.00	-1200000.00	-1200000.00	-1200000.00	—	—	—	—	—	—
18	资本化利息对应折旧抵税	—	—	30000.00	30000.00	30000.00	30000.00	30000.00	30000.00	30000.00	30000.00	30000.00	30000.00
19	费用化利息抵税	—	—	300000.00	300000.00	300000.00	300000.00	—	—	—	—	—	—
20	赎回债券支出资金	—	—	—	—	—	-20000000.00	—	—	—	—	—	—
21	各期税后现金流量	19500000.00	-1200000.00	-870000.00	-870000.00	-870000.00	-20870000.00	30000.00	30000.00	30000.00	30000.00	30000.00	30000.00
22	税后资本成本率（%折现模式）		—	—	—	—	—	—	—	—	—	—	—
23	**选择何种方式（借款/债券）**												

图 3－22　计算每期税后净现金流量

7. 利用 IRR（）函数计算两方案税后资本成本率。在单元格 B11 区域输入“=IRR（B10：M10）”，计算长期借款税后资本成本率为 4.96%；在单元格 B22 区域输入“=IRR（B21：M21）”，计算发行债券税后资本成本率为 5.16%，见图 3－23。

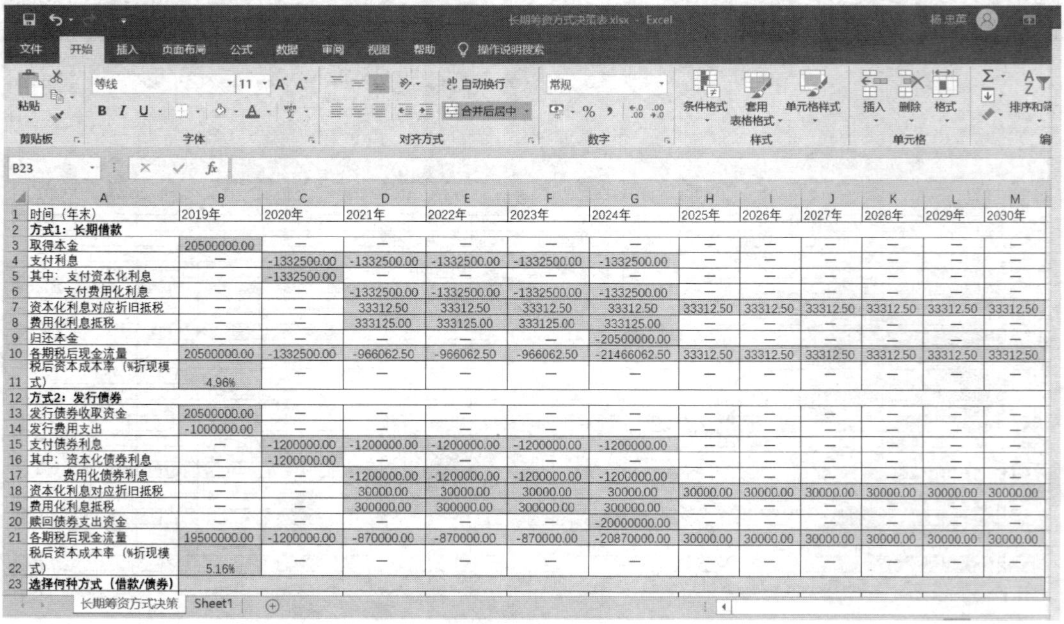

	A	B	C	D	E	F	G	H	I	J	K	L	M
1	时间（年末）	2019年	2020年	2021年	2022年	2023年	2024年	2025年	2026年	2027年	2028年	2029年	2030年
2	**方式1：长期借款**												
3	取得本金	20500000.00	—	—	—	—	—	—	—	—	—	—	—
4	支付利息	—	-1332500.00	-1332500.00	-1332500.00	-1332500.00	-1332500.00	—	—	—	—	—	—
5	其中：支付资本化利息	—	-1332500.00	—	—	—	—	—	—	—	—	—	—
6	支付费用化利息	—	—	-1332500.00	-1332500.00	-1332500.00	-1332500.00	—	—	—	—	—	—
7	资本化利息对应折旧抵税	—	—	33312.50	33312.50	33312.50	33312.50	33312.50	33312.50	33312.50	33312.50	33312.50	33312.50
8	费用化利息抵税	—	—	333125.00	333125.00	333125.00	333125.00	—	—	—	—	—	—
9	归还本金	—	—	—	—	—	-20500000.00	—	—	—	—	—	—
10	各期税后现金流量	20500000.00	-1332500.00	-966062.50	-966062.50	-966062.50	-21466062.50	33312.50	33312.50	33312.50	33312.50	33312.50	33312.50
11	税后资本成本率（%折现模式）	4.96%	—	—	—	—	—	—	—	—	—	—	—
12	**方式2：发行债券**												
13	发行债券收取资金	20500000.00	—	—	—	—	—	—	—	—	—	—	—
14	发行费用支出	-1000000.00	—	—	—	—	—	—	—	—	—	—	—
15	支付债券利息	—	-1200000.00	-1200000.00	-1200000.00	-1200000.00	-1200000.00	—	—	—	—	—	—
16	其中：资本化债券利息	—	-1200000.00	—	—	—	—	—	—	—	—	—	—
17	费用化债券利息	—	—	-1200000.00	-1200000.00	-1200000.00	-1200000.00	—	—	—	—	—	—
18	资本化利息对应折旧抵税	—	—	30000.00	30000.00	30000.00	30000.00	30000.00	30000.00	30000.00	30000.00	30000.00	30000.00
19	费用化利息抵税	—	—	300000.00	300000.00	300000.00	300000.00	—	—	—	—	—	—
20	赎回债券支出资金	—	—	—	—	—	-20000000.00	—	—	—	—	—	—
21	各期税后现金流量	19500000.00	-1200000.00	-870000.00	-870000.00	-870000.00	-20870000.00	30000.00	30000.00	30000.00	30000.00	30000.00	30000.00
22	税后资本成本率（%折现模式）	5.16%	—	—	—	—	—	—	—	—	—	—	—
23	**选择何种方式（借款/债券）**												

图 3－23　计算税后资本成本率

8. 做出筹资决策。以上计算可知长期借款税后资本成本率为 4.96%，发行债券筹资税后成本率为 5.16%，因此公司应选择长期借款筹资方式，见图 3－24。

	A	B	C	D	E	F	G	H	I	J	K	L	M
1	时间（年末）	2019年	2020年	2021年	2022年	2023年	2024年	2025年	2026年	2027年	2028年	2029年	2030年
2	**方式1：长期借款**												
3	取得本金	20500000.00	——	——	——	——	——	——	——	——	——	——	——
4	支付利息	——	-1332500.00	-1332500.00	-1332500.00	-1332500.00	-1332500.00	——	——	——	——	——	——
5	其中：支付资本化利息	——	-1332500.00	——	——	——	——	——	——	——	——	——	——
6	支付费用化利息	——	——	-1332500.00	-1332500.00	-1332500.00	-1332500.00	——	——	——	——	——	——
7	资本化利息对应折旧抵税	——	——	33312.50	33312.50	33312.50	33312.50	33312.50	33312.50	33312.50	33312.50	33312.50	33312.50
8	费用化利息抵税	——	——	333125.00	333125.00	333125.00	333125.00	——	——	——	——	——	——
9	归还本金	——	——	——	——	——	-20500000.00	——	——	——	——	——	——
10	各期税后现金流量	20500000.00	-1332500.00	-966062.50	-966062.50	-966062.50	-21466062.50	33312.50	33312.50	33312.50	33312.50	33312.50	33312.50
11	税后资本成本率（%折现模式）	4.96%	——	——	——	——	——	——	——	——	——	——	——
12	**方式2：发行债券**												
13	发行债券收取资金	20500000.00	——	——	——	——	——	——	——	——	——	——	——
14	发行费用支出	-1000000.00	——	——	——	——	——	——	——	——	——	——	——
15	支付债券利息	——	-1200000.00	-1200000.00	-1200000.00	-1200000.00	-1200000.00	——	——	——	——	——	——
16	其中：资本化债券利息	——	-1200000.00	——	——	——	——	——	——	——	——	——	——
17	费用化债券利息	——	——	-1200000.00	-1200000.00	-1200000.00	-1200000.00	——	——	——	——	——	——
18	资本化利息对应折旧抵税	——	——	30000.00	30000.00	30000.00	30000.00	30000.00	30000.00	30000.00	30000.00	30000.00	30000.00
19	费用化利息抵税	——	——	300000.00	300000.00	300000.00	300000.00	——	——	——	——	——	——
20	赎回债券支出资金	——	——	——	——	——	-20000000.00	——	——	——	——	——	——
21	各期税后现金流量	19500000.00	-1200000.00	-870000.00	-870000.00	-870000.00	-20870000.00	30000.00	30000.00	30000.00	30000.00	30000.00	30000.00
22	税后资本成本率（%折现模式）	5.16%	——	——	——	——	——	——	——	——	——	——	——
23	**选择何种方式（借款/债券）**	**长期借款**											

图 3－24　做出筹资决策

任务拓展

长期借款筹资分析

长期借款是指向银行或其他非银行金融机构借入的、期限在 1 年以上的各种借款，主要用于购建固定资产和弥补企业流动资金的不足。企业对长期借款支付的利息，通常是在所得税前扣除。

长期借款筹资分析模型包括长期借款筹资基本模型、长期借款筹资单变量分析模型、长期借款筹资双变量分析模型。

一、长期借款筹资基本模型

利用长期借款筹资基本模型，用户可以根据借款金额、借款年利率、借款年限、每年还款期数中任意一个或几个因素的变化，来分析每期偿还金额的变化，从而做出相应的决策。

该业务属于定期定额支付且利率固定的借款，所以可以采用 Excel 中的年金函数 PMT（）来计算。PMT（）函数会返回一个 Double 值，该值为根据固定付款额和固定利率计算出的借款的付款额。

PMT（）是计算年金的函数。

类型：财务函数。

格式：PMT（Rate，Nper，Pv，Fv，Type）。

Rate——贷款利率（期利率）。

Nper——该项贷款的付款总期数（总年数或还租期数）。

Pv——现值（租赁本金），或一系列未来付款的当前值的累积和，也称为本金。

Fv——未来值（余值）。或在最后一次付款后希望得到的现金余额。如果省略 Fv，则假设其值为零，也就是一笔贷款的未来值为零。

Type——数字 0 或 1，用以指定各期的付款时间是在期初还是期末。1 代表期初，不输入或输入 0 代表期末。

功能：基于固定利率及等额分期付款方式，返回贷款的每期付款额。

年金是指在定期或不定期的时间内一系列的现金流入或流出。在支付期间必须用相同的单位计算 Rate 和 Nper 参数。例如，如果 Rate 按月份计算，则 Nper 也必须按月份计算。

例：北京宏达有限公司出于经营需要，申请了一笔长期借款，数据见表 3－5。那么公司每期的偿还金额为多少元?

表 3－5　　长期借款数据资料

项目	数据
借款金额（元）	1 000 000
借款年利率（%）	9
借款年限（年）	3
每年还款期数（期）	2
总还款期数（期）	6

操作步骤如下。

1. 启动 Excel 2016，新建“长期借款筹资分析”工作簿，并将Sheet 1重新命名为“长期借款筹资分析基本模型”。

2. 建立北京宏达有限公司长期借款数据资料，建立模型，见图 3－25。

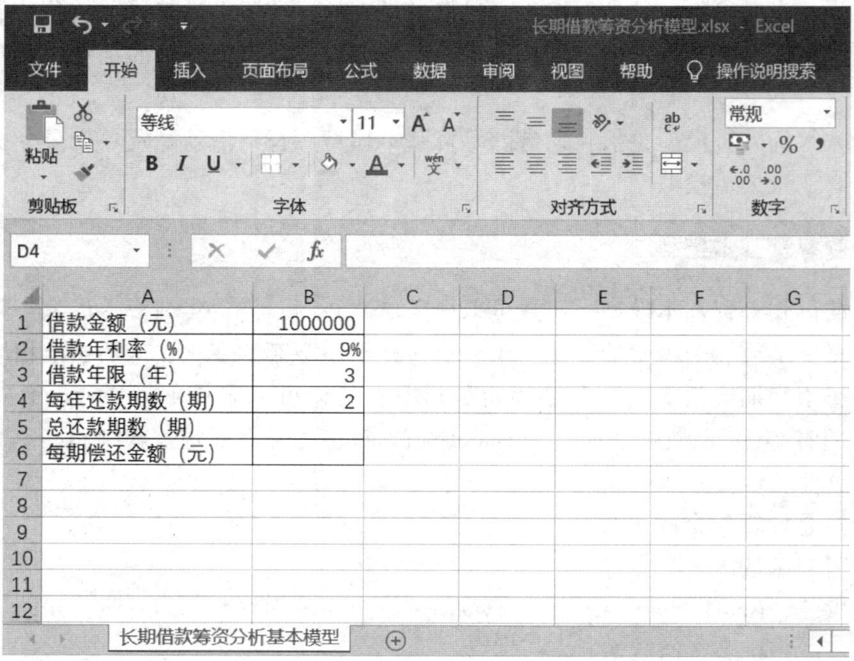

图 3－25　输入长期借款筹资数据资料

3. 在B6单元格区域的属性设置为“百分比”，小数位数设置为“2”。输入公式，总还款期数 = 借款年限 × 每年还款期数，即 B5 = B3 × B4；每期偿还金额 = PMT（借款年利率/每年还款期数，总还款期数，借款金额），即 B6 = ABS［PMT（B2/B4，B5，B1）］。其中，ABS（）函数为求绝对值函数，见图3－26。

图3－26　输入公式

上述长期借款筹资分析基本模型建立以后，工作表中各单元格之间建立了有效的动态链接，用户可以直接输入或改变借款金额、借款年利率、借款年限、每年还款期数中任意一个或多个因素的值，观察每期偿还金额的变化，选择一种适合当前企业状况的固定偿还金额的筹资方式。

二、长期借款筹资单变量分析模型

利用Excel 2016中模拟运算表的功能，可显示一个或多个公式中替换不同值时的结果。有两种类型的模拟运算表：单变量模拟运算表和双变量模拟运算表。在单变量模拟运算表中，用户可以对一个变量键入不同的值，查看它对一个或多个公式的影响。在双变量模拟运算表中，用户可以对两个变量输入不同的值，查看它们对一个公式的影响。

单变量模拟运算表可以指定一个变量的值，输入公式后，系统会自动对不同变量值条件下的公式进行逐一运算，并将结果放在对应的单元格中。

例：北京宏达有限公司经营资金不足，需要贷款1 200 000元，可选择的利率为3%～10%，在10年内还清。这时，可以使用单变量模拟运算表来求适合该企业的每月还贷金额。

具体操作步骤如下。

1. 打开“长期借款筹资分析模型”工作簿，新增一张工作表，重命名为“长期借款筹资单变量分析模型”。

2. 根据以上的数据创建模拟运算表模型。根据公式“每月偿还金额 = PMT（借款年利率/每年还款期数，借款年限 * 每年还款期数，借款金额)”，在单元格 D3 中输入公式“D3 = ABS［PMT（C3/12，B3 * 12，A3)］”，计算结果见图 3 - 27。

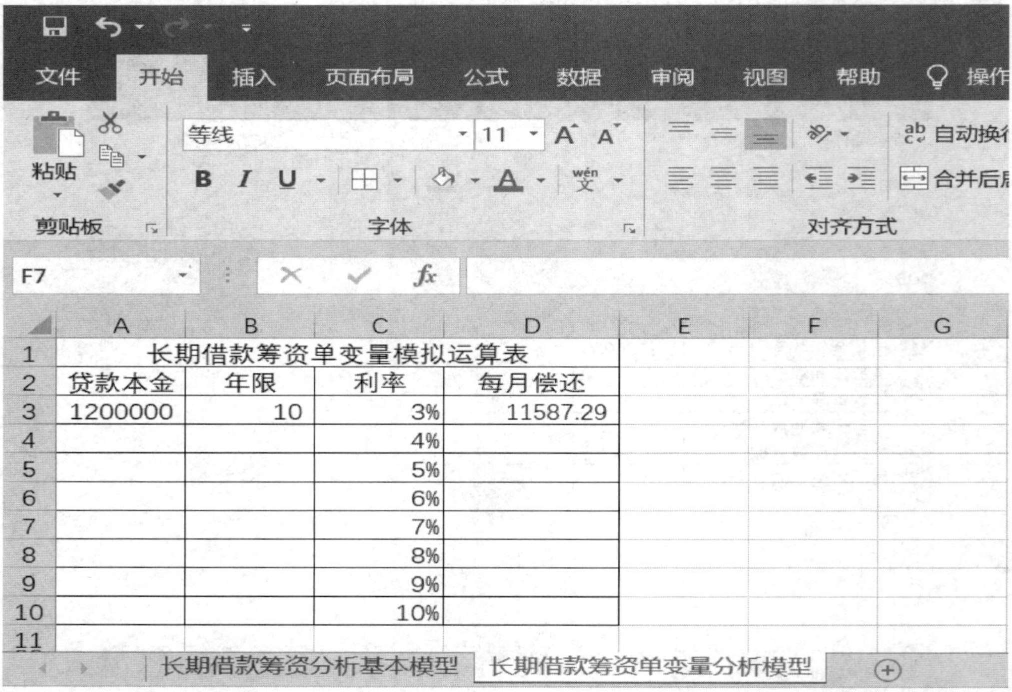

图 3 - 27 完成计算

3. 选中单元格区域 C3：D10，单击“数据”选项卡下“数据工具”分组中的“模拟分析”按钮，选择“模拟运算表”，弹出“模拟运算表”窗口。单击［输入引用列的单元格］的引用按钮，选择单元格 C3，见图 3 - 28，单击［确定］按钮。单变量模拟运算结果见图 3 - 29。

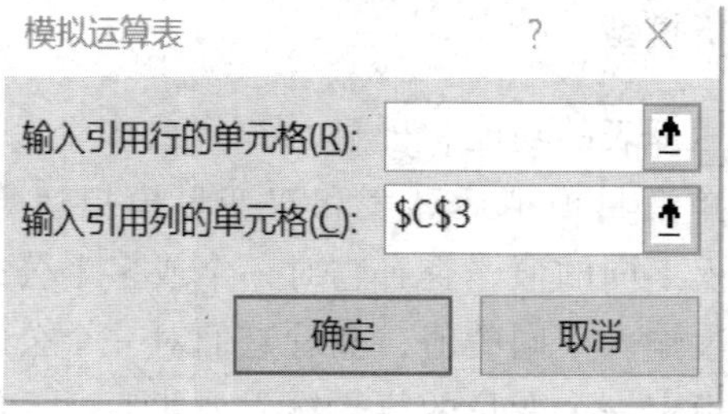

图 3 - 28 输入引用列

	A	B	C	D
1	长期借款筹资单变量模拟运算表			
2	贷款本金	年限	利率	每月偿还
3	1200000	10	3%	11587.29
4			4%	12149.42
5			5%	12727.86
6			6%	13322.46
7			7%	13933.02
8			8%	14559.31
9			9%	15201.09
10			10%	15858.09

图 3－29 完成模拟运算

三、长期借款筹资双变量分析模型

在长期借款筹资分析决，如果是两个因素同时变化，如借款期限有长有短，利率有高有低，那么这时在分析这些因素对最终决策的影响时，必须使用 Excel 2016 的双变量模拟运算表。

现以长期借款年利率和借款年限两个因素的变化对每期偿还金额的影响为例，说明长期借款筹资双变量决策模型的设计和使用方法。

例：北京宏达有限公司需要贷款 100 万元，年利率为 4%～11%，贷款年限可以为 8 年、9 年、10 年、11 年或 12 年。

要求：计算企业在不同条件下每月应偿还的贷款金额。

具体操作步骤如下：

（1）打开“长期借款筹资双因素分析模型”工作簿，新增一张工作表，重命名为“长期借款筹资双变量分析模型”。

（2）根据以上的数据创建模拟运算表模型，在单元格区域 C6：C13 中输入各种可能的借款年利率，在单元格区域 D5：H5 中输入各种可能的借款年限，在单元格 C5 中输入目标函数 PMT（），即 C5＝ABS［PMT（B4/12，B3＊12，B2）］，见图 3－30。

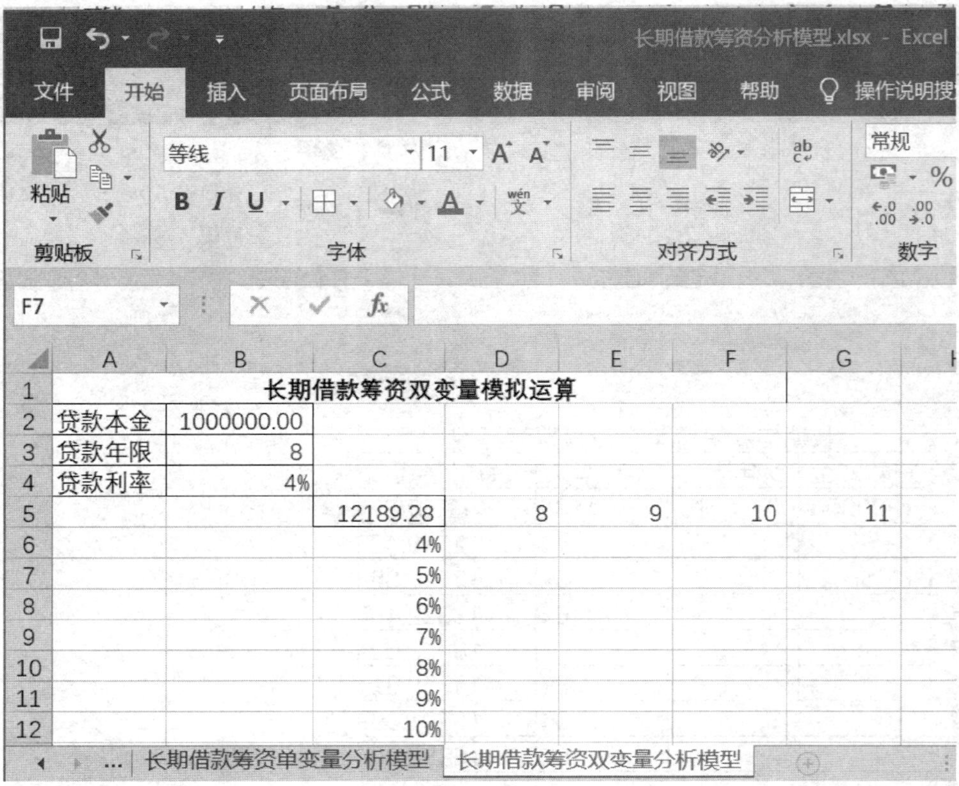

图 3-30　输入数据

(3) 分别给模拟运算表输入引用行、列的单元格。选择 C5：H13 单元格区域，单击“数据”选项卡下“数据工具”分组中的［模拟分析］按钮，选择“模拟运算表”，弹出“模拟运算表”对话框，见图 3-31。

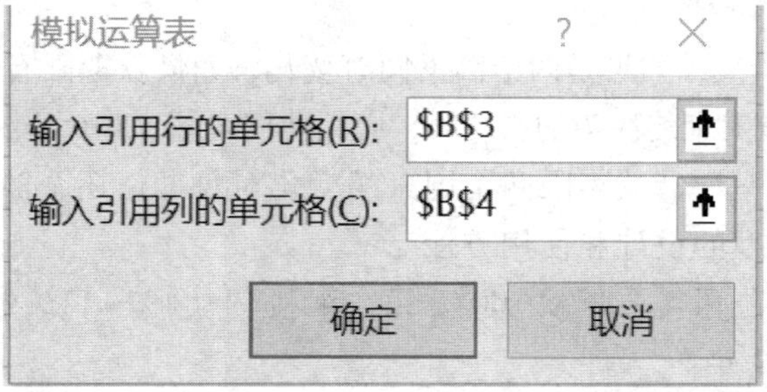

图 3-31

在“输入引用行的单元格”框中输入行变量“贷款年限”，即“$B$3”，或者选定单元格 B3；在“输入引用列的单元格”框中输入列变量“贷款利率”，即“$B$4”，或者选定单元格 B4。

单击［确定］按钮，此时分析值便会自动显示在双变量分析表中，也就完成了长期借款双变量分析模型的建立，其结果见图 3-32。

	A	B	C	D	E	F	G	H
1	长期借款筹资双变量模拟运算							
2	贷款本金	1000000.00						
3	贷款年限	8						
4	贷款利率	4%						
5			12189.28	8	9	10	11	12
6			4%	12189.28	11040.97	10124.51	9376.672	8755.28
7			5%	12659.92	11517.27	10606.55	9864.488	9248.90
8			6%	13141.43	12005.75	11102.05	10367.03	9758.50
9			7%	13633.72	12506.28	11610.85	10884.1	10283.81
10			8%	14136.68	13018.71	12132.76	11415.45	10824.53
11			9%	14650.2	13542.91	12667.58	11960.8	11380.31
12			10%	15174.16	14078.69	13215.07	12519.88	11950.78
13			11%	15708.43	14625.86	13775	13092.35	12535.55

图 3-32　运算结果

应用上述长期借款双变量分析模型，用户可以观察在两个因素不同组合下的长期借款分析结果。当长期借款方案发生变化时，用户只需改变第一变量或第二变量所在的行或列的值或者其他因素的值，模型便会立即重新计算出双变量分析表中的值。

4 项目四 成本管理

学习目标

1. 能利用 Excel 进行成本性态分析；
2. 能利用 Excel 计算变动成本法的产品成本和税前利润；
3. 能利用 Excel 计算完全成本法的产品成本和税前利润；
4. 能利用 Excel 计算作业成本法的成本；
4. 能利用 Excel 制定产品的标准成本；
5. 能利用 Excel 进行成本差异的计算与分析。

任务 1 变动成本管理

任务案例

[案例 1]

北京宏达有限公司 2019 年上半年的设备维修成本的历史资料见表 4－1。

要求：（1）运用进行成本性态分析，建立成本性态模型。

（2）当机器工作小时达到 14 000 时，请预测维修成本。

表 4-1 维修成本的历史资料

月份	机器工作小时	维修成本（元）
1	12 000	2 130
2	9 800	1 980
3	9 000	1 800
4	11 800	2 080
5	13 000	2 200
6	12 500	2 160

[案例 2]

北京宏达有限公司只生产和销售甲产品，若无期初存货，本期完工产品 10 000 件，销售 8 000 件，销售单价为 30 元。进行成本性态分析后，成本资料见表 4-2。

要求：分别采用变动成本法和完全成本法计算该公司的成本和税前利润。

表 4-2 甲产品成本资料

成本项目	金额（元）
直接材料	100 000
直接人工	60 000
变动制造费用	20 000
固定制造费用	30 000
变动销售费用	1 000
固定销售费用	8 000
变动管理费用	2 000
固定管理费用	4 000
变动财务费用	1 000
固定财务费用	3 000

工作准备

一、成本性态分析

成本性态是指成本与业务量之间的相互依存关系。按照成本性态，成本可划分为固定成本、变动成本和混合成本。

固定成本是指在一定范围内，其总额不随业务量变动而增减变动，但单位成本随业务量增加而相对减少的成本。变动成本是指在一定范围内，其总额随业务量变动发生相应的正比例变动，而单位成本保持不变的成本。混合成本是指总额随业务量变动但不成正比例变动的成本。

成本性态分析是指企业基于成本与业务量之间的关系，运用技术方法，将业务范围内发生的成本分解为固定成本和变动成本，并建立相应的成本模型的过程。

混合成本的分解方法主要包括：高低点法、回归分析法、账户分析法（也称会计分析法）、技术测定法（也称工业工程法）、合同确认法，前两种方法需要借助数学方法进行分解，后三种方法可通过直接分析认定。

（一）高低点法

企业以过去某一会计期间的总成本和业务量资料为依据，从中选取业务量最高点和业务量最低点，将总成本进行分解，得出成本模型。计算公式如下：

$$单位变动成本（b）=\frac{最高点业务量成本-最低点业务量成本}{最高点业务量-最低点业务量}$$

固定成本总额（a）=最高点业务量的成本-单位变动成本×最高点业务量

或，固定成本总额（a）=最低点业务量的成本-单位变动成本×最低点业务量

成本模型为：

成本总额（y）=固定成本总额（a）+单位变动成本（b）×业务量（x）

高低点法计算较为简单，但结果代表性较差。

（二）回归分析法

企业根据过去一定期间的业务量和混合成本的历史资料，应用最小二乘法原理，计算最能代表业务量与混合成本关系的回归直线，借以确定混合成本中固定成本和变动成本的方法。

计算公式如下：

假设混合成本符合总成本模型，即：$y=a+bx$

式中：a 为固定成本；b 为单位变动成本。

$$单位变动成本（b）=\frac{n\sum xy-\sum x\cdot\sum y}{n\sum x^2-(\sum x)^2}$$

$$固定成本总额（a）=\frac{\sum y-b\sum x}{n}$$

回归分析法的结果较为精确，但计算较为复杂。

（三）账户分析法

企业根据有关成本账户及其明细账的内容，结合其与产量的依存关系，判断其比较接近的成本类别，将其视为该类成本。账户分析法较为简便易行，但比较粗糙且带有主观判断。

（四）技术测定法

企业根据生产过程中各种材料和人工成本消耗量的技术测定来划分固定成本和变动成本。技术测定法仅适用于投入成本和产出数量之间有规律性联系的成本分解。

（五）合同确认法

企业根据订立的经济合同或协议中关于支付费用的规定，来确认并估算哪些项目属于变

动成本，哪些项目属于固定成本。合同确认法一般要配合账户分析法使用。

本书主要介绍在 Excel 工作表中应用高低点法、回归分析法进行混合成本分解。

通过成本性态分析，可以从定性和定量两方面认识各种成本与业务量之间的相互依存关系及其变化规律，进而为应用变动成本法、标准成本法，进行本量利分析、预测分析、短期决策以及编制全面预算和弹性预算奠定基础。

二、变动成本法

变动成本法，是指企业以成本性态分析为前提条件，仅将生产过程中消耗的变动生产成本作为产品成本的构成内容，而将固定生产成本和非生产成本作为期间成本，直接由当期收益予以补偿的一种成本管理方法。

变动成本法通常用于分析各种产品的盈利能力，为正确制定经营决策、科学地进行成本计划、成本控制和成本评价与考核等工作提供有用信息。

在变动成本法下，利润的计算通常采用贡献式损益表，损益计算包括以下两个步骤：

（1）计算边际贡献总额。

边际贡献总额 = 营业收入总额 - 变动成本总额

= 销售单价 × 销售量 - 单位变动成本 × 销售量

= （销售单价 - 单位变动成本） × 销售量

= 单位边际贡献 × 销售量

（2）计算当期利润。

利润 = 边际贡献总额 - 固定成本总额

其中，变动成本包括变动生产成本和变动非生产成本两部分，固定成本包括固定生产成本和固定非生产成本两部分。

任务实施

一、成本性态分析

（一）高低点法

1. 创建“成本性态分析表”工作表。

（1）启动 Excel 2016，选择“文件”|“新建”命令，新建一个空白工作簿，重命名 Sheet 1为“成本性态分析表”。

（2）根据案例 1 将北京宏达有限公司 2019 年上半年的设备维修成本的有关资料在表格中输入信息，见图 4 - 1。

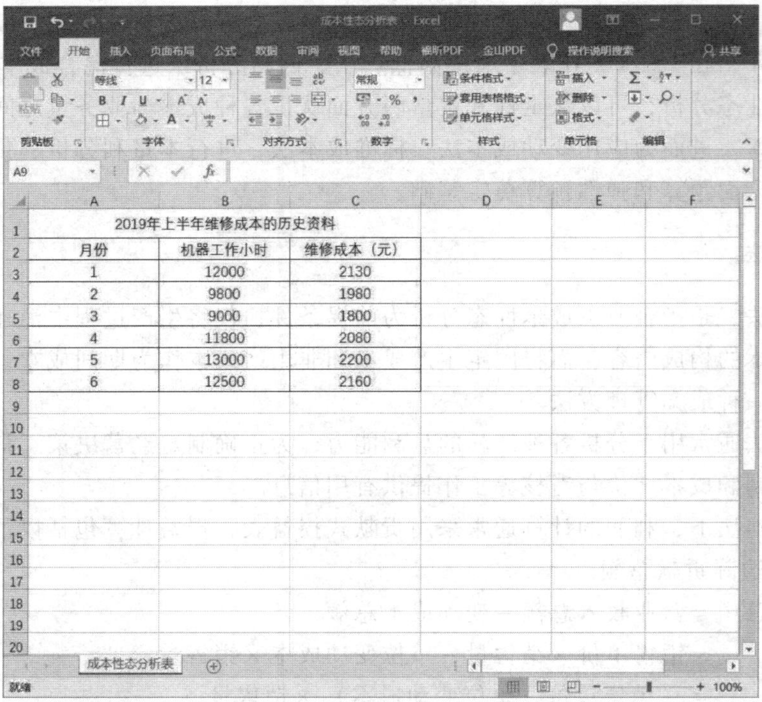

2019年上半年维修成本的历史资料

月份	机器工作小时	维修成本（元）
1	12000	2130
2	9800	1980
3	9000	1800
4	11800	2080
5	13000	2200
6	12500	2160

图 4－1

2. 输入相关公式和函数创建高低点法混合成本分解模型。

（1）设计高低点法混合成本分解模型的内容，见图 4－2。

2019年上半年维修成本的历史资料

月份	机器工作小时	维修成本（元）
1	12000	2130
2	9800	1980
3	9000	1800
4	11800	2080
5	13000	2200
6	12500	2160

项目	机器工作小时	维修成本（元）
业务量最高点		
业务量最低点		
预计业务量		

单位变动成本（b）		
固定成本总额（a）		高点
固定成本总额（a）		低点

图 4－2

（2）选取业务量最高点的数据。

①用鼠标选中单元格 B11，在菜单栏的“公式”命令中选择“插入函数”命令，见图 4－3。

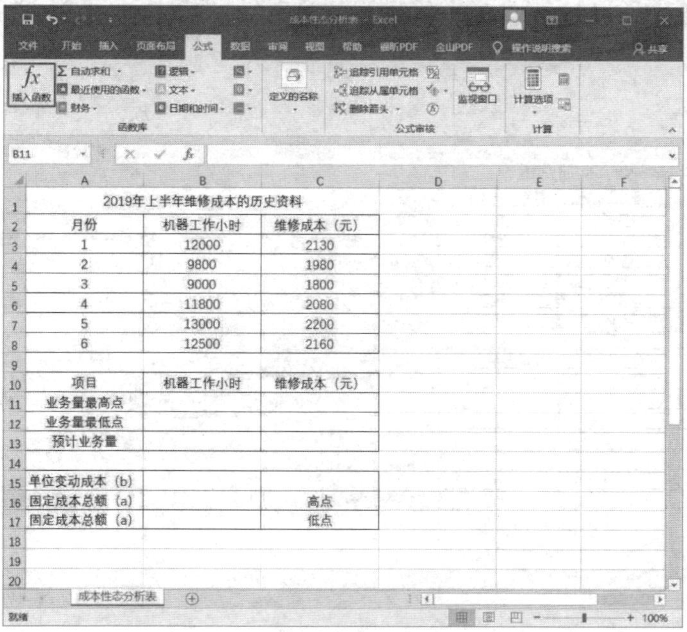

图 4－3

②弹出“插入函数”对话框，在“或选择类别（C）”中选择“统计”类，在“选择函数（N）”中选择“MAX”函数，见图 4－4。

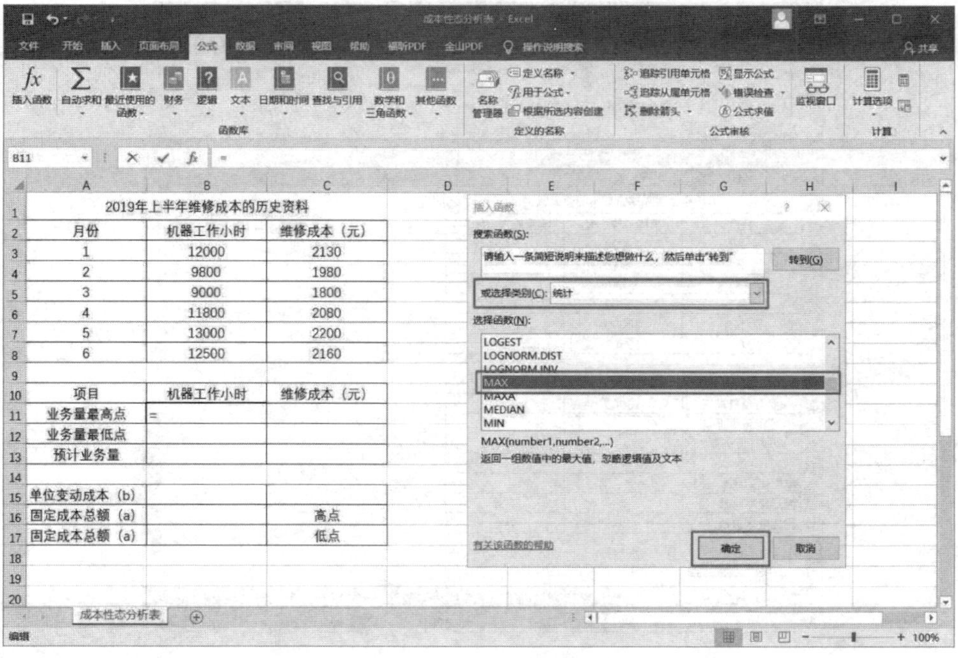

图 4－4

③单击［确定］，弹出“MAX”函数的“函数参数”编辑框。单击参数“Number1”编辑框，然后用鼠标选择单元格区域 B3：B8。见图 4－5。

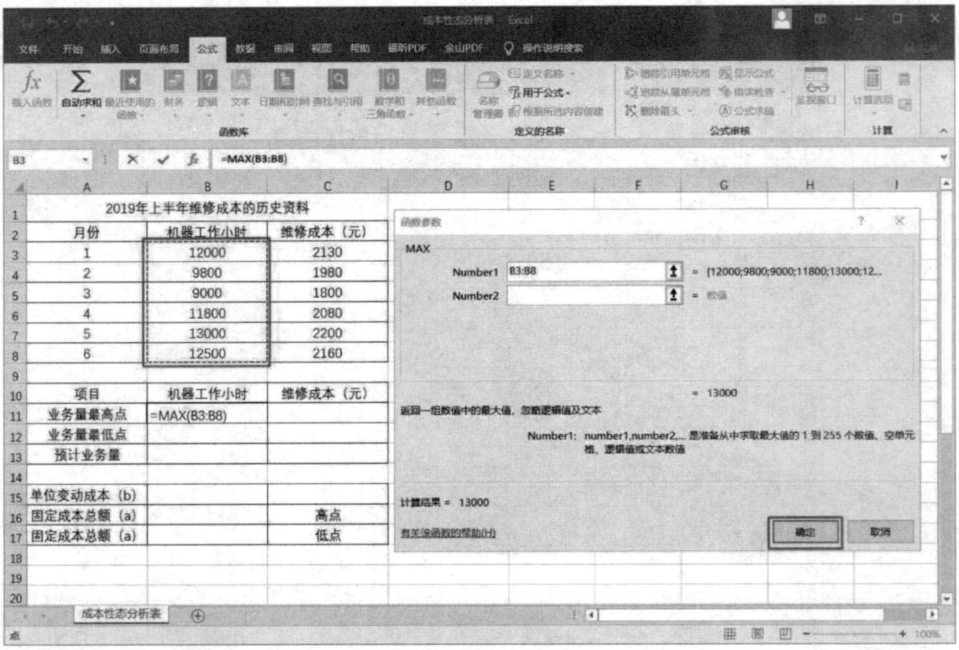

图 4－5

④单击［确定］，在单元格 B11 中显示出所要查找的业务量最高点。本案例中业务量最高点为 13 000 机器工作小时，见图 4－6。

图 4－6

（3）选取业务量最低点的数据。

用鼠标选中单元格 B12，在菜单栏的“公式”命令中选择“插入函数”命令。弹出“插入函数”对话框，在“或选择类别（C）”中选择“统计”类，在“选择函数（N）”中选择“MIN”函数。单击［确定］，弹出“MIN”函数的“函数参数”编辑框。单击参数“Number1”编辑框右边的箭头“折叠编辑框按钮”，然后用鼠标选择单元格区域 B3：B8。单击“确定”，在单元格 B12 中就会显示出所要查找的业务量最低点。本案例中业务量最低点为 9 000 机器工作小时。见图 4－7。

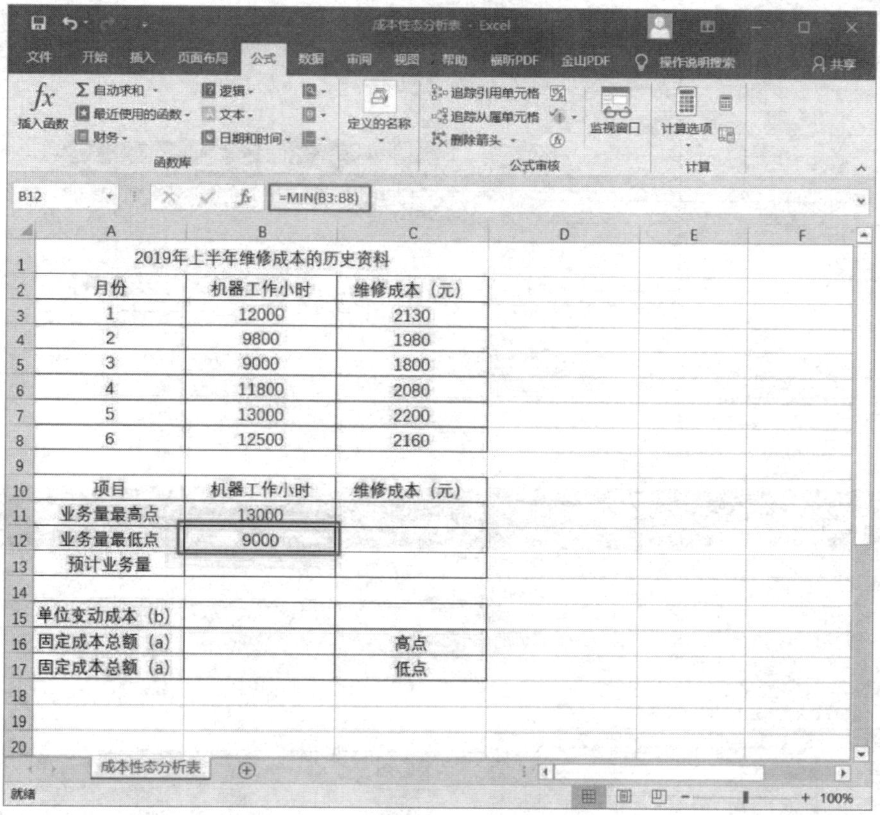

图 4－7

（4）选取与业务量相对应的成本数据。

用鼠标选中单元格 C11，在菜单栏的“公式”命令中选择“插入函数”命令。弹出“插入函数”对话框，在“或选择类别（C）”中选择“查找与引用”类，在“选择函数（N）”中选择“VLOOKUP”函数。见图 4－8。

单击［确定］，弹出“VLOOKUP”函数的“函数参数”编辑框。单击参数“Lookup_value”编辑框，然后用鼠标选择单元格 B11；单击参数“Table_ array”编辑框，然后用鼠标选择单元格区域 B3：C8；单击参数“Col_ index_ num”编辑框，输入“2”（因为要查找的数据处于单元格区域 B3：C8 的第 2 列）；单击参数“Range_ lookup”编辑框，输入“0”（查找精确匹配）。见图 4－9。

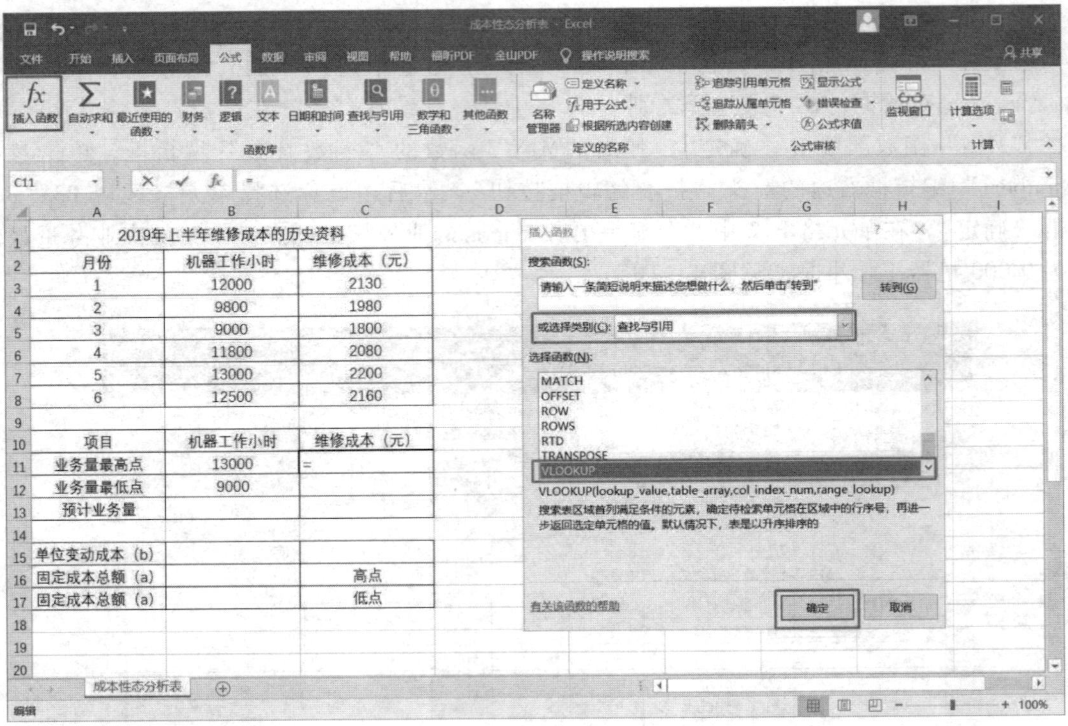
成本性态分析表 - Excel
文件
开始
插入
页面布局
公式
数据
审阅
视图
帮助
福昕PDF
金山PDF
操作说明搜索
插入函数
自动求和
最近使用的函数
财务
逻辑
文本
日期和时间
查找与引用
数学和三角函数
其他函数
函数库
名称管理器
定义名称
用于公式
根据所选内容创建
定义的名称
追踪引用单元格
追踪从属单元格
删除箭头
显示公式
错误检查
公式求值
公式审核
监视窗口
计算选项
计算
C11
2019年上半年维修成本的历史资料
月份
机器工作小时
维修成本（元）
项目
业务量最高点
业务量最低点
预计业务量
单位变动成本（b）
固定成本总额（a）
高点
低点
插入函数
搜索函数(S):
请输入一条简短说明来描述您想做什么，然后单击"转到"
转到(G)
或选择类别(C): 查找与引用
选择函数(N):
MATCH
OFFSET
ROW
ROWS
RTD
TRANSPOSE
VLOOKUP
VLOOKUP(lookup_value,table_array,col_index_num,range_lookup)
搜索表区域首列满足条件的元素，确定待检索单元格在区域中的行序号，再进一步返回选定单元格的值。默认情况下，表是以升序排序的
有关该函数的帮助
确定
取消
成本性态分析表
编辑
100%

图 4－8

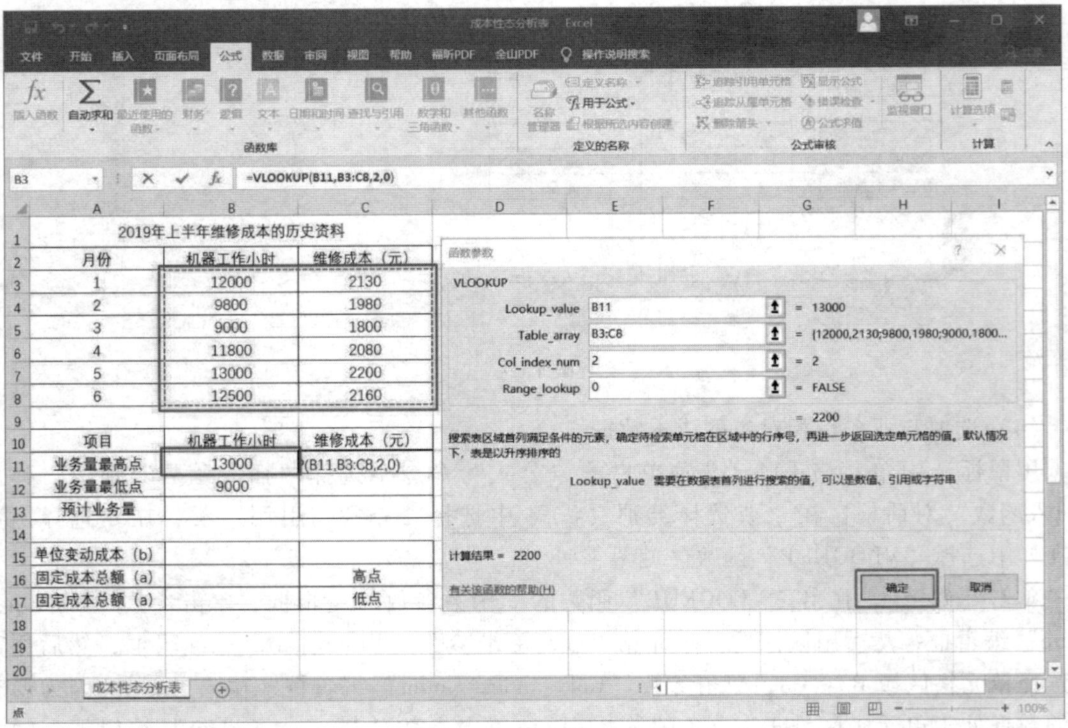
成本性态分析表 - Excel
B3
=VLOOKUP(B11,B3:C8,2,0)
2019年上半年维修成本的历史资料
月份
机器工作小时
维修成本（元）
项目
业务量最高点
业务量最低点
预计业务量
(B11,B3:C8,2,0)
单位变动成本（b）
固定成本总额（a）
高点
低点
函数参数
VLOOKUP
Lookup_value B11 = 13000
Table_array B3:C8 = {12000,2130;9800,1980;9000,1800...
Col_index_num 2 = 2
Range_lookup 0 = FALSE
= 2200
搜索表区域首列满足条件的元素，确定待检索单元格在区域中的行序号，再进一步返回选定单元格的值。默认情况下，表是以升序排序的
Lookup_value 需要在数据表首列进行搜索的值，可以是数值、引用或字符串
计算结果 = 2200
有关该函数的帮助(H)
确定
取消
成本性态分析表
点

图 4－9

单击［确定］，在单元格 C11 显示出所要查找的与业务量最高点相对应的成本数据。本案例中与业务量最高点 13 000 机器工作小时相对应的维修成本是 2 200 元。见图 4－10。

	A	B	C
1	2019年上半年维修成本的历史资料		
2	月份	机器工作小时	维修成本（元）
3	1	12000	2130
4	2	9800	1980
5	3	9000	1800
6	4	11800	2080
7	5	13000	2200
8	6	12500	2160
9			
10	项目	机器工作小时	维修成本（元）
11	业务量最高点	13000	2200
12	业务量最低点	9000	
13	预计业务量		
14			
15	单位变动成本（b）		
16	固定成本总额（a）		高点
17	固定成本总额（a）		低点

图 4－10

同理，可以利用 VLOOKUP 函数查找与业务量最低点相对应的成本数据。本案例中与业务量最低点 9 000 机器工作小时相对应的维修成本是 1 800 元。

（5）计算单位变动成本。

在单元格 B15 中输入公式“=(C11－C12)/(B11－B12)”，按［Enter］键计算出单位变动成本。本案例中单位变动成本是 0.1 元/机器小时。见图 4－11、图 4－12。

注： 单位变动成本＝（高点成本－低点成本）/（高点业务量－低点业务量）

（6）计算固定成本总额。

在单元格 B16 中输入公式“=C11－B11 * B15”，按［Enter］键计算出固定成本总额。同理，在单元格 B17 中输入公式“=C12－B12 * B15”，按［Enter］键也可以计算固定成本总额。本案例中固定成本总额是 900 元。见图 4－11、图 4－12。

注： 固定成本总额＝高点成本－高点业务量×单位变动成本

或，固定成本总额＝低点成本－低点业务量×单位变动成本

2019年上半年维修成本的历史资料		
月份	机器工作小时	维修成本（元）
1	12000	2130
2	9800	1980
3	9000	1800
4	11800	2080
5	13000	2200
6	12500	2160
项目	机器工作小时	维修成本（元）
业务量最高点	13000	2200
业务量最低点	9000	1800
预计业务量		
单位变动成本（b）	= (C11-C12)/(B11-B12)	
固定成本总额（a）	=C11-B11*B15	高点
固定成本总额（a）	=C12-B12*B15	低点

图 4－11

2019年上半年维修成本的历史资料		
月份	机器工作小时	维修成本（元）
1	12000	2130
2	9800	1980
3	9000	1800
4	11800	2080
5	13000	2200
6	12500	2160
项目	机器工作小时	维修成本（元）
业务量最高点	13000	2200
业务量最低点	9000	1800
预计业务量		
单位变动成本（b）	0.1	
固定成本总额（a）	900	高点
固定成本总额（a）	900	低点

图 4－12

至此，完成了在 Excel 工作表中创建高低点法混合成本分解模型。本案例维修成本函数为：$y = 900 + 0.1x$。

3. 根据成本模型进行成本预测。

在单元格 B13 中输入 14 000，在单元格 C13 中输入公式“ = B16 + B15 * B13”（或输入“ = B17 + B15 * B13”），预测维修成本数额。本案例中当机器工作小时达到 14 000 时，预测维修成本是 2 300 元。见图 4 – 13。

	A	B	C
1	2019年上半年维修成本的历史资料		
2	月份	机器工作小时	维修成本（元）
3	1	12000	2130
4	2	9800	1980
5	3	9000	1800
6	4	11800	2080
7	5	13000	2200
8	6	12500	2160
9			
10	项目	机器工作小时	维修成本（元）
11	业务量最高点	13000	2200
12	业务量最低点	9000	1800
13	预计业务量	14000	2300
14			
15	单位变动成本（b）	0.1	
16	固定成本总额（a）	900	高点
17	固定成本总额（a）	900	低点

图 4 – 13

（二）回归分析法

在 Excel 工作表中应用回归分析法，有 3 种不同的操作方法：公式法、Excel 函数法和散布图法。

1. 公式法。

（1）启动 Excel 2016，选择“文件”|“新建”命令，新建一个空白工作簿，重命名 Sheet 1为“成本性态分析表”。

（2）根据［案例 1］将北京宏达有限公司 2019 年上半年的设备维修成本的有关资料在表格中输入信息，见图 4 – 14。

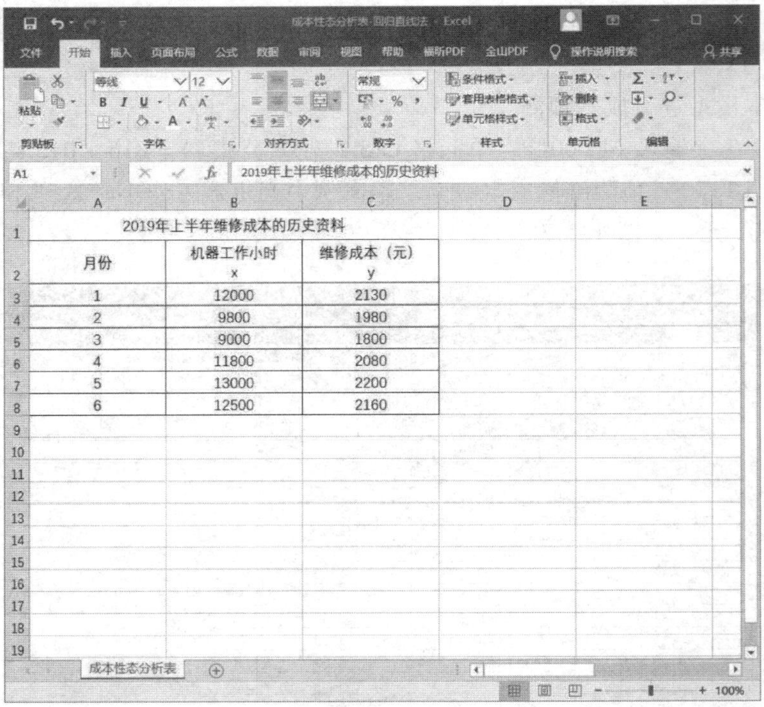

图 4－14

（3）设计回归直线法混合成本分解模型的内容，见图 4－15。

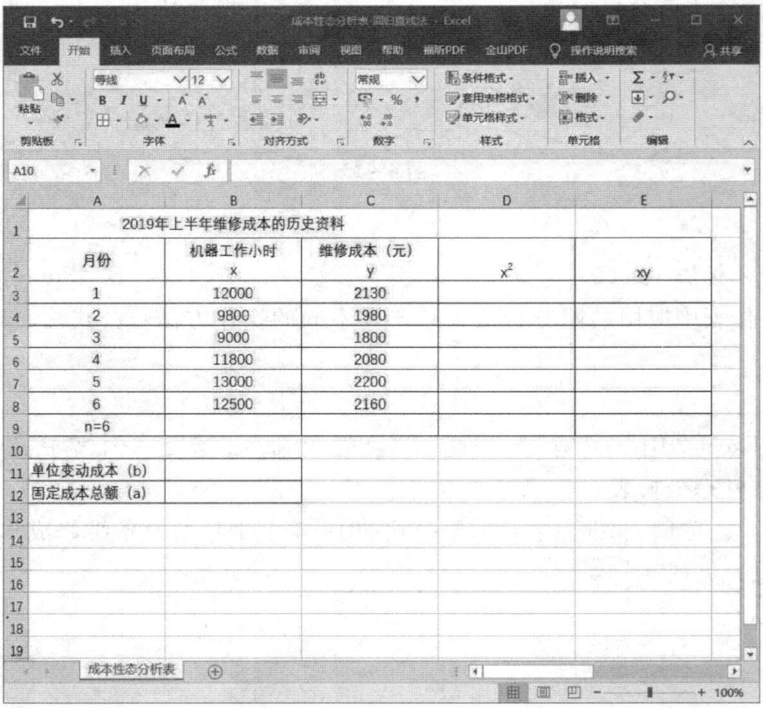

图 4－15

（4）在单元格 D3 中输入“ = B3^2”，按［Enter］键计算出 1 月份的 x^2 值，见图 4 - 16。

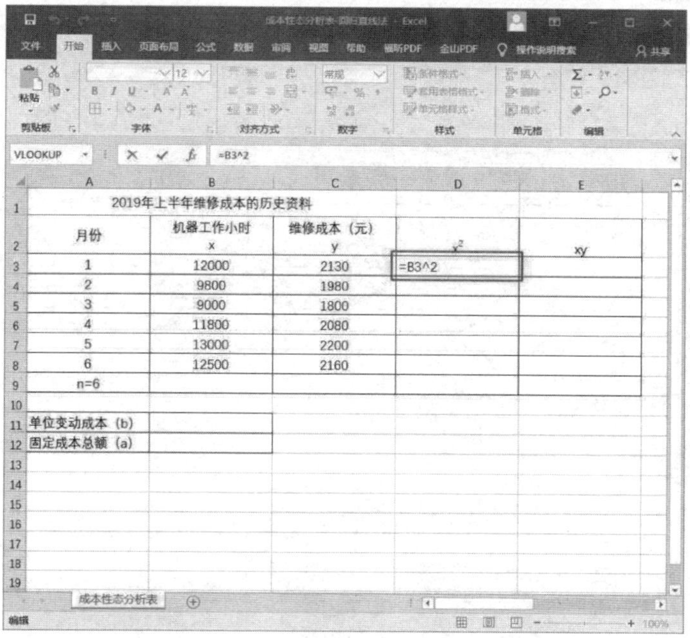

图 4 - 16

（5）然后将光标定位在单元格 D3 右下角的填充柄上，当光标变为“ + ”形状时，按住鼠标左键向下拖动到单元格 D8，自动填充相对应的公式快速计算每个月份的 x^2 值，见图 4 - 17、图 4 - 18。

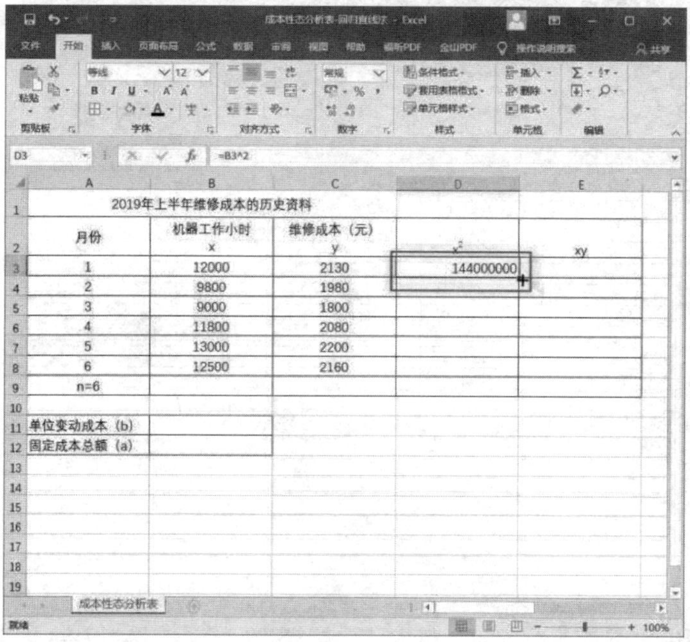

图 4 - 17

2019年上半年维修成本的历史资料				
月份	机器工作小时 x	维修成本（元） y	x^2	xy
1	12000	2130	144000000	
2	9800	1980	96040000	
3	9000	1800	81000000	
4	11800	2080	139240000	
5	13000	2200	169000000	
6	12500	2160	156250000	
n=6				
单位变动成本（b）				
固定成本总额（a）				

图 4－18

（6）在单元格 E3 中输入“＝B3＊C3”，按［Enter］键计算出 1 月份的 xy 值。然后将光标定位在单元格 E3 右下角的填充柄上，当光标变为“＋”形状时，按住鼠标左键向下拖动到单元格 E8，快速填充计算每个月份的 xy 值。见图 4－19。

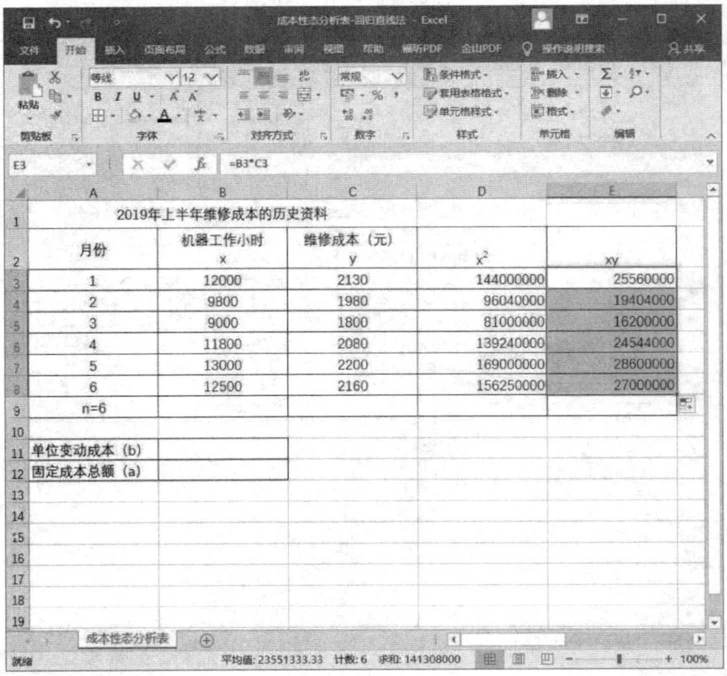

2019年上半年维修成本的历史资料				
月份	机器工作小时 x	维修成本（元） y	x^2	xy
1	12000	2130	144000000	25560000
2	9800	1980	96040000	19404000
3	9000	1800	81000000	16200000
4	11800	2080	139240000	24544000
5	13000	2200	169000000	28600000
6	12500	2160	156250000	27000000
n=6				
单位变动成本（b）				
固定成本总额（a）				

图 4－19

（7）在单元格 B9 中输入“ =SUM（B3:B8）”，按［Enter］键计算 Σx。或者，用鼠标选定单元格区域 B3:B8，在菜单栏的“公式”命令中单击“Σ 自动求和”命令，也可以计算 Σx。见图 4－20。

2019年上半年维修成本的历史资料				
月份	机器工作小时 x	维修成本（元） y	x^2	xy
1	12000	2130	144000000	25560000
2	9800	1980	96040000	19404000
3	9000	1800	81000000	16200000
4	11800	2080	139240000	24544000
5	13000	2200	169000000	28600000
6	12500	2160	156250000	27000000
n=6				
单位变动成本（b）				
固定成本总额（a）				

图 4－20

（8）将光标定位在单元格 B9 右下角的填充柄上，当光标变为“ + ”形状时，按住鼠标左键向右拖动到单元格 E9，快速填充计算 Σy、Σ^2、Σxy。见图 4－21。

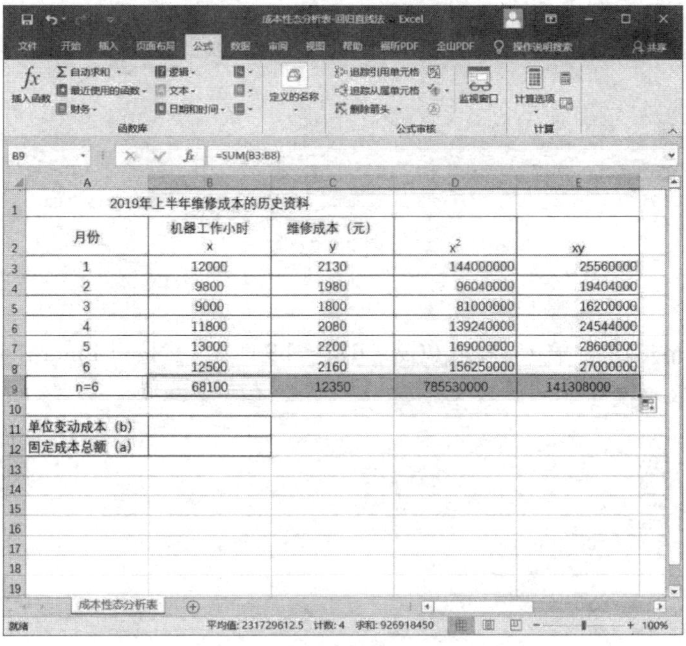

2019年上半年维修成本的历史资料				
月份	机器工作小时 x	维修成本（元） y	x^2	xy
1	12000	2130	144000000	25560000
2	9800	1980	96040000	19404000
3	9000	1800	81000000	16200000
4	11800	2080	139240000	24544000
5	13000	2200	169000000	28600000
6	12500	2160	156250000	27000000
n=6	68100	12350	785530000	141308000
单位变动成本（b）				
固定成本总额（a）				

图 4－21

(9) 在单元格 B11 中输入"=(6*E9-B9*C9)/(6*D9-B9^2)",按[Enter]键计算单位变动成本 b,见图 4-22。

注:单位变动成本 $(b)=\dfrac{n\sum xy-\sum x\cdot\sum y}{n\sum x^2-\left(\sum x\right)^2}$

本例中 $n=6$。

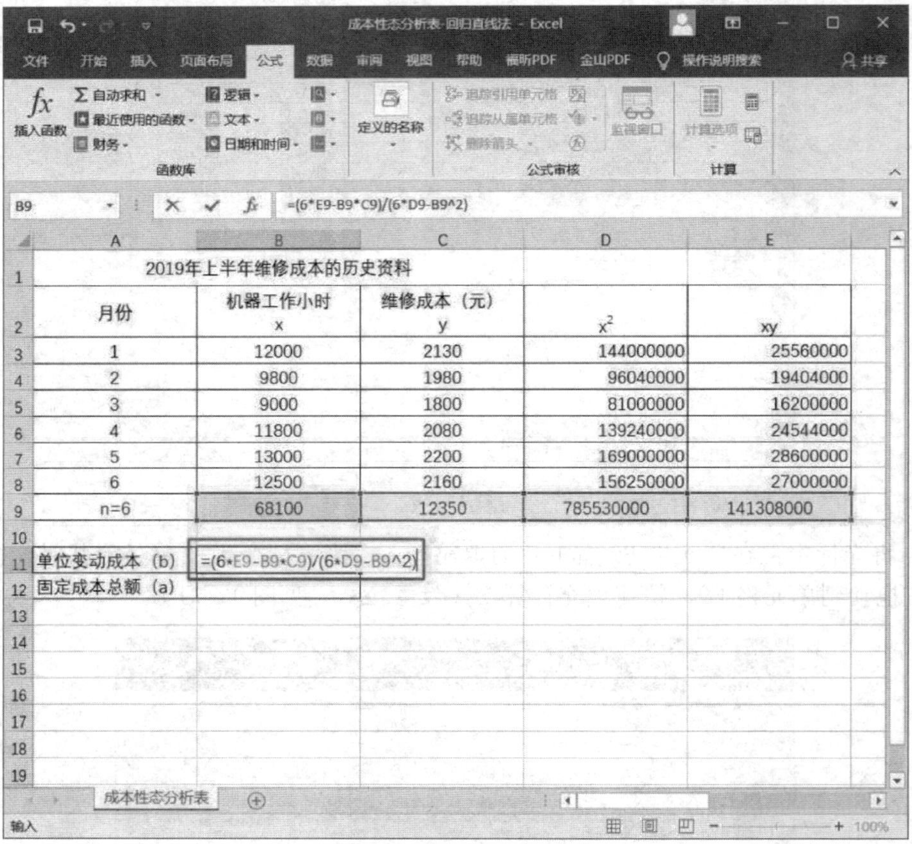

	A	B	C	D	E
1	2019年上半年维修成本的历史资料				
2	月份	机器工作小时 x	维修成本(元) y	x^2	xy
3	1	12000	2130	144000000	25560000
4	2	9800	1980	96040000	19404000
5	3	9000	1800	81000000	16200000
6	4	11800	2080	139240000	24544000
7	5	13000	2200	169000000	28600000
8	6	12500	2160	156250000	27000000
9	n=6	68100	12350	785530000	141308000
10					
11	单位变动成本(b)	=(6*E9-B9*C9)/(6*D9-B9^2)			
12	固定成本总额(a)				

图 4-22

(10) 在单元格 B12 中输入"=(C9-B11*B9)/6",按[Enter]键计算固定成本总额 a,见图 4-23。

注:固定成本总额 $(a)=\dfrac{\sum y-b\sum x}{n}$。

图 4－23

（11）用鼠标选择单元格 B11、B12，单击右键选择“设置单元格格式（F）”，弹出“设置单元格格式”对话框，选择“数字”选项卡，选择“分类（C）”中的“数值”，将“小数位数（D）”调整为“2”，点击［确定］，见图 4－24、图 4－25。

注：数据的精确度根据企业的实际需要确定。

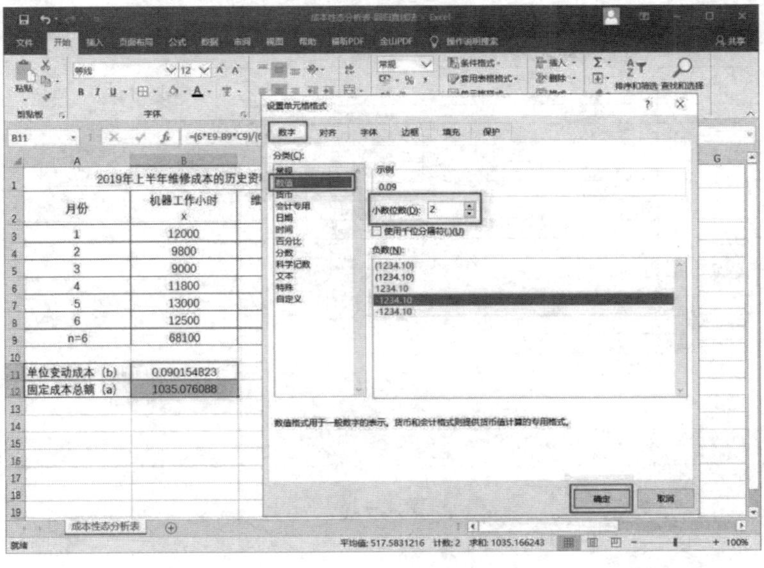

图 4－24

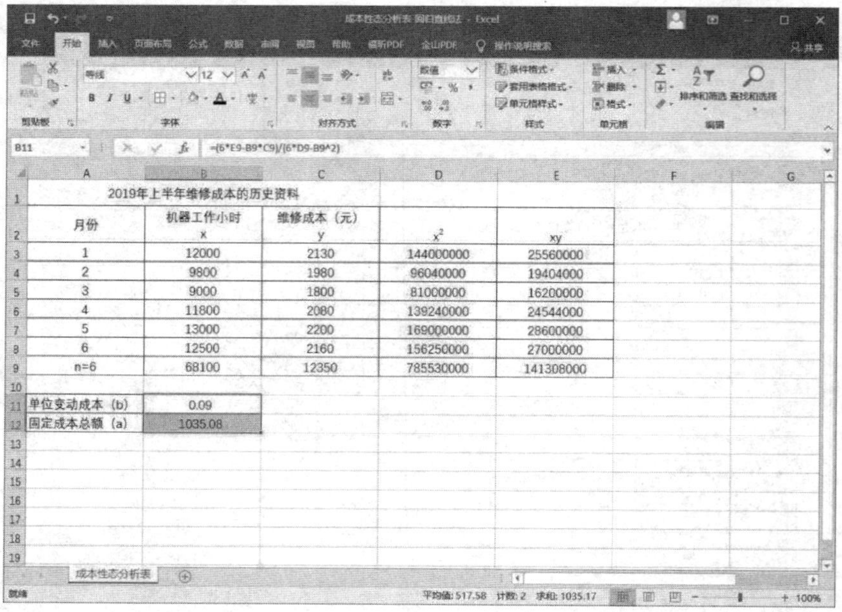

图 4－25

至此，完成了在 Excel 工作表中创建回归直线法混合成本分解模型。本案例维修成本函数为：y＝1 035.08＋0.09x。

（12）根据成本模型进行成本预测。在单元格 B14 中输入 14 000，在单元格 B15 中输入公式"＝B12＋B11＊B14"，预测维修成本金额。并设置单元格格式，精确到 0.01 元。本案例中当机器工作小时达到 14 000 时，预测维修成本是 2 297.24 元。见图 4－26。

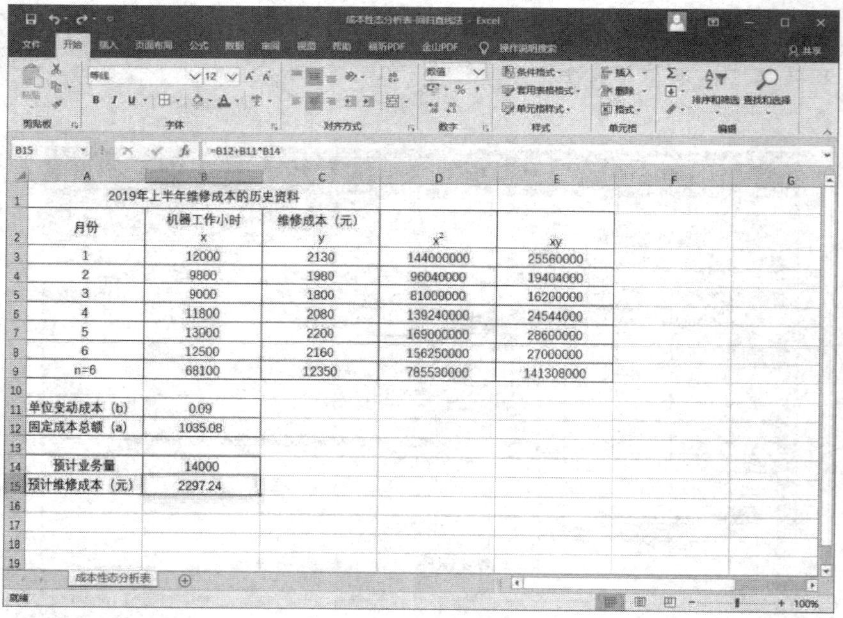

图 4－26

2. Excel 函数法。

（1）启动 Excel 2016，选择“文件”｜“新建”命令，新建一个空白工作簿，重命名 Sheet 1为“成本性态分析表”。

（2）根据案例 1 将北京宏达有限公司 2019 年上半年的设备维修成本的有关资料在表格中输入信息，见图 4－14。

（3）计算单位变动成本。用鼠标选中单元格 B10，在菜单栏的“公式”命令中选择“插入函数”命令。弹出“插入函数”对话框，在“或选择类别（C）”中选择“统计”类，在“选择函数（N）”中选择“SLOPE”函数（斜率函数）。见图 4－27。

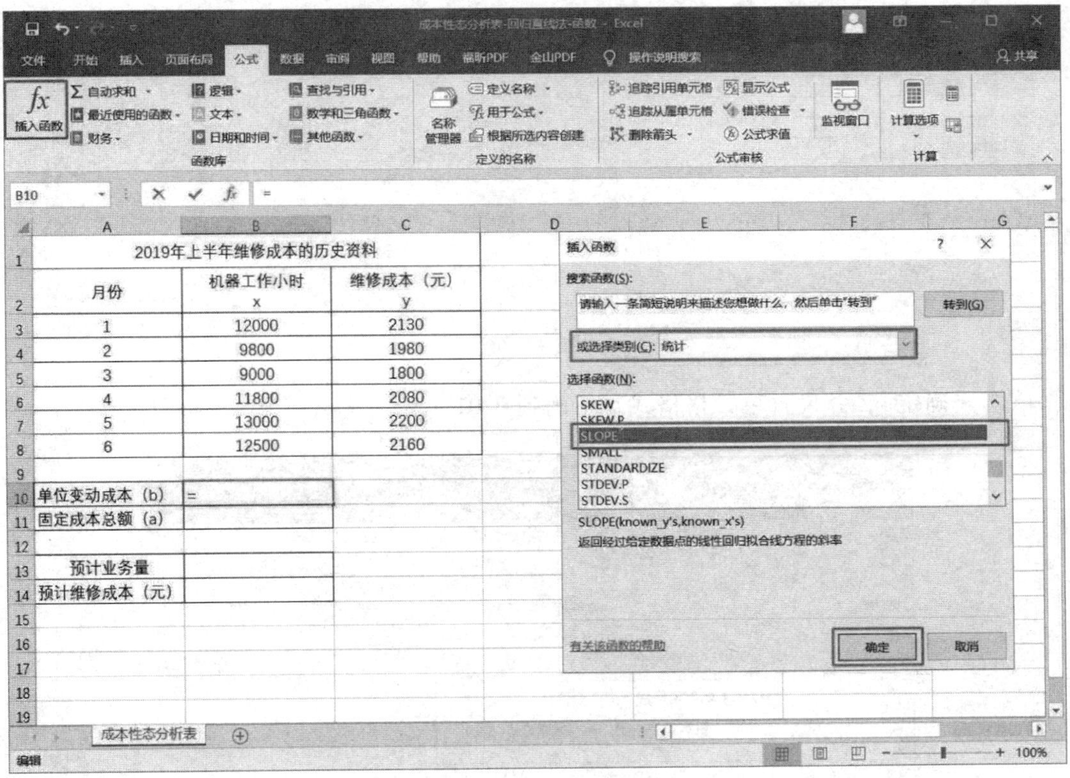

图 4－27

单击“确定”，弹出“SLOPE”函数的“函数参数”编辑框。单击参数“Known_ y′s”编辑框，然后用鼠标选择单元格区域 C3:C8；单击参数“Known_ x′s”编辑框，然后用鼠标选择单元格区域 B3:B8。见图 4－28。

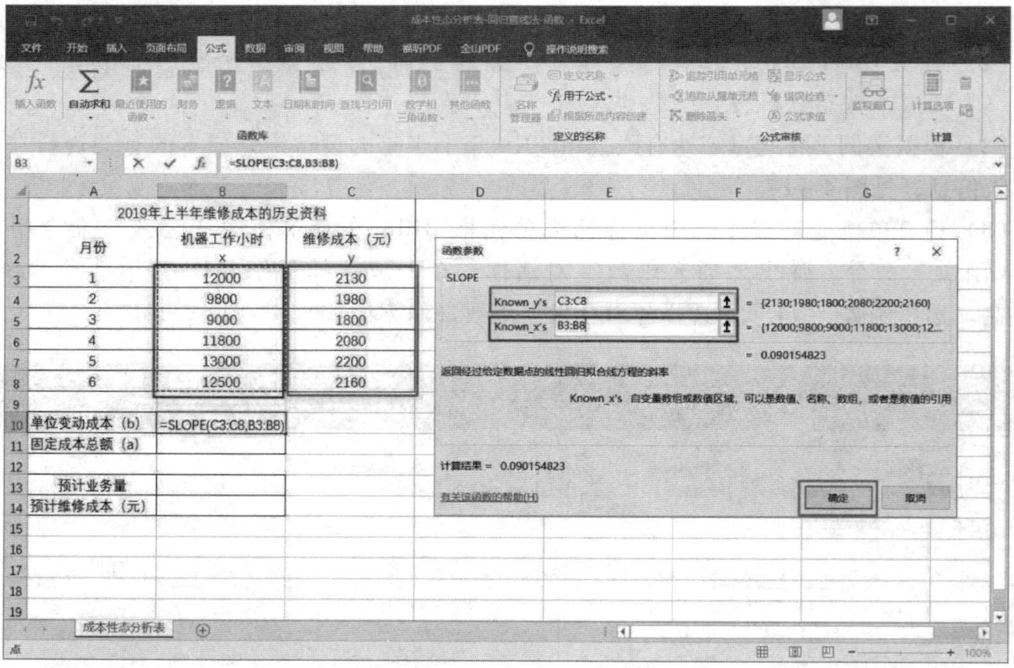

图 4－28

单击［确定］，并设置单元格格式，精确到 0.01 元。见图 4－29。

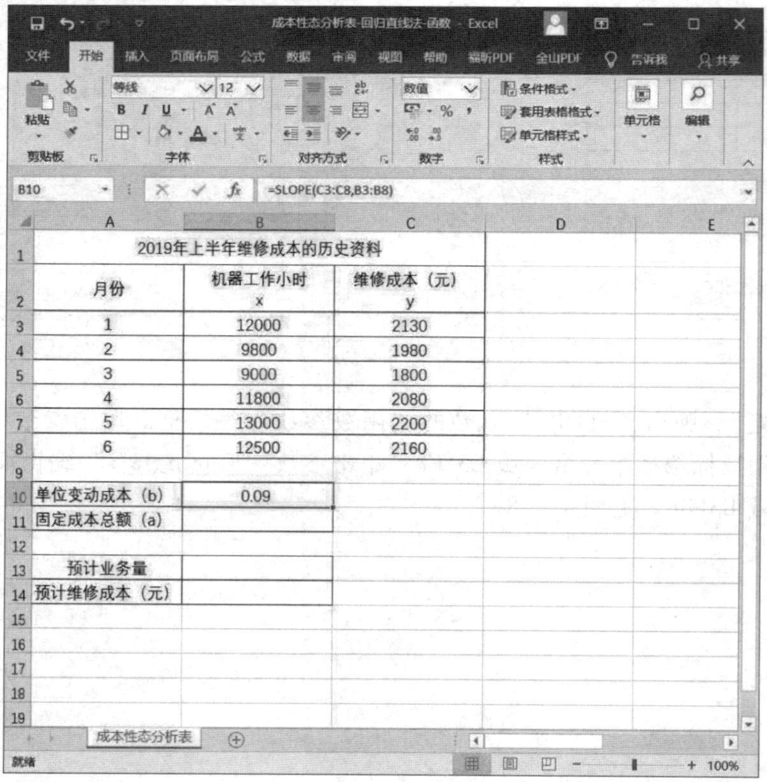

图 4－29

(4) 计算固定成本总额。用鼠标选中单元格 B11，在菜单栏的“公式”命令中选择“插入函数”命令。弹出“插入函数”对话框，在“或选择类别（C）”中选择“统计”类，在“选择函数（N）”中选择“INTERCEPT”函数（截距函数）。见图 4－30。

图 4－30

单击［确定］，弹出“INTERCEPT”函数的“函数参数”编辑框。单击参数“Known_y's”编辑框，然后用鼠标选择单元格区域 C3：C8；单击参数“Known_x's”编辑框，然后用鼠标选择单元格区域 B3：B8。见图 4－31。

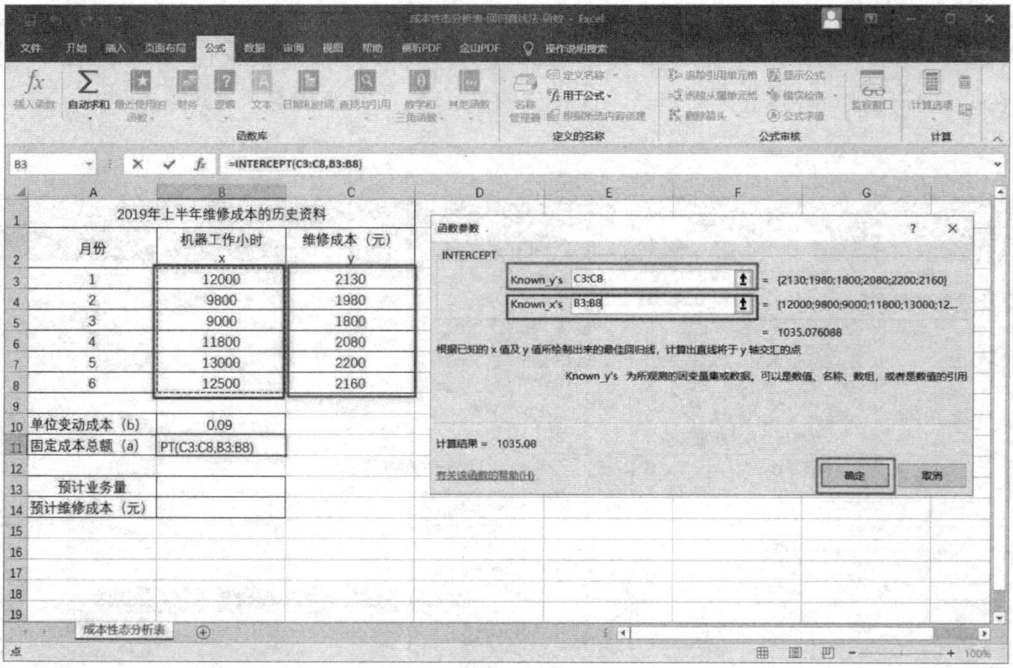

图 4－31

单击［确定］，并设置单元格格式，精确到 0.01 元。见图 4－32。

图 4－32

至此，完成了在 Excel 工作表中创建回归直线法混合成本分解模型。本案例维修成本函数为：$y = 1\,035.08 + 0.09x$。根据成本模型进行成本预测的操作方法与“公式法”的成本预测相同。

3. 散点图法。

（1）打开成本性态分析表。

（2）用鼠标选择单元格区域 B2：C8，在菜单栏的“插入”命令中单击“图表”右下角的小箭头，弹出“插入图表”对话框，在“所有图表”中选择“XY 散点图”，见图 4－33。

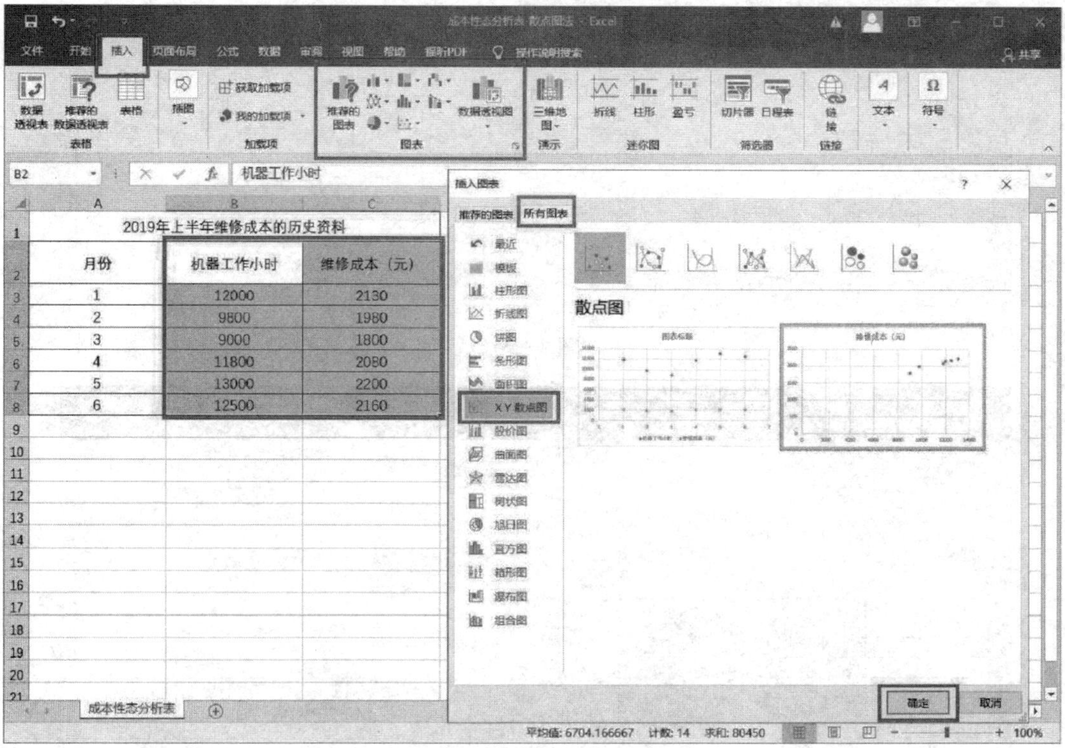

图 4－33

单击［确定］，生成一张 XY 散点图，见图 4－34。

在图 4－34 中，X 轴是机器工作小时，Y 轴是维修成本。如果散点图中，X 轴和 Y 轴上的数据并不是我们想要表现的数据，单击菜单栏“图表工具”|“设计”|“选择数据”命令，弹出“选择数据源”对话框，见图 4－35。

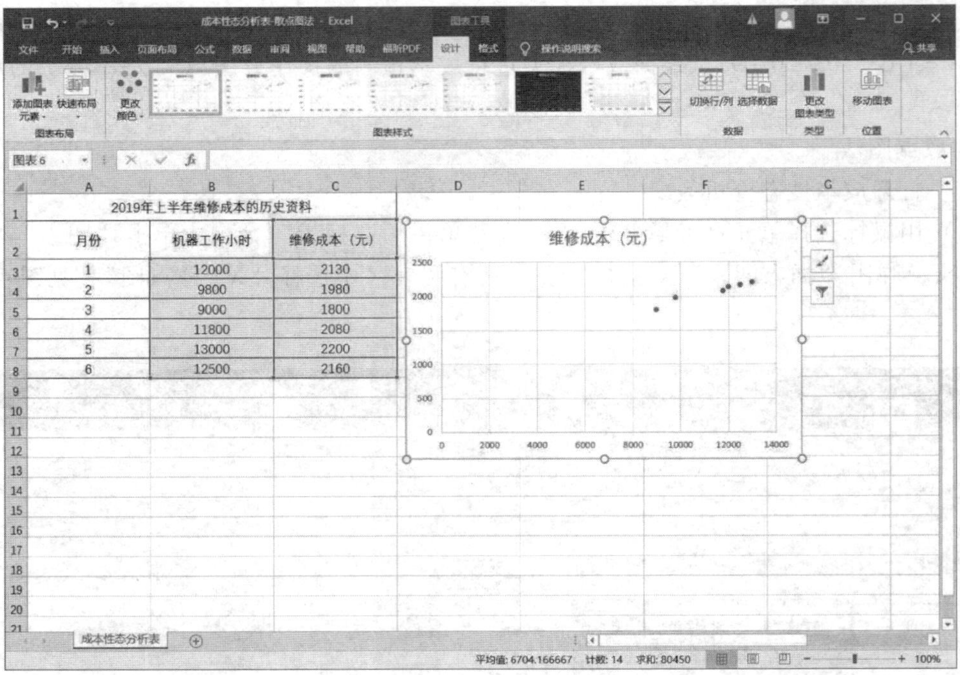

图 4 – 34

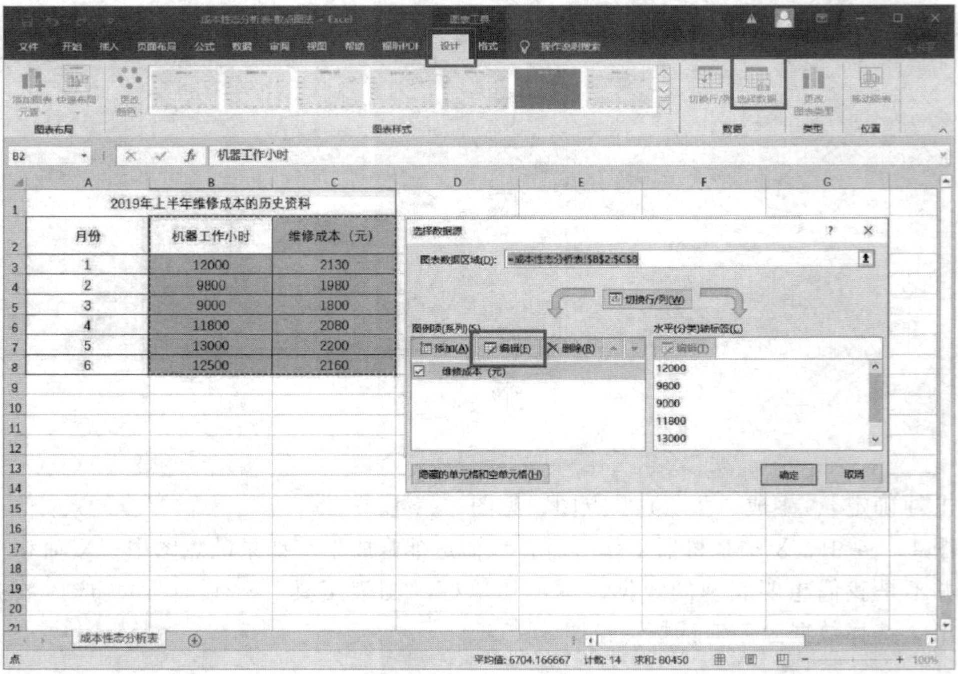

图 4 – 35

单击［编辑］，弹出“编辑数据系列”编辑框，见图 4 – 36。X 轴系列值为机器工作小时 B3:B8，设置为“ = 成本性态分析表！ $ B $ 3: $ B $ 8”；Y 轴系列值为维修成本 C3:C8，设置为“ = 成本性态分析表！ $ C $ 3: $ C $ 8”。

图 4－36

点击［确定］，工作表就生成散点图，见图 4－34。用鼠标指向坐标图中的散点，点击右键，弹出图表格式选择项，见图 4－37。

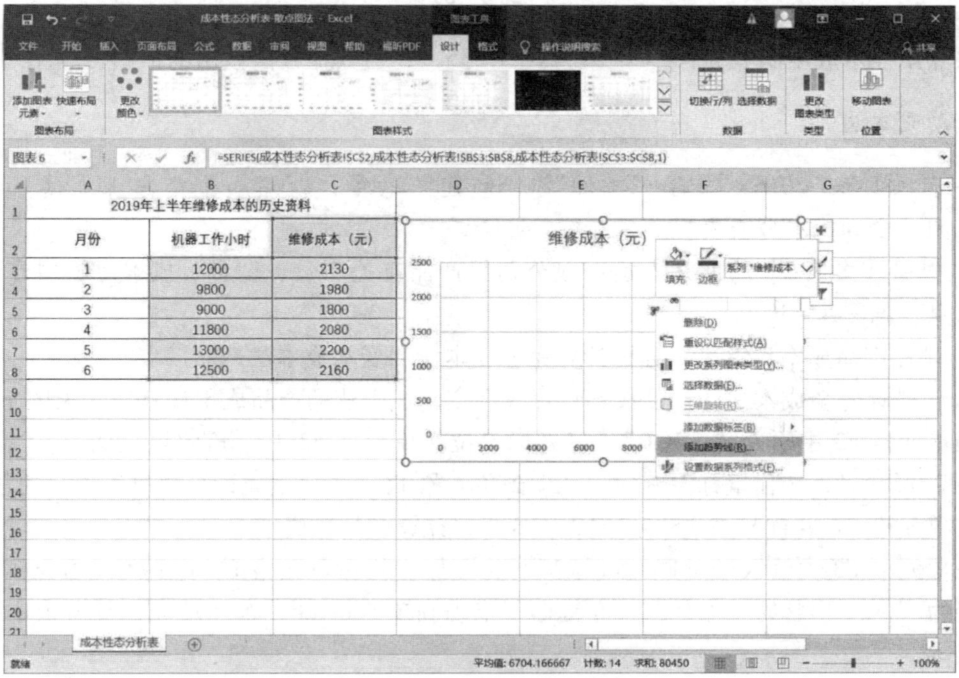

图 4－37

选择“添加趋势线（R）”选项，打开“设置趋势线格式”窗格，勾选“显示公式”，见图 4－38。

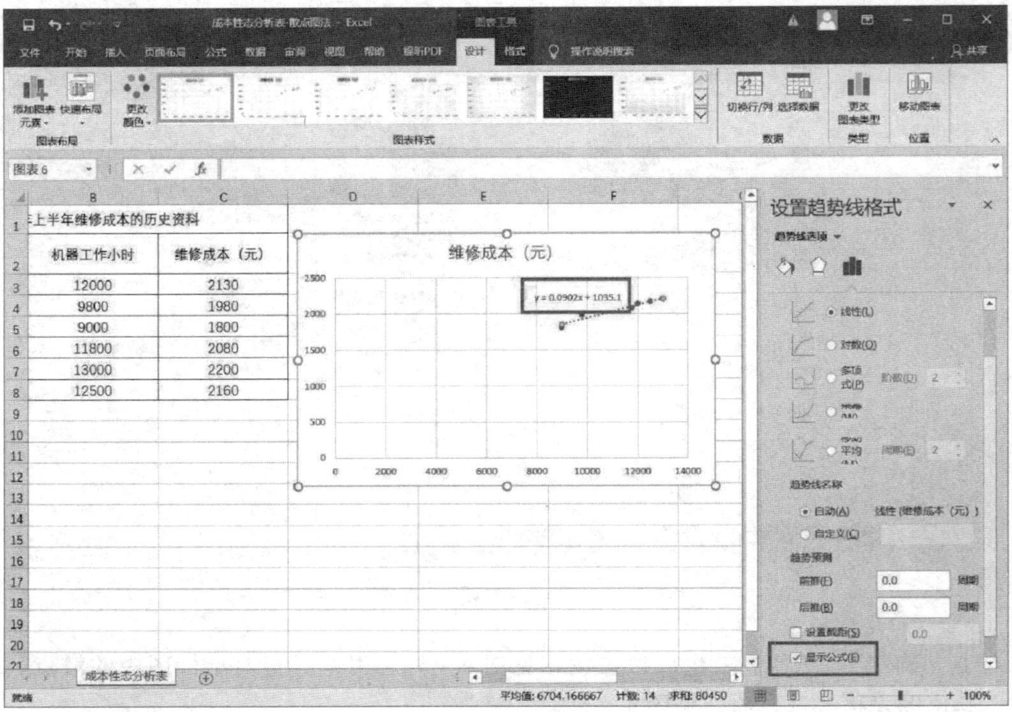

图 4－38

散点图显示成本函数为：y＝0.0902x＋1 035.1，与其他方法做出的回归方程结果一致。

二、变动成本法

1. 启动 Excel 2016，选择“文件”|“新建”命令，新建一个空白工作簿，重命名 Sheet 1为“变动成本分析表”。

2. 根据［案例 2］将北京宏达有限公司甲产品有关产量、销量、成本等资料在表格中输入信息，见图 4－39。

3. 设计产品成本计算表，分别计算完全成本法和变动成本法产品成本。

（1）设计完全成本法的产品成本计算表和变动成本法的产品成本计算表，见图 4－40。

在单元格 F3 中输入“＝B10”，将光标定位在单元格 F3 右下角的填充柄上，当光标变为“＋”形状时，按住鼠标左键向下拖动到单元格 F6，快速填充计算各成本项目的总成本。

在单元格 F7 中输入“＝SUM（F3：F6）”，计算产品总成本。

在单元格 E3 中输入“＝F3/＄B＄3”，将光标定位在单元格 E3 右下角的填充柄上，当光标变为“＋”形状时，按住鼠标左键向下拖动到单元格 E6，快速填充计算各成本项目的单位成本。

在单元格 E7 中输入“＝SUM（E3：E6）”，计算单位产品成本。

变动成本分析表 - E...
A1
甲产品产销量资料
甲产品产销量资料
期初存货（件）　0
本期产量（件）　10000
本期销量（件）　8000
期末存货（件）　2000
单位售价（元/件）　30
甲产品成本资料
成本项目　金额（元）
直接材料　100000
直接人工　60000
变动制造费用　20000
固定制造费用　30000
变动销售费用　1000
固定销售费用　8000
变动管理费用　2000
固定管理费用　4000
变动财务费用　1000
固定财务费用　3000
变动成本分析表
选定目标区域，然后按 ENTER 或选择"粘...

图 4－39

变动成本分析表 - Excel
D1
产品成本计算表（完全成本法）
甲产品产销量资料
期初存货（件）　0
本期产量（件）　10000
本期销量（件）　8000
期末存货（件）　2000
单位售价（元/件）　30
甲产品成本资料
成本项目　金额（元）
直接材料　100000
直接人工　60000
变动制造费用　20000
固定制造费用　30000
变动销售费用　1000
固定销售费用　8000
变动管理费用　2000
固定管理费用　4000
变动财务费用　1000
固定财务费用　3000
产品成本计算表（完全成本法）
成本项目　单位产品成本（元/件）　总成本（元）
直接材料　=F3/$B$3　=B10
直接人工　=F4/$B$3　=B11
变动制造费用　=F5/$B$3　=B12
固定制造费用　=F6/$B$3　=B13
合计　=SUM(E3:E6)　=SUM(F3:F6)
产品成本计算表（变动成本法）
成本项目　单位产品成本（元/件）　总成本（元）
直接材料　=F11/$B$3　=B10
直接人工　=F12/$B$3　=B11
变动制造费用　=F13/$B$3　=B12
合计　=SUM(E11:E13)　=SUM(F11:F13)
变动成本分析表
就绪

图 4－40

（2）采用同样的操作方法完成变动成本法产品成本计算表，计算结果见图 4－41。

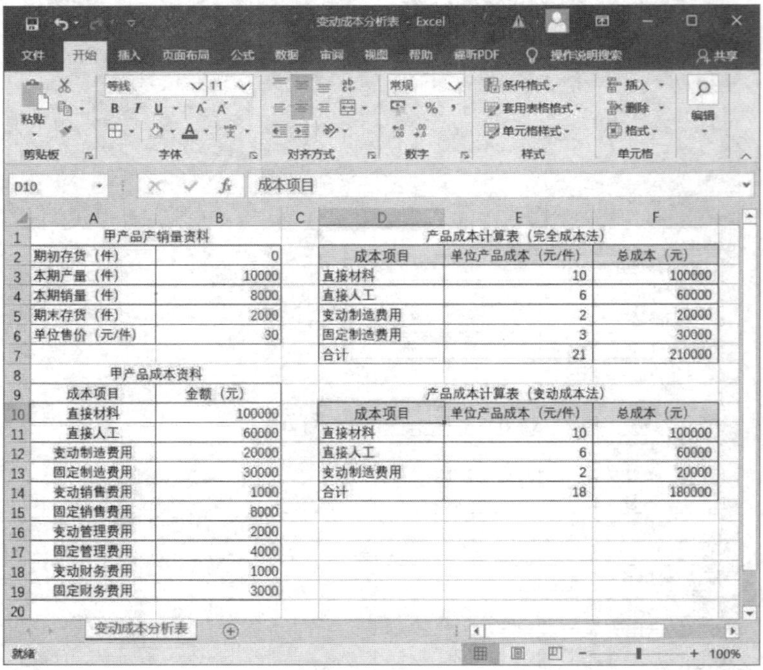

	A	B	C	D	E	F
1	甲产品产销量资料			产品成本计算表（完全成本法）		
2	期初存货（件）	0		成本项目	单位产品成本（元/件）	总成本（元）
3	本期产量（件）	10000		直接材料	10	100000
4	本期销量（件）	8000		直接人工	6	60000
5	期末存货（件）	2000		变动制造费用	2	20000
6	单位售价（元/件）	30		固定制造费用	3	30000
7				合计	21	210000
8	甲产品成本资料					
9	成本项目	金额（元）		产品成本计算表（变动成本法）		
10	直接材料	100000		成本项目	单位产品成本（元/件）	总成本（元）
11	直接人工	60000		直接材料	10	100000
12	变动制造费用	20000		直接人工	6	60000
13	固定制造费用	30000		变动制造费用	2	20000
14	变动销售费用	1000		合计	18	180000
15	固定销售费用	8000				
16	变动管理费用	2000				
17	固定管理费用	4000				
18	变动财务费用	1000				
19	固定财务费用	3000				
20						

图 4－41

4. 分别编制职能式利润表和贡献式利润表，计算完全成本法和变动成本法的税前利润。设计职能式利润表和贡献式利润表，见图 4－42。

	A	B	C	D	E	F
20						
21	职能式利润表（完全成本法）			贡献式利润表（变动成本法）		
22	项目	金额		项目	金额	
23	销售收入	=B4*B6		销售收入	=B4*B6	
24	减：销售成本	=B25+B26-B27		减：变动成本	=SUM(E25:E28)	
25	期初存货成本	=B2*E7		变动生产成本	=B4*E14	
26	本期产品成本	=B3*E7		变动销售费用	=B14	
27	期末存货成本	=B5*E7		变动管理费用	=B16	
28	销售毛利	=B23-B24		变动财务费用	=B18	
29				边际贡献	=E23-E24	
30	减：期间费用	=SUM(B31:B33)		减：固定成本	=SUM(E31:E34)	
31	销售费用	=B14+B15		固定制造费用	=B13	
32	管理费用	=B16+B17		固定销售费用	=B15	
33	财务费用	=B18+B19		固定管理费用	=B17	
34				固定财务费用	=B19	
35	税前利润	=B28-B30		税前利润	=E29-E30	
36						
37						
38						

图 4－42

在单元格 B23 中输入“=B4*B6”，计算销售收入；
在单元格 B25 中输入“=B2*E7”，计算期初存货成本；
在单元格 B26 中输入“=B3*E7”，计算本期产品成本；
在单元格 B27 中输入“=B5*E7”，计算期末存货成本；
在单元格 B24 中输入“=B25+B26-B27”，计算本期销售成本；
在单元格 B28 中输入“=B23-B24”，计算销售毛利；
在单元格 B31 中输入“=B14+B15”，计算销售费用；
在单元格 B32 中输入“=B16+B17”，计算管理费用；
在单元格 B33 中输入“=B18+B19”，计算财务费用；
在单元格 B30 中输入“=SUM（B31：B33）”，计算期间费用总额；
在单元格 B35 中输入“=B28-B30”，计算完全成本法下税前利润。
在单元格 E23 中输入“=B4*B6”，计算销售收入；
在单元格 E25 中输入“=B4*E14”，计算变动生产成本（即变动成本法下的销售成本）；
在单元格 E26 中输入“=B14”，计算变动销售费用；
在单元格 E27 中输入“=B16”，计算变动管理费用；
在单元格 E28 中输入“=B18”，计算变动财务费用；
在单元格 E24 中输入“=SUM（E25：E28）”，计算变动成本总额；
在单元格 E29 中输入“=E23-E24”，计算边际贡献；
在单元格 E31 中输入“=B13”，计算固定制造费用；
在单元格 E32 中输入“=B15”，计算固定销售费用；
在单元格 E33 中输入“=B17”，计算固定管理费用；
在单元格 E34 中输入“=B19”，计算固定财务费用；
在单元格 E30 中输入“=SUM（E31：E34）”，计算固定成本总额；
在单元格 E35 中输入“=E29-E30”，计算变动成本法下税前利润。
计算结果见图 4-43。

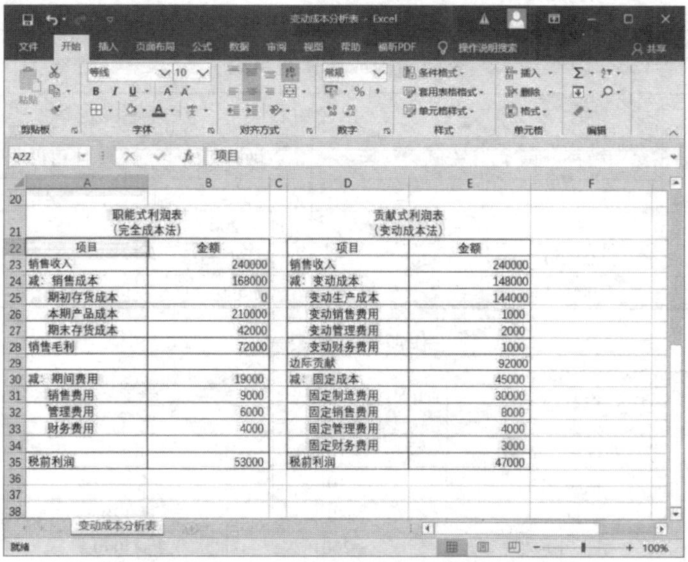

	A	B	C	D	E
21	职能式利润表（完全成本法）			贡献式利润表（变动成本法）	
22	项目	金额		项目	金额
23	销售收入	240000		销售收入	240000
24	减：销售成本	168000		减：变动成本	148000
25	期初存货成本	0		变动生产成本	144000
26	本期产品成本	210000		变动销售费用	1000
27	期末存货成本	42000		变动管理费用	2000
28	销售毛利	72000		变动财务费用	1000
29				边际贡献	92000
30	减：期间费用	19000		减：固定成本	45000
31	销售费用	9000		固定制造费用	30000
32	管理费用	6000		固定销售费用	8000
33	财务费用	4000		固定管理费用	4000
34				固定财务费用	3000
35	税前利润	53000		税前利润	47000

图 4-43

任务 2
作业成本管理

任务案例

[案例 3]

北京宏达有限公司采用作业成本法核算产品成本。该公司 2019 年 12 月份发生直接材料成本为 32 000 元，其中甲产品耗用 18 000 元，乙产品耗用 14 000 元；直接人工成本为 19 000元，其中甲产品应负担 11 000 元，乙产品应负担 8 000 元；制造费用为 56 000 元。经分析该企业的作业情况见表 4 - 3。

该企业本月资源耗费见表 4 -4，资源动因或专属费用见表 4 -5，作业动因数量见表 4 -6。

表 4 - 3　　本月生产作业规划

名称	产量（件）	完工状况
甲产品	500	完工
乙产品	400	完工

表 4 - 4　　本月资源耗费表

资源项目	金额（元）
直接材料	32 000. 00
直接人工	19 000. 00
间接人工	16 000. 00
办公费	1 400. 00
动力费	630. 00
折旧费	37 970. 00

表 4 - 5　　资源动因或专属费用表

资源动因或专属费用	作业中心				合计
	材料整理	质量检验	机器调试	使用机器	
管理人员（人）	2	2	2	2	8
耗电度数（度）	80	100	200	520	900
办公费（元）	300. 00	300. 00	300. 00	500. 00	1 400. 00
折旧费（元）	1 000. 00	2 785. 00	7 500. 00	26 685. 00	37 970. 00

表 4 - 6　　作业动因数量表

作业中心	作业动因	作业动因数量		
		甲产品	乙产品	合计
材料整理	处理材料批数	10	30	40
质量检验	检验次数	10	15	25
机器调试	调试次数	80	120	200
使用机器	机器小时数	260	1 040	1 300

该企业的甲、乙产品的期初期末在产品均为零，采用作业成本法计算这个月的完工产品总成本和单位产品成本。

工作准备

一、作业成本法的定义

作业成本法，是指以“作业消耗资源、产出消耗作业”为原则，按照资源动因将资源费用追溯或分配至各项作业，计算出作业成本，然后再根据作业动因，将作业成本追溯或分配至各成本对象，最终完成成本计算的成本管理方法。

二、重要概念

正确理解作业成本法，需要明确以下概念：

（1）资源是指企业在一定期间开展经济活动所发生的各项资源耗费。资源费用既包括房屋及建筑物、设备、材料、商品等有形资源的耗费，也包括信息、知识产权、土地使用权等各种无形资源的耗费，还包括人力资源耗费以及其他各种税费支出等。

（2）作业是指企业基于特定目的重复执行的任务或活动，是连接资源和成本对象的桥梁。一项作业既可以是一项非常具体的任务或活动，也可以泛指一类任务或活动。

（3）成本动因是指诱导成本发生的原因，是成本对象与其直接关联的作业和最终关联的资源之间的中介。按其在资源流动中所处的位置和作用，成本动因可分为资源动因和作业动因。

（4）成本对象是指企业追溯或分配资源费用、计算成本的对象物。成本对象可以是工艺、流程、零部件、产品、服务、分销渠道、客户、作业、作业链等需要计量和分配成本的项目。

三、成本分配的形式

作业成本法认为，将成本分配到成本对象有三种不同的形式：直接追溯、动因追溯和分摊。

（1）直接追溯，是指将成本直接确认分配到某一成本对象的过程。这一过程是可以通过实地观察来判断的。使用直接追溯方式得到的产品成本是最准确的。

（2）动因追溯，即动因分配，是指根据成本动因将成本分配到各成本对象的过程。生产活动中耗费的各项资源，其成本不是都能直接追溯成本对象的。对不能直接追溯的成本，作业成本法强调使用动因追溯方式，根据成本动因（包括资源动因或作业动因）将成本分配到有关成本对象（作业或产品）。采用动因追溯方式分配成本，首先必须找到引起成本变动的真正原因，即成本与成本动因之间的因果关系。

（3）分摊。有些成本既不能追溯，也不能合理、方便地找到成本动因，只好使用产量作为分配基础，将其强制分摊给成本对象。作业成本法强调使用直接追溯法和动因追溯法来分配成本，尽可能避免使用分摊方式，因此能够提供更加真实、准确的成本信息。

作业成本法计算程序示意图见图 4-44。

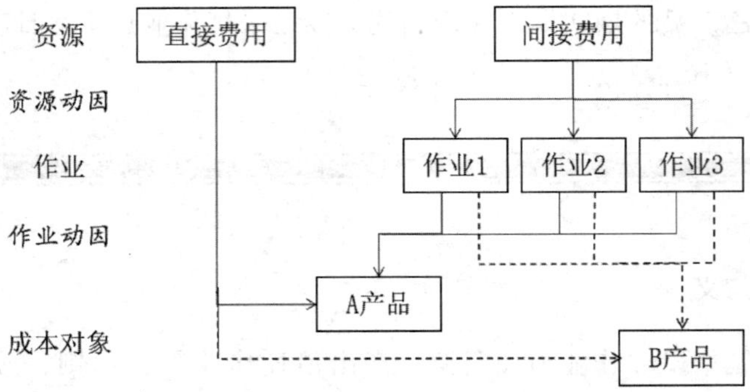

图 4－44 作业成本法计算程序

任务实施

1. 启动 Excel 2016，选择“文件”|“新建”命令，新建一个空白工作簿，重命名 Sheet 1为“作业成本计算表”。

2. 根据［案例 3］，将北京宏达有限公司 2019 年 12 月的甲乙产品成本有关资料在表格中输入信息，见图 4－45。

本月资源耗费表

资源项目	金额（元）
直接材料	32000.00
直接人工	19000.00
间接人工	16000.00
办公费	1400.00
动力费	630.00
折旧费	37970.00

本月生产作业规划

名称	产量（件）	完工状况
甲产品	500	完工
乙产品	400	完工

资源动因或专属费用表

资源动因或专属费用	作业中心				合计
	材料整理	质量检验	机器调试	使用机器	
管理人员（人）	2	2	2	2	8
耗电度数（度）	80	100	200	520	900
办公费（元）	300.00	300.00	300.00	500.00	1400.00
折旧费（元）	1000.00	2785.00	7500.00	26685.00	37970.00

作业动因数量表

作业中心	作业动因	作业动因数量		
		甲产品	乙产品	合计
材料整理	处理材料批数	10	30	40
质量检验	检验次数	10	15	25
机器调试	调试次数	80	120	200
使用机器	机器小时数	260	1040	1300

图 4－45

3. 将各资源户归集的成本，能直接追溯的直接计入成本计算对象，不能直接追溯的按资源动因分配计入各作业成本户，见图 4－46 中的“直接成本分配计算表”和“资源耗费分配计算表”。具体计算公式在此不再赘述。

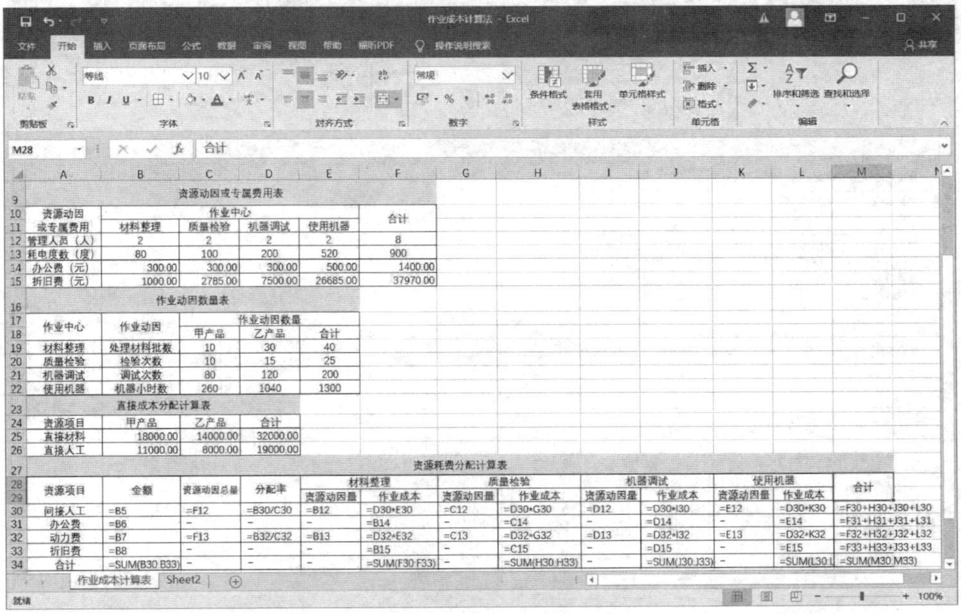

资源动因或专属费用表

资源动因或专属费用	材料整理	质量检验	机器调试	使用机器	合计
	作业中心				
管理人员（人）	2	2	2	2	8
耗电度数（度）	80	100	200	520	900
办公费（元）	300.00	300.00	300.00	500.00	1400.00
折旧费（元）	1000.00	2785.00	7500.00	26685.00	37970.00

作业动因数量表

作业中心	作业动因	作业动因数量		
		甲产品	乙产品	合计
材料整理	处理材料批数	10	30	40
质量检验	检验次数	10	15	25
机器调试	调试次数	80	120	200
使用机器	机器小时数	260	1040	1300

直接成本分配计算表

资源项目	甲产品	乙产品	合计
直接材料	18000.00	14000.00	32000.00
直接人工	11000.00	8000.00	19000.00

资源耗费分配计算表

资源项目	金额	资源动因总量	分配率	材料整理		质量检验		机器调试		使用机器		合计
				资源动因量	作业成本	资源动因量	作业成本	资源动因量	作业成本	资源动因量	作业成本	
间接人工	=B5	=F12	=B30/C30	=B12	=D30*E30	=C12	=D30*G30	=D12	=D30*I30	=E12	=D30*K30	=F30+H30+J30+L30
办公费	=B6	–	–	–	=B14	–	=C14	–	=D14	–	=E14	=F31+H31+J31+L31
动力费	=B7	=F13	=B32/C32	=B13	=D32*E32	=C13	=D32*G32	=D13	=D32*I32	=E13	=D32*K32	=F32+H32+J32+L32
折旧费	=B8	–	–	–	=B15	–	=C15	–	=D15	–	=E15	=F33+H33+J33+L33
合计	=SUM(B30:B33)	–	–	–	=SUM(F30:F33)	–	=SUM(H30:H33)	–	=SUM(J30:J33)	–	=SUM(L30:L	=SUM(M30:M33)

图 4－46

计算结果见图 4－47。

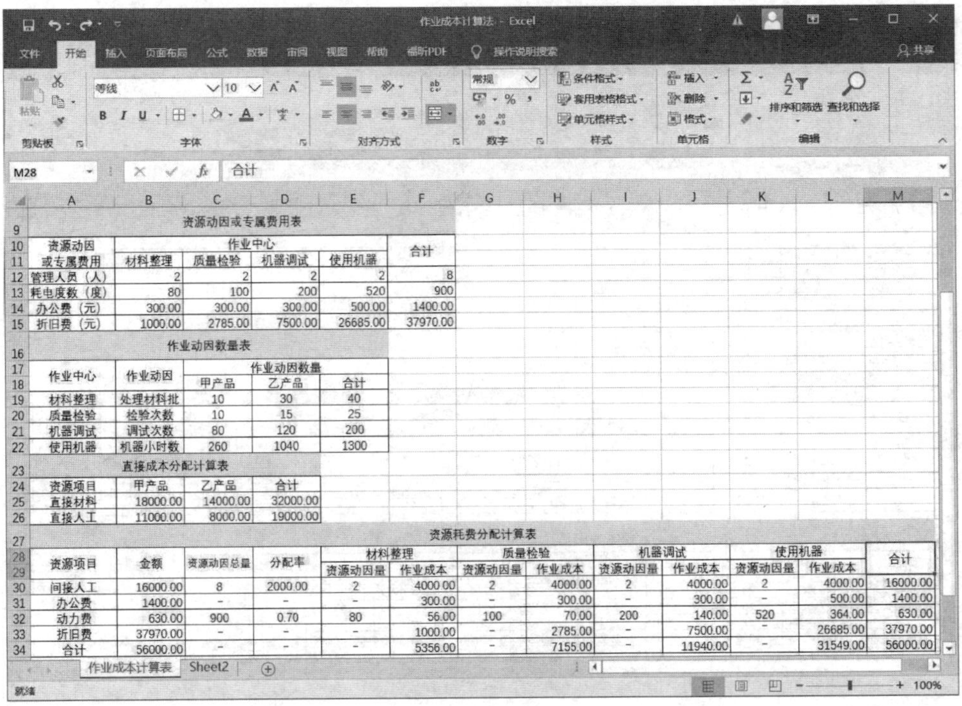

资源动因或专属费用表

资源动因或专属费用	材料整理	质量检验	机器调试	使用机器	合计
	作业中心				
管理人员（人）	2	2	2	2	8
耗电度数（度）	80	100	200	520	900
办公费（元）	300.00	300.00	300.00	500.00	1400.00
折旧费（元）	1000.00	2785.00	7500.00	26685.00	37970.00

作业动因数量表

作业中心	作业动因	作业动因数量		
		甲产品	乙产品	合计
材料整理	处理材料批	10	30	40
质量检验	检验次数	10	15	25
机器调试	调试次数	80	120	200
使用机器	机器小时数	260	1040	1300

直接成本分配计算表

资源项目	甲产品	乙产品	合计
直接材料	18000.00	14000.00	32000.00
直接人工	11000.00	8000.00	19000.00

资源耗费分配计算表

资源项目	金额	资源动因总量	分配率	材料整理		质量检验		机器调试		使用机器		合计
				资源动因量	作业成本	资源动因量	作业成本	资源动因量	作业成本	资源动因量	作业成本	
间接人工	16000.00	8	2000.00	2	4000.00	2	4000.00	2	4000.00	2	4000.00	16000.00
办公费	1400.00	–	–	–	300.00	–	300.00	–	300.00	–	500.00	1400.00
动力费	630.00	900	0.70	80	56.00	100	70.00	200	140.00	520	364.00	630.00
折旧费	37970.00	–	–	–	1000.00	–	2785.00	–	7500.00	–	26685.00	37970.00
合计	56000.00	–	–	–	5356.00	–	7155.00	–	11940.00	–	31549.00	56000.00

图 4－47

4. 将各作业成本户汇集的成本按照作业动因量分配计入甲、乙产品成本户。详见图4－48中的“作业成本分配计算表”，具体计算公式在此不再赘述。

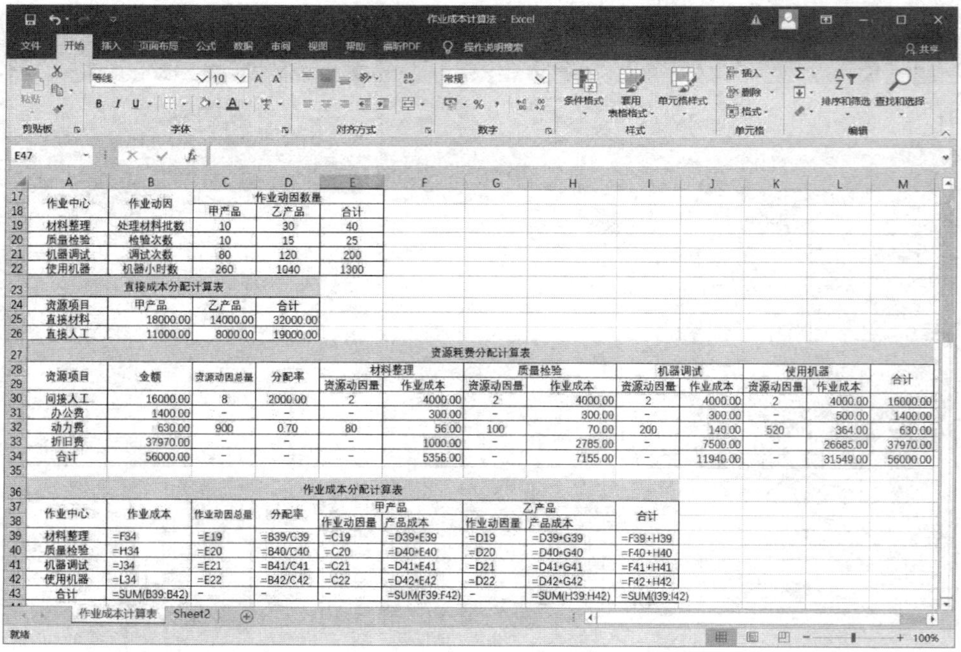

作业中心	作业动因	作业动因数量		
		甲产品	乙产品	合计
材料整理	处理材料批数	10	30	40
质量检验	检验次数	10	15	25
机器调试	调试次数	80	120	200
使用机器	机器小时数	260	1040	1300

直接成本分配计算表

资源项目	甲产品	乙产品	合计
直接材料	18000.00	14000.00	32000.00
直接人工	11000.00	8000.00	19000.00

资源耗费分配计算表

资源项目	金额	资源动因总量	分配率	材料整理		质量检验		机器调试		使用机器		合计
				资源动因量	作业成本	资源动因量	作业成本	资源动因量	作业成本	资源动因量	作业成本	
间接人工	16000.00	8	2000.00	2	4000.00	2	4000.00	2	4000.00	2	4000.00	16000.00
办公费	1400.00	-	-	-	300.00	-	300.00	-	300.00	-	500.00	1400.00
动力费	630.00	900	0.70	80	56.00	100	70.00	200	140.00	520	364.00	630.00
折旧费	37970.00	-	-	-	1000.00	-	2785.00	-	7500.00	-	26685.00	37970.00
合计	56000.00	-	-	-	5356.00	-	7155.00	-	11940.00	-	31549.00	56000.00

作业成本分配计算表

作业中心	作业成本	作业动因总量	分配率	甲产品		乙产品		合计
				作业动因量	产品成本	作业动因量	产品成本	
材料整理	=F34	=E19	=B39/C39	=C19	=D39*E39	=D19	=D39*G39	=F39+H39
质量检验	=H34	=E20	=B40/C40	=C20	=D40*E40	=D20	=D40*G40	=F40+H40
机器调试	=J34	=E21	=B41/C41	=C21	=D41*E41	=D21	=D41*G41	=F41+H41
使用机器	=L34	=E22	=B42/C42	=C22	=D42*E42	=D22	=D42*G42	=F42+H42
合计	=SUM(B39:B42)	-	-	-	=SUM(F39:F42)	-	=SUM(H39:H42)	=SUM(I39:I42)

图 4－48

计算结果见图4－49。

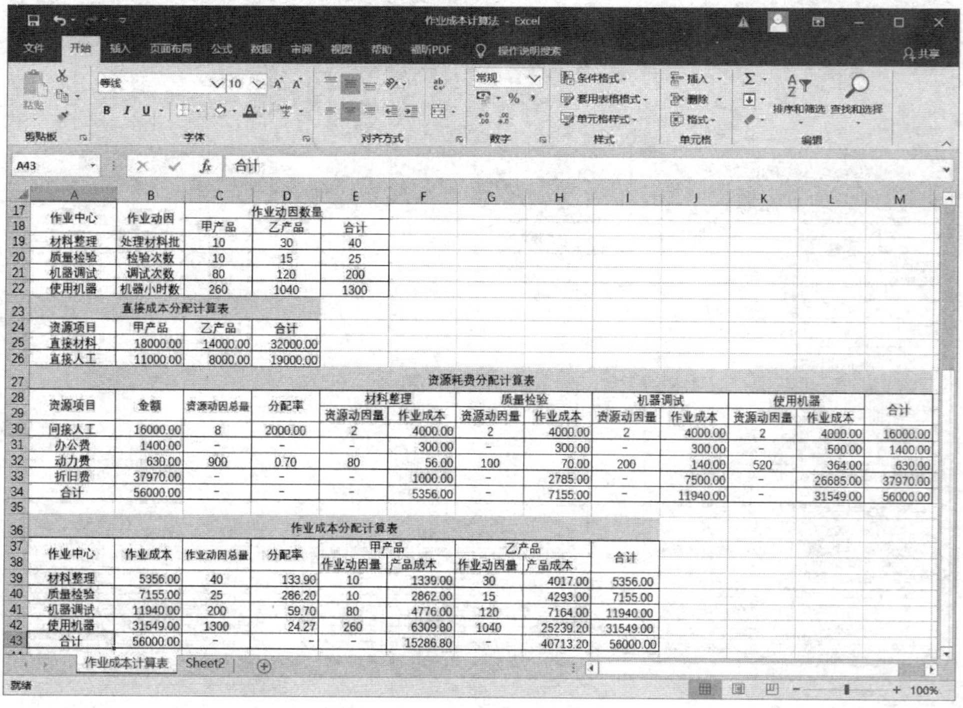

作业中心	作业动因	作业动因数量		
		甲产品	乙产品	合计
材料整理	处理材料批	10	30	40
质量检验	检验次数	10	15	25
机器调试	调试次数	80	120	200
使用机器	机器小时数	260	1040	1300

直接成本分配计算表

资源项目	甲产品	乙产品	合计
直接材料	18000.00	14000.00	32000.00
直接人工	11000.00	8000.00	19000.00

资源耗费分配计算表

资源项目	金额	资源动因总量	分配率	材料整理		质量检验		机器调试		使用机器		合计
				资源动因量	作业成本	资源动因量	作业成本	资源动因量	作业成本	资源动因量	作业成本	
间接人工	16000.00	8	2000.00	2	4000.00	2	4000.00	2	4000.00	2	4000.00	16000.00
办公费	1400.00	-	-	-	300.00	-	300.00	-	300.00	-	500.00	1400.00
动力费	630.00	900	0.70	80	56.00	100	70.00	200	140.00	520	364.00	630.00
折旧费	37970.00	-	-	-	1000.00	-	2785.00	-	7500.00	-	26685.00	37970.00
合计	56000.00	-	-	-	5356.00	-	7155.00	-	11940.00	-	31549.00	56000.00

作业成本分配计算表

作业中心	作业成本	作业动因总量	分配率	甲产品		乙产品		合计
				作业动因量	产品成本	作业动因量	产品成本	
材料整理	5356.00	40	133.90	10	1339.00	30	4017.00	5356.00
质量检验	7155.00	25	286.20	10	2862.00	15	4293.00	7155.00
机器调试	11940.00	200	59.70	80	4776.00	120	7164.00	11940.00
使用机器	31549.00	1300	24.27	260	6309.80	1040	25239.20	31549.00
合计	56000.00	-	-	-	15286.80	-	40713.20	56000.00

图 4－49

5. 根据“直接成本分配计算表”和“作业成本分配计算表”，编制产品成本计算单。详见图4－50中的“产品成本计算单”，具体计算公式在此不再赘述。

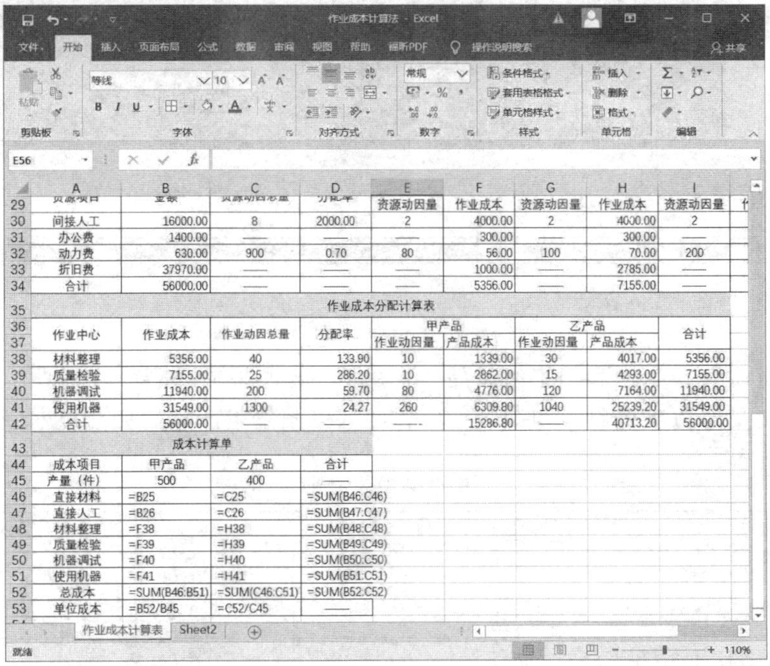

资源项目	金额	资源动因总量	分配率	资源动因量	作业成本	资源动因量	作业成本	资源动因量
间接人工	16000.00	8	2000.00	2	4000.00	2	4000.00	2
办公费	1400.00	——	——	——	300.00	——	300.00	——
动力费	630.00	900	0.70	80	56.00	100	70.00	200
折旧费	37970.00	——	——	——	1000.00	——	2785.00	——
合计	56000.00	——	——	——	5356.00	——	7155.00	——

作业成本分配计算表

作业中心	作业成本	作业动因总量	分配率	甲产品		乙产品		合计
				作业动因量	产品成本	作业动因量	产品成本	
材料整理	5356.00	40	133.90	10	1339.00	30	4017.00	5356.00
质量检验	7155.00	25	286.20	10	2862.00	15	4293.00	7155.00
机器调试	11940.00	200	59.70	80	4776.00	120	7164.00	11940.00
使用机器	31549.00	1300	24.27	260	6309.80	1040	25239.20	31549.00
合计	56000.00	——	——	——	15286.80	——	40713.20	56000.00

成本计算单

成本项目	甲产品	乙产品	合计
产量（件）	500	400	——
直接材料	=B25	=C25	=SUM(B46:C46)
直接人工	=B26	=C26	=SUM(B47:C47)
材料整理	=F38	=H38	=SUM(B48:C48)
质量检验	=F39	=H39	=SUM(B49:C49)
机器调试	=F40	=H40	=SUM(B50:C50)
使用机器	=F41	=H41	=SUM(B51:C51)
总成本	=SUM(B46:B51)	=SUM(C46:C51)	=SUM(B52:C52)
单位成本	=B52/B45	=C52/C45	——

图4－50

计算结果见图4－51。

资源项目	金额	资源动因总量	分配率	资源动因量	作业成本	资源动因量	作业成本	资源动因量	作业成本
间接人工	16000.00	8	2000.00	2	4000.00	2	4000.00	2	4000
办公费	1400.00	-	-	-	300.00	-	300.00	-	300
动力费	630.00	900	0.70	80	56.00	100	70.00	200	140
折旧费	37970.00	-	-	-	1000.00	-	2785.00	-	7500
合计	56000.00	-	-	-	5356.00	-	7155.00	-	11940

作业成本分配计算表

作业中心	作业成本	作业动因总量	分配率	甲产品		乙产品		合计
				作业动因量	产品成本	作业动因量	产品成本	
材料整理	5356.00	40	133.90	10	1339.00	30	4017.00	5356.00
质量检验	7155.00	25	286.20	10	2862.00	15	4293.00	7155.00
机器调试	11940.00	200	59.70	80	4776.00	120	7164.00	11940.00
使用机器	31549.00	1300	24.27	260	6309.80	1040	25239.20	31549.00
合计	56000.00	-	-	-	15286.80	-	40713.20	56000.00

成本计算单

成本项目	甲产品	乙产品	合计
产量（件）	500	400	-
直接材料	18000.00	14000.00	32000.00
直接人工	11000.00	8000.00	19000.00
材料整理	1339.00	4017.00	5356.00
质量检验	2862.00	4293.00	7155.00
机器调试	4776.00	7164.00	11940.00
使用机器	6309.80	25239.20	31549.00
总成本	44286.80	62713.20	107000.00
单位成本	88.57	156.78	-

图4－51

至此，利用 Excel 采用作业成本法完成了甲乙两种产品总成本和单位成本的计算。

任务 3 标准成本管理

任务案例

[案例 4]

北京宏达有限公司生产和销售甲产品，耗用 A、B 两种原材料，经过两道工序加工。公司的财务人员收集了以下资料（见表 4－7），并据以制定甲产品的标准成本。

表 4－7　甲产品相关资料

成本项目	内容	材料 A	材料 B
直接材料	发票单价（元）	1.00	4.00
	运费（元）	0.07	0.28
	设计用量（千克）	3.00	2.00
	允许损耗量（千克）	0.30	—
成本项目	内容	第一工序	第二工序
直接人工	基本生产工人人数（人）	20	50
	每人每月工时（25.5 天×8 小时）（小时）	204	204
	出勤率	98%	98%
	每月工资总额（元）	3 600	12 600
	工时设计用量（小时）	1.50	0.80
	工时停工用量（小时）	0.30	—
	工时停机用量（小时）	0.10	0.10
	工时废品用量（小时）	0.10	0.10
成本项目	内容	第一车间	第二车间
制造费用	变动制造费用预算（元）	5 200	12 000
	固定制造费用预算（元）	2 000	6 000

[案例 5]

北京宏达有限公司 11 月份生产乙产品 500 件，使用 C 材料 2 700 千克，材料单价为 4.50 元/千克，材料成本为 12 150 元；实际使用工时 3100 小时，支付工资 15 810 元；实际发生变动制造费用为 13 020 元，发生固定制造费用为 9 440 元。

乙产品直接材料的单位产品标准成本为 25.30 元，即每件产品 C 材料标准耗用量是 5.50 千克，每千克 C 材料的标准价格为 4.60 元；直接人工的标准成本是 30 元/件，即每件产品标准工时为 6 小时，标准工资率为 5 元/小时；标准的变动制造费用分配率为 4 元/小时，变动制造费用标准成本为24元/件；固定制造费用标准分配率为3元/小时，每件产品固定制造费用标准成本为18元/件。企业生产能量为580件，即3 480小时。

要求：根据资料对乙产品的成本差异进行计算与分析。

工作准备

标准成本法，是指企业以预先制定的标准成本为基础，通过比较标准成本与实际成本，计算和分析成本差异、揭示成本差异动因，进而实施成本控制、评价经营业绩的一种成本管理方法。企业应用标准成本法的主要目标，是通过标准成本与实际成本的比较，揭示与分析标准成本与实际成本之间的差异，并按照例外管理的原则，对不利差异予以纠正，以提高工作效率，不断改善产品成本。标准成本法一般适用于产品及其生产条件相对稳定，或生产流程与工艺标准化程度较高的企业。企业应用标准成本法，要求处于较稳定的外部市场经营环境，且市场对产品的需求相对平稳。

一、标准成本的制定

标准成本，是指在正常的生产技术水平和有效的经营管理条件下，企业经过努力应达到的产品成本水平。

在制定标准成本时，企业一般应结合经验数据、行业标杆或实地测算的结果，运用统计分析、工程试验等方法，按照以下程序进行：①根据不同的成本或费用项目，分别确定消耗量标准和价格标准；②确定每一成本或费用项目的标准成本；③汇总不同成本项目的标准成本，确定产品的标准成本。

产品标准成本通常由直接材料标准成本、直接人工标准成本和制造费用标准成本构成。每一成本项目的标准成本应分为用量标准（包括单位产品材料消耗量、单位产品人工小时等）和价格标准（包括原材料单价、小时工资率、小时制造费用分配率等）。

（一）直接材料标准成本

直接材料标准成本，是指直接用于产品生产的材料成本标准，包括标准用量和标准单价两方面。制定直接材料的标准用量，一般由生产部门负责，会同技术、财务、信息等部门负责。制定直接材料的标准单价，一般由采购部门负责，会同财务、生产、信息等部门，在考虑市场环境及其变化趋势、订货价格以及最佳采购批量等因素的基础上综合确定。

直接材料标准成本的计算公式如下：

直接材料标准成本＝单位产品的标准用量×材料的标准单价

（二）直接人工标准成本

直接人工标准成本，是指直接用于产品生产的人工成本标准，包括标准工时和标准工资率。制定直接人工的标准工时，一般由生产部门负责，汇同技术、财务、信息等部门，在对产品生产所需作业、工序、流程工时进行技术测定的基础上，考虑正常的工作间隙，并适当考虑生产条件的变化，生产工序、操作技术的改善，以及相关工作人员主观能动性的充分发挥等因素，合理确定单位产品的工时标准。制定直接人工的标准工资率，一般由人力资源部门负责，根据企业薪酬制度等制定。

直接人工标准成本的计算公式如下：

直接人工标准成本 = 单位产品的标准工时 × 小时标准工资率

（三）制造费用标准成本

制造费用标准成本应区分变动制造费用项目和固定制造费用项目分别确定。

1. 变动制造费用标准成本。

变动制造费用，是指通常随产量变化而成正比例变化的制造费用。变动制造费用项目的标准成本根据标准用量和标准价格确定。变动制造费用的标准用量可以是单位产量的燃料、动力、辅助材料等标准用量，也可以是产品的直接人工标准工时，或者是单位产品的标准机器工时。标准用量的选择需考虑用量与成本的相关性，制定方法与直接材料的标准用量以及直接人工的标准工时相似。变动制造费用的标准价格可以是燃料、动力、辅助材料等标准价格，也可以是小时标准工资率等。制定方法与直接材料的价格标准以及直接人工的标准工资率相似。

变动制造费用的计算公式如下：

变动制造费用项目标准成本 = 变动制造费用项目的标准用量 × 变动制造费用项目的标准价格

2. 固定制造费用标准成本。

固定制造费用，是指在一定产量范围内，其费用总额不会随产量变化而变化，始终保持固定不变的制造费用。固定制造费用一般按照费用的构成项目实行总量控制，也可以根据需要，通过计算标准分配率，将固定制造费用分配至单位产品，形成固定制造费用的标准成本。

制定固定制造费用标准，一般由财务部门负责，会同采购、生产、技术、营销、财务、人事、信息等有关部门，按照以下程序进行：①依据固定制造费用的不同构成项目的特性，充分考虑产品的现有生产能力、管理部门的决策以及费用预算等，测算确定各固定制造费用构成项目的标准成本；②通过汇总各固定制造费用项目的标准成本，得到固定制造费用的标准总成本；③确定固定制造费用的标准分配率，标准分配率可根据产品的单位工时与预算总工时的比率确定。其中，预算总工时是指由预算产量和单位工时标准确定的总工时。单位工时标准可以依据相关性原则在直接人工工时或者机器工时中做出选择。

固定制造费用标准成本的计算顺序及公式如下：

①固定制造费用项目标准成本由固定制造费用项目预算确定。

②固定制造费用总成本 = Σ固定制造费用项目标准成本

③固定制造费用标准分配率 = 单位产品的标准工时 ÷ 预算总工时

④固定制造费用标准成本 = 固定制造费用总成本 × 固定制造费用标准分配率

（四）产品的标准成本

产品的标准成本 = 直接材料标准成本 + 直接人工标准成本 + 变动制造费用标准成本 + 固定制造费用标准成本

二、成本差异的计算与分析

企业应定期将实际成本与标准成本进行比较和分析，确定差异数额及性质，揭示差异形成的动因，落实责任中心，寻求可行的改进途径和措施。

（一）成本差异的概念

成本差异，是指实际成本与相应标准成本之间的差额。当实际成本高于标准成本时，形成超支差异；当实际成本低于标准成本时，形成节约差异。

成本差异＝实际成本－标准成本

成本差异的计算与分析一般按成本或费用项目进行。直接材料、直接人工和变动制造费用都属于变动成本，其成本差异分析的基本方法相同。由于他们的实际成本高低取决于实际用量和实际价格，标准成本的高低取决于标准用量和标准价格，因此，其成本差异可以归结为价格脱离标准造成的价格差异和用量脱离标准造成的数量差异两类。

成本差异＝实际成本－标准成本

＝实际耗用量×实际单价－标准耗用量×标准单价

＝实际耗用量×（实际单价－标准单价）＋（实际耗用量－标准耗用量）×标准单价

＝价格差异＋数量差异

（二）直接材料成本差异

直接材料成本差异，是指直接材料实际成本与标准成本之间的差额，该项差异可分解为直接材料价格差异和直接材料数量差异。直接材料价格差异是指在采购过程中，直接材料实际价格偏离标准价格所形成的差异；直接材料数量差异是指在产品生产过程中，直接材料实际消耗量偏离标准消耗量所形成的差异。有关计算公式如下：

直接材料成本差异＝实际成本－标准成本

＝实际耗用量×实际单价－标准耗用量×标准单价

直接材料成本差异＝直接材料价格差异＋直接材料数量差异

直接材料价格差异＝实际耗用量×（实际单价－标准单价）

直接材料数量差异＝（实际耗用量－标准耗用量）×标准单价

（三）直接人工成本差异

直接人工成本差异是指直接人工实际成本与标准成本之间的差额，该差异可分解为工资率差异和人工效率差异。工资率差异是指实际工资率偏离标准工资率形成的差异，按实际工时计算确定；人工效率差异是指实际工时偏离标准工时形成的差异，按标准工资率计算确定。有关计算公式如下：

直接人工成本差异＝实际成本－标准成本

＝实际工时×实际工资率－标准工时×标准工资率

直接人工成本差异＝直接人工工资率差异＋直接人工效率差异

直接人工工资率差异＝实际工时×（实际工资率－标准工资率）

直接人工效率差异＝（实际工时－标准工时）×标准工资率

(四) 变动制造费用成本差异

变动制造费用项目的成本差异，是指变动制造费用项目的实际发生额与变动制造费用项目的标准成本之间的差额，该差异可分解为变动制造费用项目的价格差异和数量差异。变动制造费用项目的价格差异，是指燃料、动力、辅助材料等变动制造费用项目的实际价格偏离标准价格的差异；变动制造费用项目的数量差异，是指燃料、动力、辅助材料等变动制造费用项目的实际消耗量偏离标准用量的差异。变动制造费用项目成本差异的计算和分析原理与直接材料和直接人工成本差异的计算和分析相同。有关计算公式如下：

变动制造费用项目成本差异 = 实际发生额 - 标准成本

= 实际用量 × 实际价格 - 标准用量 × 标准价格

变动制造费用耗费差异 = 实际用量 ×(实际价格 - 标准价格)

变动制造费用效率差异 =(实际用量 - 标准用量)× 标准价格

(五) 固定制造费用差异

直接材料、直接人工和变动制造费用都属于变动成本，其成本差异分析的基本方法相同。固定制造费用属于固定成本，其成本差异分析与各项变动成本差异分析不同。

固定制造费用项目成本差异，是指固定制造费用项目实际成本与标准成本之间的差额，该成本差异可以分解为固定制造费用项目实际金额偏离固定制造费用预算金额的耗费差异、实际工时未达到生产能量形成的闲置能量差异和实际工时偏离标准工时形成的效率差异。有关计算公式如下：

固定制造费用项目成本差异 = 固定制造费用实际成本 - 固定制造费用标准成本

= 实际工时 × 实际分配率 - 实际产量标准工时 × 标准分配率

固定制造费用耗费差异 = 固定制造费用实际成本 - 固定制造费用预算成本

= 实际工时 × 实际分配率 - 预算产量标准工时 × 标准分配率

固定制造费用闲置能量差异 = 固定制造费用预算成本 - 实际工时 × 固定制造费用标准分配率

= 生产能量 × 固定制造费用标准分配率 - 实际工时 × 固定制造费用标准分配率

=(生产能量 - 实际工时)× 固定制造费用标准分配率

固定制造费用效率差异 = 实际工时 × 固定制造费用标准分配率 - 固定制造费用标准成本

= 实际工时 × 固定制造费用标准分配率 - 实际产量标准工时 × 固定制造费用标准分配率

=(实际工时 - 实际产量标准工时)× 固定制造费用标准分配率

■ 任务实施

一、标准成本的制定

根据［案例4］的数据资料为北京宏达有限公司制定甲产品标准成本卡，见表4-8。

表 4－8 甲产品标准成本卡

成本项目	用量标准	价格标准	标准成本
直接材料： A 材料 B 材料	 3.30 千克 2 千克	 1.07 元/千克 4.28 元/千克	 3.53 元 8.56 元
直接材料标准成本合计	—	—	12.09 元
直接人工： 第一车间 第二车间	 2 小时 1 小时	 0.90 元/小时 1.26 元/小时	 1.80 元 1.26 元
直接人工标准成本合计	—	—	3.06 元
变动制造费用： 第一车间 第二车间	 2 小时 1 小时	 1.30 元/小时 1.20 元/小时	 2.60 元 1.20 元
变动制造费用标准成本合计	—	—	3.80 元
固定制造费用： 第一车间 第二车间	 2 小时 1 小时	 0.50 元/小时 0.60 元/小时	 1.00 元 0.60 元
固定制造费用标准成本合计	—	—	1.60 元
单位产品标准成本总计	20.55 元		

二、成本差异的计算与分析

1. 启动 Excel 2016，选择“文件”|“新建”命令，新建一个空白工作簿，重命名 Sheet 1为“成本差异分析表”。

2. 根据［案例 5］将北京宏达有限公司 11 月份乙产品成本的有关资料在表格中输入信息，见图 4－52。

3. 分别成本项目计算乙产品实际产量标准成本，见图 4－53。

在单元格 B23 中输入“＝$B$19＊B3”，将光标定位在单元格 B23 右下角的填充柄上，当光标变为“＋”形状时，按住鼠标左键向下拖动到单元格 B26，快速填充计算各成本项目的实际产量标准用量。

在单元格 C23 中输入“＝C3”，将光标定位在单元格 C23 右下角的填充柄上，当光标变为“＋”形状时，按住鼠标左键向下拖动到单元格 C26，快速填充计算各成本项目的标准价格。

在单元格 D23 中输入“＝B23＊C23”，将光标定位在单元格 D23 右下角的填充柄上，当光标变为“＋”形状时，按住鼠标左键向下拖动到单元格 D26，快速填充计算各成本项目的实际产量标准成本。

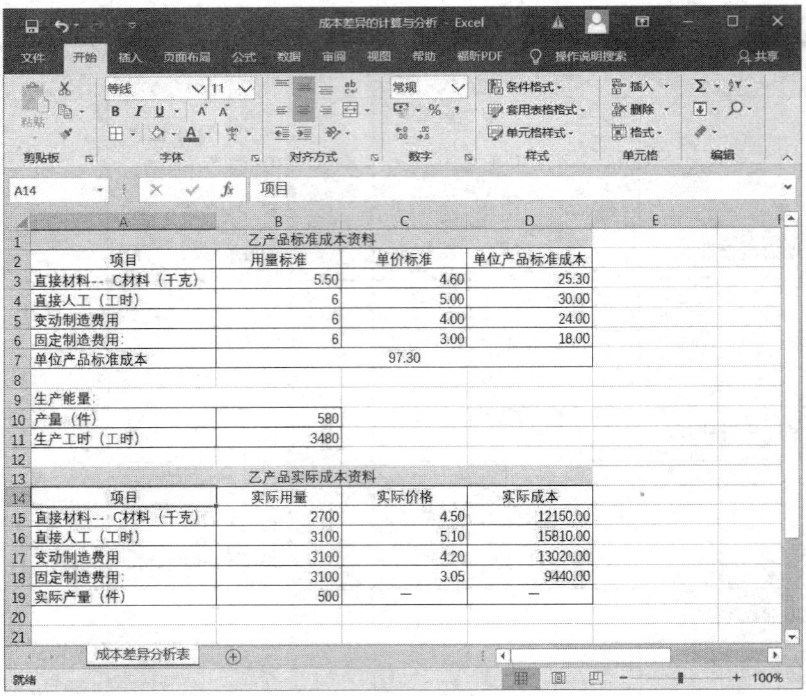

	A	B	C	D
1	乙产品标准成本资料			
2	项目	用量标准	单价标准	单位产品标准成本
3	直接材料-- C材料（千克）	5.50	4.60	25.30
4	直接人工（工时）	6	5.00	30.00
5	变动制造费用	6	4.00	24.00
6	固定制造费用	6	3.00	18.00
7	单位产品标准成本		97.30	
8				
9	生产能量:			
10	产量（件）	580		
11	生产工时（工时）	3480		
12				
13	乙产品实际成本资料			
14	项目	实际用量	实际价格	实际成本
15	直接材料-- C材料（千克）	2700	4.50	12150.00
16	直接人工（工时）	3100	5.10	15810.00
17	变动制造费用	3100	4.20	13020.00
18	固定制造费用	3100	3.05	9440.00
19	实际产量（件）	500	—	—

图 4 – 52

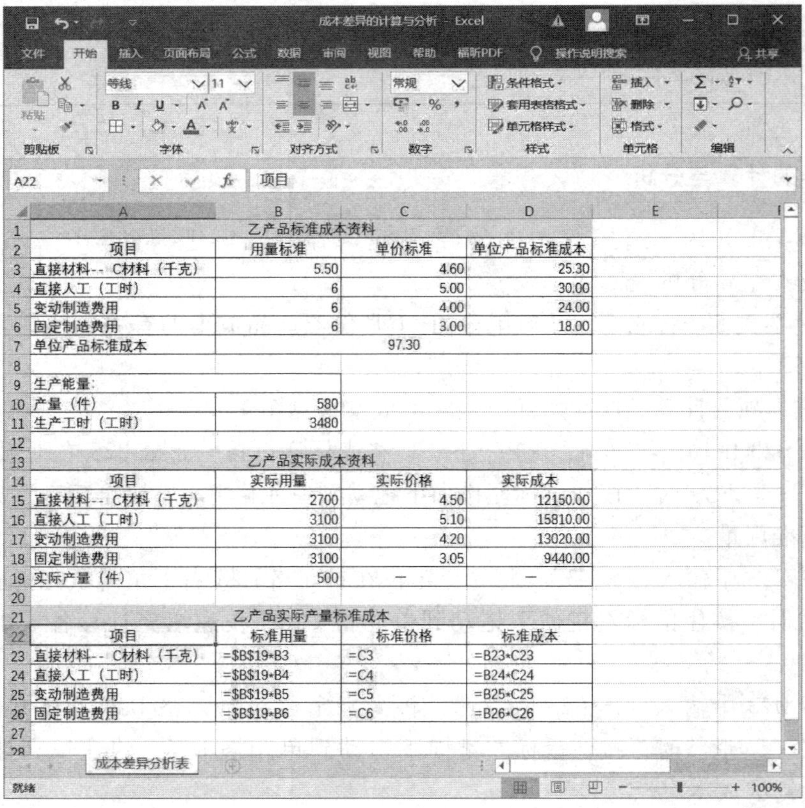

	A	B	C	D
1	乙产品标准成本资料			
2	项目	用量标准	单价标准	单位产品标准成本
3	直接材料-- C材料（千克）	5.50	4.60	25.30
4	直接人工（工时）	6	5.00	30.00
5	变动制造费用	6	4.00	24.00
6	固定制造费用	6	3.00	18.00
7	单位产品标准成本		97.30	
8				
9	生产能量:			
10	产量（件）	580		
11	生产工时（工时）	3480		
12				
13	乙产品实际成本资料			
14	项目	实际用量	实际价格	实际成本
15	直接材料-- C材料（千克）	2700	4.50	12150.00
16	直接人工（工时）	3100	5.10	15810.00
17	变动制造费用	3100	4.20	13020.00
18	固定制造费用	3100	3.05	9440.00
19	实际产量（件）	500	—	—
20				
21	乙产品实际产量标准成本			
22	项目	标准用量	标准价格	标准成本
23	直接材料-- C材料（千克）	=$B$19*B3	=C3	=B23*C23
24	直接人工（工时）	=$B$19*B4	=C4	=B24*C24
25	变动制造费用	=$B$19*B5	=C5	=B25*C25
26	固定制造费用	=$B$19*B6	=C6	=B26*C26

图 4 – 53

计算结果见图 4－54。

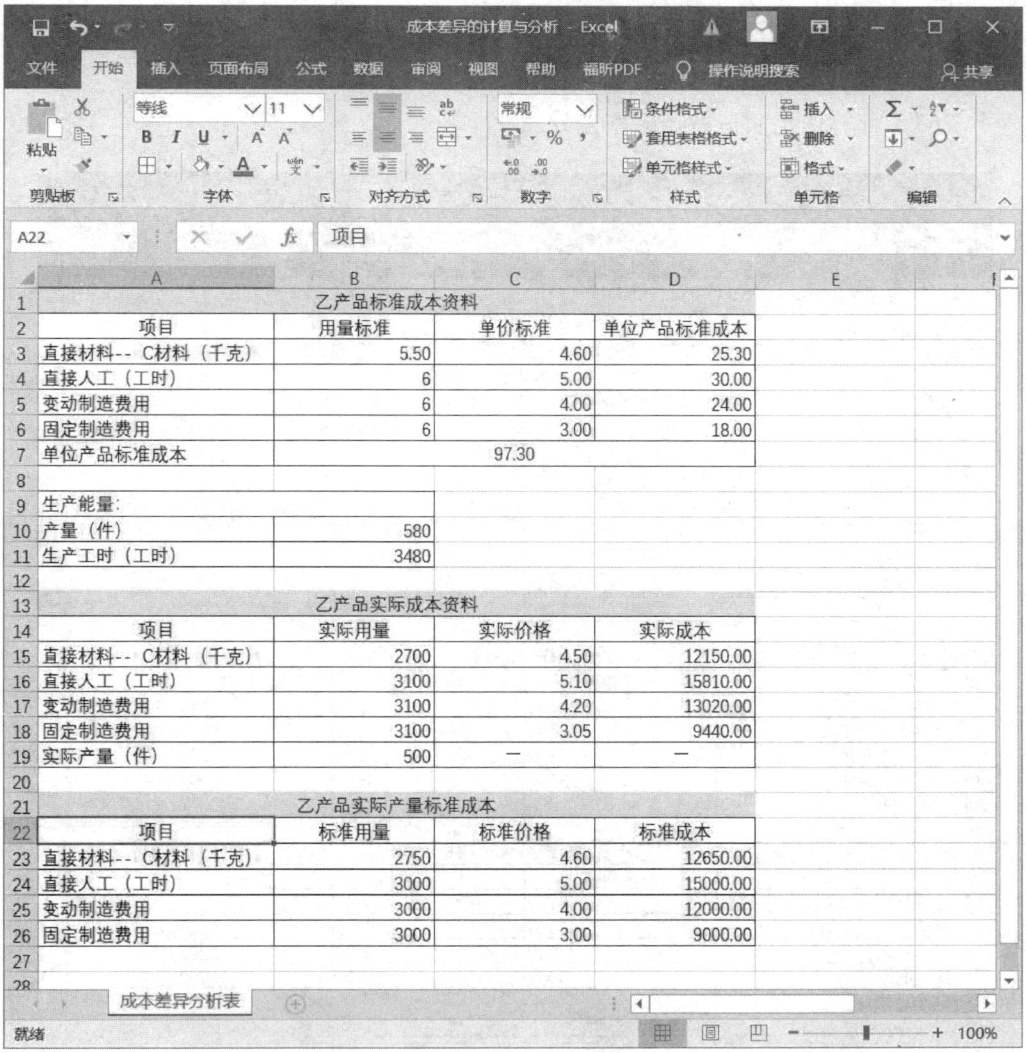

乙产品标准成本资料			
项目	用量标准	单价标准	单位产品标准成本
直接材料-- C材料（千克）	5.50	4.60	25.30
直接人工（工时）	6	5.00	30.00
变动制造费用	6	4.00	24.00
固定制造费用	6	3.00	18.00
单位产品标准成本		97.30	
生产能量:			
产量（件）	580		
生产工时（工时）	3480		
乙产品实际成本资料			
项目	实际用量	实际价格	实际成本
直接材料-- C材料（千克）	2700	4.50	12150.00
直接人工（工时）	3100	5.10	15810.00
变动制造费用	3100	4.20	13020.00
固定制造费用	3100	3.05	9440.00
实际产量（件）	500	—	—
乙产品实际产量标准成本			
项目	标准用量	标准价格	标准成本
直接材料-- C材料（千克）	2750	4.60	12650.00
直接人工（工时）	3000	5.00	15000.00
变动制造费用	3000	4.00	12000.00
固定制造费用	3000	3.00	9000.00

图 4－54

（4）分别计算各成本项目成本差异，见图 4－55。

①计算直接材料成本差异。在单元格 C30 中输入“＝D15－D23”，计算直接材料成本差异；在单元格 C31 中输入“＝（C15－C23）＊B15”，计算直接材料价格差异；在单元格 C32 中输入“＝（B15－B23）＊C23”，计算直接材料数量差异。

②计算直接人工成本差异。在单元格 C33 中输入“＝D16－D24”，计算直接人工成本差异；在单元格 C34 中输入“＝（C16－C24）＊B16”，计算直接人工工资率差异；在单元格 C35 中输入“＝（B16－B24）＊C24”，计算直接人工效率差异。

③计算变动制造费用成本差异。在单元格 C36 中输入“＝D17－D25”，计算变动制造费用成本差异；在单元格 C37 中输入“＝（C17－C25）＊B17”，计算变动制造费用耗费差异；在单元格 C38 中输入“＝（B17－B25）＊C25”，计算变动制造费用效率差异。

④计算固定制造费用成本差异。在单元格 C39 中输入“=B11 * C26”，计算固定制造费用预算成本；在单元格 C40 中输入“=D18 - D26”，计算固定制造费用成本差异；在单元格 C41 中输入“=D18 - C39”，计算固定制造费用耗费差异；在单元格 C42 中输入“=(B11 - B18) * C26”，计算固定制造费用闲置能量差异；在单元格 C43 中输入“=(B18 - B26) * C26”，计算固定制造费用效率差异。

	A	B	C	D
8				
9	生产能量:			
10	产量（件）	580		
11	生产工时（工时）	3480		
12				
13	乙产品实际成本资料			
14	项目	实际用量	实际价格	实际成本
15	直接材料-- C材料（千克）	2700	4.50	12150.00
16	直接人工（工时）	3100	5.10	15810.00
17	变动制造费用	3100	4.20	13020.00
18	固定制造费用	3100	3.05	9440.00
19	实际产量（件）	500	—	—
20				
21	乙产品实际产量标准成本			
22	项目	标准用量	标准价格	标准成本
23	直接材料-- C材料（千克）	2750	4.60	12650.00
24	直接人工（工时）	3000	5.00	15000.00
25	变动制造费用	3000	4.00	12000.00
26	固定制造费用	3000	3.00	9000.00
27				
28	成本差异分析			
29	成本项目	成本差异	金额	
30	直接材料	成本差异	=D15-D23	
31		价格差异	=(C15-C23)*B15	
32		数量差异	=(B15-B23)*C23	
33	直接人工	成本差异	=D16-D24	
34		工资率差异	=(C16-C24)*B16	
35		效率差异	=(B16-B24)*C24	
36	变动制造费用	成本差异	=D17-D25	
37		耗费差异	=(C17-C25)*B17	
38		效率差异	=(B17-B25)*C25	
39	固定制造费用	预算成本	=B11*C26	
40		成本差异	=D18-D26	
41		耗费差异	=D18-C39	
42		闲置能量差异	=(B11-B18)*C26	
43		效率差异	=(B18-B26)*C26	

图 4－55

计算结果见图 4－56。

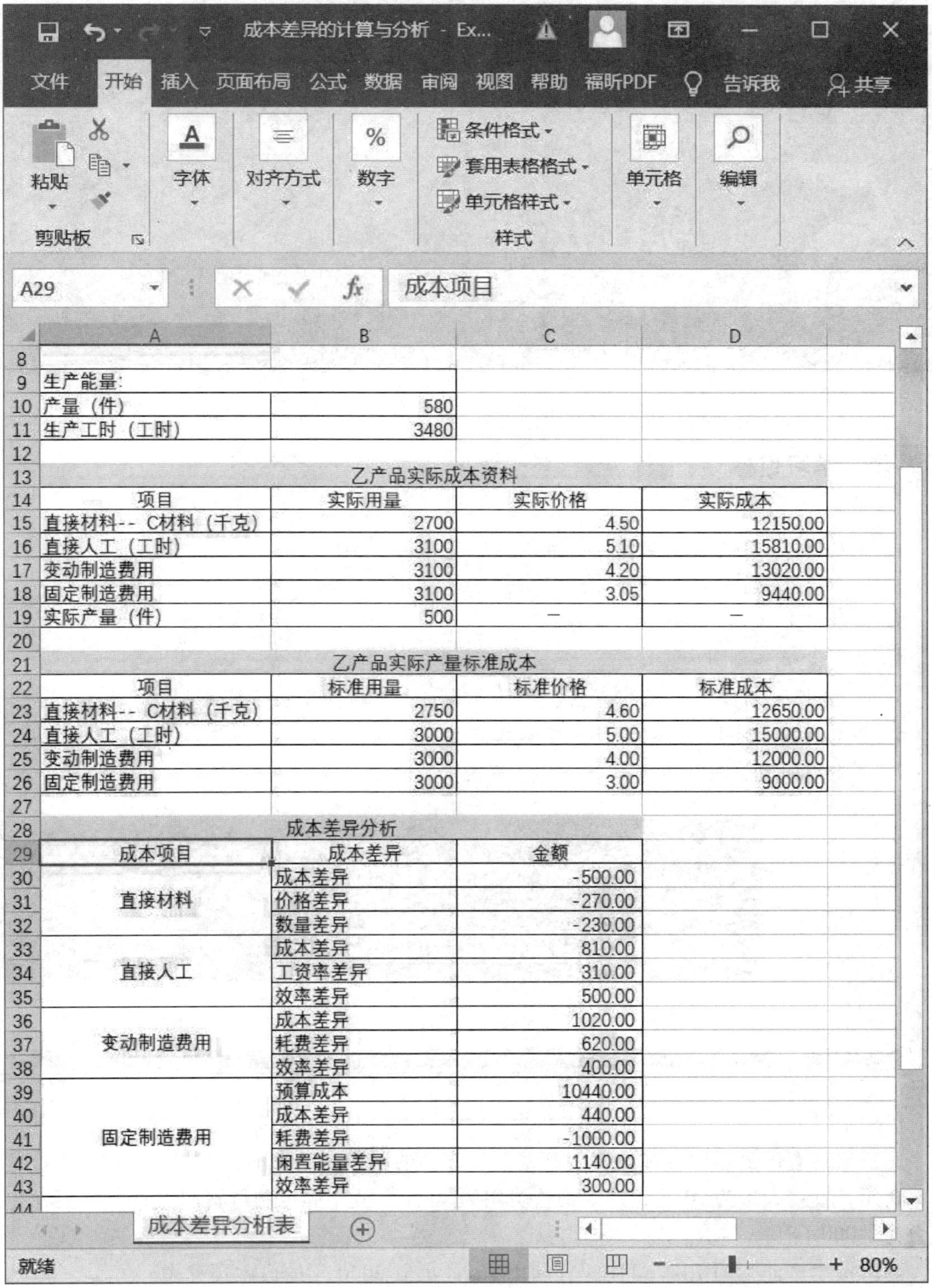

	A	B	C	D
8				
9	生产能量:			
10	产量（件）	580		
11	生产工时（工时）	3480		
12				
13	乙产品实际成本资料			
14	项目	实际用量	实际价格	实际成本
15	直接材料-- C材料（千克）	2700	4.50	12150.00
16	直接人工（工时）	3100	5.10	15810.00
17	变动制造费用	3100	4.20	13020.00
18	固定制造费用	3100	3.05	9440.00
19	实际产量（件）	500	—	—
20				
21	乙产品实际产量标准成本			
22	项目	标准用量	标准价格	标准成本
23	直接材料-- C材料（千克）	2750	4.60	12650.00
24	直接人工（工时）	3000	5.00	15000.00
25	变动制造费用	3000	4.00	12000.00
26	固定制造费用	3000	3.00	9000.00
27				
28	成本差异分析			
29	成本项目	成本差异	金额	
30	直接材料	成本差异	-500.00	
31		价格差异	-270.00	
32		数量差异	-230.00	
33	直接人工	成本差异	810.00	
34		工资率差异	310.00	
35		效率差异	500.00	
36	变动制造费用	成本差异	1020.00	
37		耗费差异	620.00	
38		效率差异	400.00	
39	固定制造费用	预算成本	10440.00	
40		成本差异	440.00	
41		耗费差异	-1000.00	
42		闲置能量差异	1140.00	
43		效率差异	300.00	

图 4－56

5 项目五 预算管理

学习目标

1. 能利用 Excel 进行销售预算的编制；
2. 能利用 Excel 进行生产预算的编制；
3. 能利用 Excel 进行费用预算的编制；
4. 具有在销售预测的基础上，结合企业战略目标，完成销售预算编制的能力；
5. 能利用 Excel 进行零基预算法、弹性预算法、滚动预算法等编制方法的运用；
6. 具有利用 Excel 完成现金预算编制的能力；
7. 具有编制预计利润表、预计资产负债表的能力。

任务 1 业务预算编制

任务案例

［案例 1］

北京宏达有限公司生产和销售 A 产品，A 产品的单位变动成本为 200 元，其中直接材料为 100 元，直接人工为 70 元，变动制造费用为 30 元。全年固定制造费用为 90 000 元，生产能力为 1 000 台。

要求按生产能力的 70%～110%，利用 Excel 编制 2020 年的成本预算表。

［案例 2］

北京宏达有限公司为实现 2019 年的利润目标，决定开源节流，降低费用开支水平。多年来，公司的业务招待费等严重超支，因此公司决定对业务招待费、劳动保护费、办公费、广告费和保险费等间接费用项目按照零基预算方法编制预算。经过多次讨论研究，预算编制人员确定上述费用在预算年度开支水平见表 5-1。

表 5-1　北京宏达有限公司预计费用项目及开支金额　单位：元

费用项目	开支金额
业务招待费	250 000
劳动保护费	150 000
办公费	50 000
广告费	300 000
保险费	50 000
合计	800 000

经过充分论证，得出以下结论：除业务招待费和广告费以外都不能再压缩了，对于业务招待费和广告费，通过成本—效益分析，得出两者的成本效益比例为 4:6。

要求：根据以上资料对业务招待费、劳动保护费、办公费、广告费和保险费等间接费用项目按照零基预算方法编制预算。

[案例 3]

北京创元有限公司生产 A 产品，销售量预算以 2017 年至 2019 年销售总量为基础，分析甲产品和其他产品销售总量的三年年均复合增长率，并以该结果作为 2020 年销售预算增长率。预计 2020 年企业新签订大客户 3 家，预计新增销售量 5 000 件。

要求：编制 2020 年销售总量预算表（见表 5-2）。2020 年销售总量基数计算结果四舍五入保留至百位，以 2 位小数形式填制答案，如 53 000。带有“%”的项目以“%”形式向上保留至个位填制答案，例如：3%；其他结果四舍五入保留 2 位小数填制答案。

表 5-2　2020 年销售总量预算表　单位：件

项目	2020 年实际销售总量	2017 年实际销售总量	年均复合增长率	2020 年销售总量基数	2020 年预算调整量（考虑调整因素）	2020 年销售总量预算
A 产品销售量	17 343.00	15 596.00				

[案例 4]

北京宏达有限公司生产和销售甲产品，计划期 2020 年四个季度预计销售量分别为 100 件、150 件、180 件和 200 件；甲产品预计单位售价为 200 元。假设每季度销售收入中，本季度收回现金 60%，另外 40% 要到下季度才能收回，上年年末应收账款余额为 5 000 元。

要求：编制 2020 年的销售收入预算（见表 5-3）。

表 5-3　北京宏达有限公司 2020 年度销售收入预算　单位：元

项目	第一季度	第二季度	第三季度	第四季度	合计
预计销售量（件）					
预计销售单价					

续表

项目		第一季度	第二季度	第三季度	第四季度	合计
预计销售收入						
预计现金收入	上年应收账款					
	第一季度现销收入					
	第二季度现销收入					
	第三季度现销收入					
	第四季度现销收入					
	现金收入合计					

[案例5]

北京宏达有限公司根据销售预测，对某产品2020年度的销售量作如下预计：第一季度100件，第二季度150件，第三季度180件，第四季度200件。若年初存货量为10件，年末存货量为20件，每季度的存货期末存量按下季度的10%来确定。单位产品材料消耗定额为10千克/件，单位产品工时定额为4小时/件，单位工时的工资额为5元。每季度末材料结存量为下一季度生产用料需要总量的20%。2020年材料年初结存量为300千克，年末为400千克，材料采购单价为10元。各季度购料货款50%当季付清，另外50%下季度付清。该公司2020年年初应付账款余额为2 560元。

北京宏达有限公司上年度变动费用率如下：间接人工0.4元/小时、间接材料0.3元/小时、修理费0.2元/小时、水电费0.1元/小时。上年度管理人员工资平均为400元/季度，保险费为200元/季度，年折旧费为4 000元。

已知固定销售及管理费用全年预算数为17 500元，每季度为4 375元，其中每季度折旧费1 375元；变动性销售及管理费用预算分配率为每件5元。

要求：根据以上资料编制该公司的生产预算、直接材料预算和直接人工预算、制造费用预算、产品成本预算、销售及管理费用预算（见表5－4至表5－9）。

表5－4　　北京宏达有限公司2020年度生产预算

单位：件

项　目	第一季度	第二季度	第三季度	第四季度	全年
产品销售数量					
加：期末存量					
产品需要数量					
减：期初存量					
生产数量					

表5－5　　北京宏达有限公司2020年度直接材料预算

单位：元

项　目	第一季度	第二季度	第三季度	第四季度	全年
预计生产量（件）					
单位产品材料用量（千克/件）					
预计生产用料总量（千克）					

续表

项目		第一季度	第二季度	第三季度	第四季度	全年
加：期末存量（千克）						
合计						
减：期初存量（千克）						
材料采购总量（千克）						
材料采购单价（元/千克）						
材料采购金额（元）						
预计现金支出	上期应付采购货款					
	第一季度购料现金支出					
	第二季度购料现金支出					
	第三季度购料现金支出					
	第四季度购料现金支出					
	现金支出合计					

表 5-6　　北京宏达有限公司 2020 年度直接人工预算　　单位：元

项目	第一季度	第二季度	第三季度	第四季度	全年
预计生产量					
单位产品定额工时					
直接人工工时总量					
单位工时工资率					
直接人工费用总额					

表 5-7　　北京宏达有限公司 2020 年度制造费用预算　　单位：元

项目	第一季度	第二季度	第三季度	第四季度	全年
变动制造费用 间接人工 间接材料 修理费 水电费 小计					
固定制造费用 管理人员工资 折旧费用 保险费 小计					
合计					
减：折旧费 现金支出（付现）合计					

表 5－8　　北京宏达有限公司 2020 年度产品成本预算　　单位：元

项　目	单位成本			生产总成本	期末存量	销货成本
	单价（元）	耗用量	成本（元）			
产品数量（件）	—	—	—			
直接材料						
直接人工						
变动制造费用						
合计	—	—				

表 5－9　　北京宏达有限公司 2020 年度销售及管理费用预算　　单位：元

项　目	第一季度	第二季度	第三季度	第四季度	全年
预计销售量					
变动销售及管理费用分配率					
变动销售及管理费用					
固定销售及管理费用					
销售及管理费用合计					
减：固定资产折旧					
销售及管理费用现金支出数					

工作准备

企业预算比较复杂，编制预算需要采用不同的方法。常见的编制预算的方法主要包括固定预算法与弹性预算法、增量预算法与零基预算法、定期预算法与滚动预算法，这些方法广泛应用于与营业活动有关的预算的编制。

一、固定预算与弹性预算的编制

固定预算法与弹性预算法主要用于产品成本、费用和利润的编制，两者之间存在静态与动态之别。

（一）固定预算法

固定预算法又称静态预算法（Static Budget），是按照某一固定的业务量（如生产量、销售量等）编制预算的方法。固定预算通常是用于业务量水平较为稳定的生产和销售业务的成本费用预算的编制，如直接材料预算、直接人工预算和制造费用预算等。在任务二中将做详细介绍。

（二）弹性预算法

1. 弹性预算的特点。

弹性预算法又称动态预算法（Flexible Budget），是在成本性态分析的基础上，以业务量、成本和利润之间的依存关系为依据，以预算期可预见的各种业务量水平为基础，编制能够适用多种情况预算的一种方法，它是为克服固定预算法的缺点而设计的。弹性预算法主要用于成本费用预算和利润预算。

编制弹性预算，要选用一个最能代表生产经营活动水平的业务量计量单位，可以是产量、销售量、直接人工工时、机器工时、材料消耗量等。

弹性预算法所采用的业务量范围，视企业或部门的业务量变化情况而定，务必使实际业务量不至于超出相关的业务量范围。一般来说，可定在正常生产能力的70%～110%之间，或以历史上最高业务量和最低业务量为其上下限。

与按特定业务量水平的固定预算相比，弹性预算有两个显著的特点：

（1）弹性预算是按照一系列业务量水平编制的，从而扩大了预算的适用范围；

（2）弹性预算是按成本性态分类列示的，在预算执行中可以计算"实际业务量的预算成本"，便于预算执行的评价与考核。

2. 弹性预算的编制方法。

编制弹性预算时，首先要将预算中的全部成本费用划分为固定成本和变动成本两部分（不容易划分的也可以保留混合成本）。由于固定成本本身的特点，不会随着业务量的增减而变化，因此在编制弹性预算表时，不论业务量多少，都无需变动原固定预算数；而变动成本会随着业务量的增减变动成正比例变动，在编制弹性预算表时，应按照不同的业务量对原有的预算数进行调整。

运用弹性预算法编制预算的基本步骤如下：

（1）选择业务量的计量单位；

（2）确定适用的业务量范围；

（3）逐项研究并确定各项成本和业务量之间的数量关系；

（4）计算各项预算成本，并用一定的方式来表达。

二、增量预算法与零基预算法

增量预算法与零基预算法主要用于销售费用预算和管理费用预算的编制，两者的差别在于编制预算的基础不同。

（一）增量预算法

1. 增量预算法的含义。

增量预算法又称调整预算法，它是以基期水平为基础，分析预算期业务量水平及有关因素的影响因素的变动情况，通过调整基期项目及数额，编制相关预算的方法。

2. 增量预算法的前提条件。

（1）现有的业务活动是企业所必需的；

（2）原有的各项业务是合理的；

（3）以现有业务活动和各项活动的开支水平，确定预算期各项活动的预算数。

如果不具备以上三个前提条件，如预算期的情况发生变化，预算数额受到基期不合理因素的干扰，可能导致预算的不准确，不利于调动各部门降低费用的积极性。

很多公司为了避免基期数据的不合理性，采用年均复合增长率来进行增量预算。年均复合增长即按照指数增长，基期数×（1+复合增长率）^{N}=末期数，其中基期数表示计算复合增长率的第一期数据，末期数为最后一期数据，N为间隔年数。例如，2017年年均收入100万元，2020年年均收入200万元，则间隔年数（N）为3年，2017—2020年年均复合增长率为：$(200/100)^{(1/3)}-1=25.99\%$。

3. 增量预算法的特点。

增量预算法的方法比较简单，但该方法是以过去的水平为基础，不加分析的保留和接受原有的费用项目，实际上是承认过去的支出是合理的，无需改进，所以增量预算最容易掩盖低效率和浪费。采用此预算方法，高层管理者只审查预算增加的部分，结果是某些项目分配到的资金远超过实际的需求。

（二）零基预算法

1. 零基预算法的含义。

零基预算法是“以零为基础编制预算”的方法，主要用于销售费用、管理费用等预算的编制。采用零基预算法在编制费用预算时，不考虑以往期间的费用项目和费用数额，主要根据预算期的需要和可能，分析费用项目和费用数额的合理性，综合平衡编制费用预算。

应用零基预算法编制费用预算，不受前期费用项目和费用水平的制约，能够调动各部门降低费用的积极性。但是，由于一切从零开始，所以预算编制的工作量大，重点不突出，编制时间长。

2. 零基预算法的编制程序。

（1）划分基层预算单位，进行动员和讨论；

（2）确定有关费用存在的必要性，划分不可避免费用和可避免费用；

（3）确定费用的轻重缓急，划分不可延缓费用和可延缓费用。

三、定期预算法于滚动预算法

定期预算法和滚动预算法是根据预算期间的固定性和滚动性而区分的两种预算编制方法。

（一）定期预算法

定期预算法（Periodic Budget）是以固定不变的会计期间（如年度、季度、月份）作为预算期编制预算的方法。采用此法编制预算，保证预算期间与会计期间在时期上配比，便于依据会计报告的数据与预算相比较，考核和评价预算的执行结果。但不利于前后各个期间的预算衔接，不能适用连续不断的业务活动过程的预算管理，容易导致决策者的短期行为。

（二）滚动预算法

滚动预算法又称连续预算法或永续预算法（Continuous Budget），是在编制预算时，将预算期与会计年度相脱离，随着预算的执行不断延伸补充预算，逐期向后滚动，使预算期永远保持一个固定期间的一种预算编制方法。

采用滚动预算法编制预算，按照滚动的时间单位不同，可分为逐月滚动、逐季滚动和混合滚动。

按月滚动的滚动预算编制方式如图 5－1 所示。

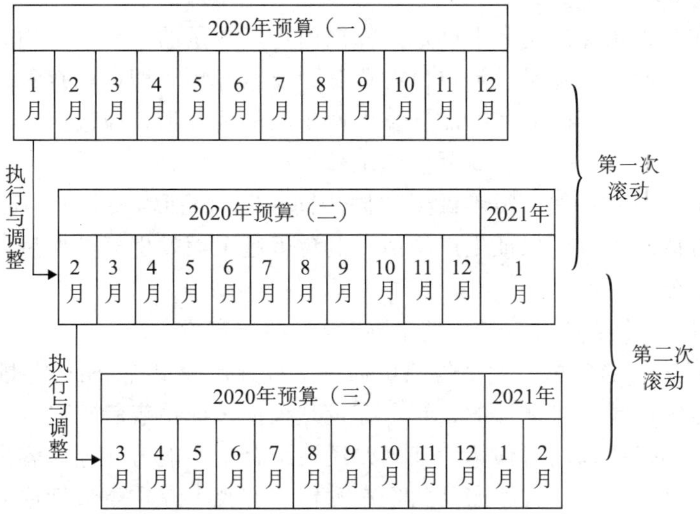

图 5－1　滚动预算示意图

运用滚动预算法编制预算，使预算期间依时间顺序向前滚动，能够保持预算的连续性，有利于结合企业的近期目标和长期目标来考虑企业的业务活动；使预算随时间的推进不断加以调整和修正，能够使预算与实际情况更相适用。因此，滚动预算法尤其适用于连续性强的业务或项目的预算安排。

四、营业预算的编制

营业预算是指企业日常发生的生产经营活动的预算，企业的营业活动涉及供产销各个环节。营业预算包括销售预算、生产预算、直接材料预算、直接人工预算、制造费用预算、产品成本预算、销售费用及管理费用预算等。

（一）销售预算的编制

销售预算是在销售预测的基础上，根据预计的销售数量、销售价格、销售收入等参数，来确定预算期内销售计划和目标的一种业务预算。销售预算是编制全面预算的起点，也是编制其他有关预算的基础。因为现代企业都是以销定产，根据预期的商品销售数量，来确定企业产品的生产数量、材料、人工、和资金等的需要量。在企业存在不同的销售品种、销售市场分区和营销人员分工的情况下，应按照销售品种、销售市场区域和营销人员分别编制具体的销售预算，并汇总编制企业全部销售预算。

销售预算中的销售数量是根据市场预测、销货合同、生产能力等因素确定的。销售单价是根据供求关系和竞争策略等因素确定的。销售收入是由销售数量和销售单价所决定的。

销售预算中通常还列出销售产生的现金流入，以便为编制现金预算提供必要的资料。其中，各期的现金流入应包括上期销售收入中于本期收到的货款部分和本期销售收入中可于本期收到的货款部分。

（二）生产预算的编制

生产预算是在销售预算的基础上确定预算期内生产数量的一种业务预算。生产预算是所有营业预算中唯一只使用实物量计量单位的预算，要结合预算期期初存量，考虑预算期期末存量来编制。在企业存在不同的产品品种和生产车间的情况下，应按照产品品种和生产车间分别编制具体的生产预算，并汇总编制企业全部生产预算。

由于产品的生产和销售往往很难做到“同步同量”，因而需要保有一定的存量，以保证在发生意外情况时按时供货，保证生产均衡，避免因赶工而发生额外费用。产品的生产量与销售量之间的关系公式为：

本期生产数量 =（本期销售数量 + 期末存量）- 期初存量

产品“期末存量”通常按下期销售数量的一定百分比确定，“期初存量”是上期的期末余额。年初存量是编制预算时估计的，年末存量是根据长期销售趋势确定。

编制生产预算不仅要以销售预算为基础，还要结合生产能力和仓库容量等条件，同时要考虑成本费用等因素。此外，有些产品的生产和销售客观上存在季节性或周期性，需要合理安排生产进度。

（三）直接材料预算的编制

直接材料预算是预算期产品生产直接耗用原材料及原材料采购的预算。企业在安排好生产数量和进度之后，应根据生产预算编制直接材料的采购预算。在产品生产需用多种原材料的情况下，应按照原材料品种分别编制具体的直接材料预算，并汇总编制企业全部直接材料预算。

直接材料预算是以生产预算为基础编制的，还要考虑预算期期初、期末的原材料存量。其主要内容有原材料单位产品用量、生产耗用数量、期初和期末存量等。

其中，“产品生产数量”的数据来自生产预算，“单位产品材料用量”的数据来自标准成本或消耗定额资料，则有：

生产需用材料数量 = 产品生产数量 × 单位产品材料用量

年初和年末的材料存货量，是根据当前情况和长期销售预测估计的。各期“期末材料存货量”根据下期生产数量的一定百分比确定；各期“期初材料存量”是上期的期末存量。则有：

本期材料采购数量 =（本期生产需用材料数量 + 期末存量）- 期初存量

本期材料采购金额 = 本期材料采购数量 × 材料采购单价

由于原材料采购一般需用现金，为编制现金预算，直接材料预算还要预计各期原材料采购的现金流出。各期的现金流出包括偿付上期应付货款和本期应支付的采购货款。

（四）直接人工预算的编制

直接人工预算是确定预算期产品生产直接耗用人工及费用的预算。该预算也是以生产预算为基础编制的，根据生产预算中的预计生产量以及单位产品所需的直接人工小时数和小时工资率进行编制的。通常情况下，企业生产产品耗用的直接人工工种往往不止一种，不同的工种，工资率不同，在企业存在不同的人工工种的情况下，应按照工种类别分别计算，并汇总编制企业直接人工预算总数。

直接人工预算的主要编制依据是：预计生产量、单位产品定额工时、单位工时工资率等。其计算公式为：

直接人工工时总量 = 单位产品定额工时 × 预计生产量

直接人工费用总额 = 单位工时工资率 × 直接人工工时总量

预计生产量数据来自生产预算，单位产品定额工时和单位工时工资率数据，来自标准成本资料。

需要注意的是，企业生产产品所耗用的直接人工费用通常以现金支付，因此不需另外预计现金支出，可直接参加现金预算的汇总。

（五）制造费用预算的编制

制造费用预算是预算期产品生产所需制造费用的预算。在企业存在不同的产品品种和基本生产车间、辅助生产车间的情况下，应按照产品品种和生产车间分别编制具体的制造费用预算，并汇总编制企业全部制造费用预算。

当以变动成本法为基础编制制造费用预算时，可按变动制造费用和固定制造费用两部分内容分别编制。

变动制造费用是根据单位产品预算分配率乘以预计的生产量或预计直接人工工时总数进行预计，在多品种条件下，一般按后者进行分配。变动制造费用预算分配率的计算公式为：

$$变动制造费用预算分配率 = \frac{变动制造费用预算总额}{相关分配标准预算总数}$$

固定制造费用可在上年的基础上根据预期变动加以逐项调整进行预计，通常与本期产量无关，根据每季度实际需要的支付额预计，然后求出全年数。

为了便于以后编制产品成本预算，需要计算制造费用小时费用率。为了便于编制现金预算，还需要预计现金支出。在制造费用中，固定资产折旧费用属于非付现成本，不会引起现金流出，计算预算现金支出数时应予以扣除。

（六）产品成本预算的编制

产品成本预算是预算期产品生产成本的预算，是生产预算、直接材料预算、直接人工预算和制造费用预算的汇总。其主要内容是产品的单位成本和总成本。单位产品成本的有关数据，来自直接材料预算、直接人工预算和制造费用预算。生产数量、期末存量来自生产预算，销售数量来自销售预算。生产成本、存货成本和销货成本等数据，根据单位成本和有关数据计算得出。

（七）销售费用和管理费用预算的编制

该项预算应包括构成产品成本的料、工、费预算以外预计发生的各种费用项目。在编制预算的过程中，要区分变动费用和固定费用。销售费用预算是企业预算期有关产品销售费用的预算，是以销售预算为基础编制的。其编制方法与制造费用预算的编制方法类似。销售费用按其成本性态可区分为变动销售费用预算和固定销售费用预算两部分。即销售费用随着销售数量的变化成正比例变动的那部分属于变动销售费用；不随销售数量的变化成正比例变动的部分则属于固定销售费用。

管理费用预算是企业一般管理费用的预算。管理费用多属于固定成本，一般以过去的实际开支为基础，按预算期的可预见变化来调整。在编制管理费用预算时，要考虑企业的实际经济状况，务必做到费用合理化。

销售费用和管理费用通常以现金支付，为便于以后编制现金预算，销售费用和管理费用预算要编制现金支出预算。

任务实施

一、弹性预算的编制

1. 根据［案例 1］北京宏达有限公司 A 产品成本情况新建 Excel 工作表，并在表格中输入信息，见图 5－2。

	A	B	C	D	E	F
1		A产品弹性预算成本表				
2	业务量（台）	700	800	900	1000	1100
3	占正常生产能力百分比	70%	80%	90%	100%	110%
4	变动成本					
5	直接材料（100元/台）	=100*B2				
6	直接人工(70元/台)					
7	变动制造费用（30元/台）					
8	小计					
9	固定制造费用					
10	合计					
11						

图 5－2

2. 在 B5 单元格中输入公式“＝100＊B2”，按［Enter］键计算出生产能力为 70% 时的直接材料总额，并将鼠标指针置于 B5 单元格右下角的填充柄上，按住鼠标左键向下拖动，拖至 F5 单元格后释放鼠标左键，此时鼠标经过的区域自动填充了相对应的计算公式。

以此类推，计算出不同生产能力下直接人工总额和变动制造费用总额。

3. 在变动成本小计中，加总直接材料、直接人工和变动制造费用即可。如在 B8 单元格中输入公式“＝B5＋B6＋B7”，按［Enter］键计算出生产能力为 70% 时的变动成本总额，并将鼠标指针置于 B8 单元格右下角的填充柄上，按住鼠标左键向下拖动，拖至 F8 单元格后释放鼠标左键，此时鼠标经过的区域自动填充了相对应的计算公式。

4. 固定制造费用不变，均填入 90 000 元即可。最后利用合计公式计算出 A 产品总成本（见图 5－3）。

说明了弹性预算的编制过程。其业务量的适用范围为 700 台～1 100 台之间，即正常生产能力的 70%～110% 之间。如果实际产量在这一范围内，固定成本相对不变，变动成本与业务量成比例变动。

	A	B	C	D	E	F
1		A产品弹性预算成本表				
2	业务量（台）	700	800	900	1000	1100
3	占正常生产能力百分比	70%	80%	90%	100%	110%
4	变动成本					
5	直接材料（100元/台）	70000	80000	90000	100000	110000
6	直接人工(70元/台）	49000	56000	63000	70000	77000
7	变动制造费用（30元/台	21000	24000	27000	30000	33000
8	小计	140000	160000	180000	200000	220000
9	固定制造费用	90000	90000	90000	90000	90000
10	合计	230000	250000	270000	290000	310000
11						

图 5－3

二、零基预算的编制

根据［案例 2］的资料，我们就可以对以上各项费用开支的轻重缓急排出层次和顺序：劳动保护费、办公费和保险费在预算期必不可少，需要全额得到保证，属于不可避免的约束性固定成本，所以应列为第一层次；业务招待费和广告费可根据预算期间企业财力情况酌情增减，属于可避免项目。其中广告费的成本—效益较大，应列为第二层次；业务招待费的成本—效益相对较小，应列为第三层次。

假设该公司预算年度对上述各项费用可动用的财力资源只有 650 000 元，根据以上排列的层次和顺序，分配资源，最终落实的资金数额如下：

（1）确定不可避免项目的预算金额。

150 000 + 50 000 + 50 000 = 250 000（元）

（2）确定可分配的资金数额。

6 500 000 − 250 000 = 400 000（元）

（3）按成本—效益比重将可分配的资金数额在业务招待费和广告费之间进行分配：

业务招待费可分配金额 $= 400\ 000 \times \dfrac{4}{4+6} = 160\ 000$（元）

广告费可分配金额 $= 400\ 000 \times \dfrac{6}{4+6} = 240\ 000$（元）

为了克服零基预算的缺点，简化预算编制的工作量，可以与增量预算相结合。企业不需要每年都按零基预算法编制预算，而是每隔 3—5 年编制一次零基预算，在以后几年内再做适当调整，这样既简化预算编制的工作量，又能适当控制费用。

三、销售预算的编制

（一）销售总量预算

1. 根据［案例 3］的资料，先计算出三年复合增长率。工作准备中，可以推导出年复合增长率 =（期末数/基期数）(1/N) − 1。在这里我们可以利用 Excel 三角函数中的“POWER”来进行计算。

在 D2 单元格中插入公式 = POWER（B2/C2，1/3） −1，或者在出现的对话框中，数值处填入“B2/C2”，在幂处填入“1/3”，然后在 D2 单元格中的公式中减去 1。

注意：百分数不保留小数，需要为 D 列设置单元格格式：百分比，小数位数 0（见图 5－4至图 5－6）。

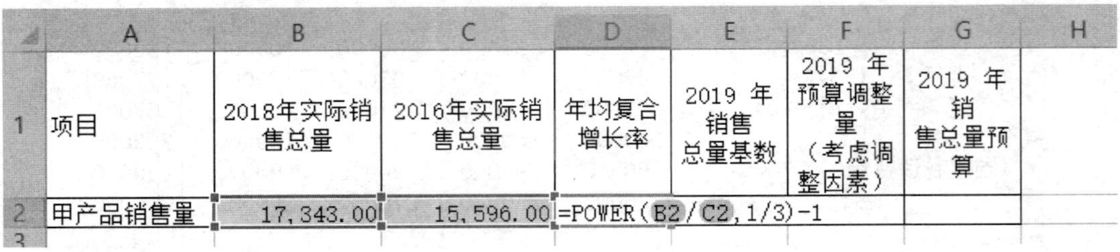

图 5－4

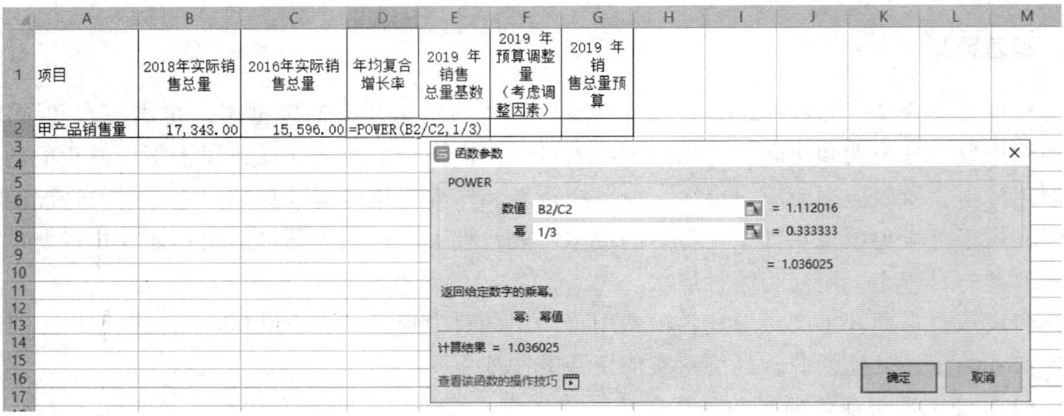

图 5－5

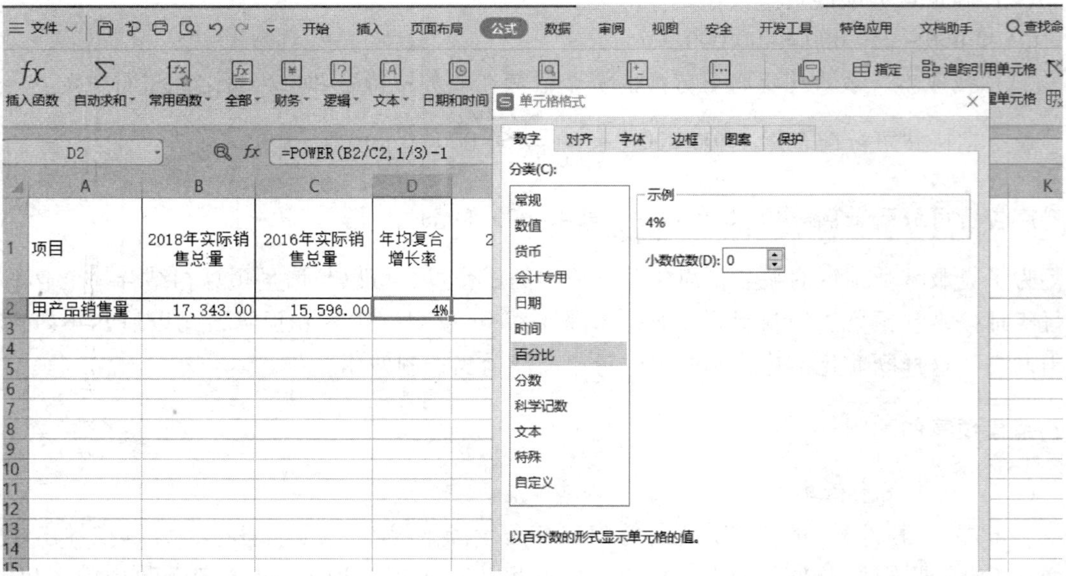

图 5－6

2. 在 E2 单元格中输入公式“ = B2 * （1 + D2）”，计算出 2020 年销售总量基数（见图 5 - 7）。

	A	B	C	D	E	F	G	H
1	项目	2018年实际销售总量	2016年实际销售总量	年均复合增长率	2019 年销售总量基数	2019 年预算调整量（考虑调整因素）	2019 年销售总量预算	
2	甲产品销售量	17,343.00	15,596.00	4%	=B2*(1+D2)			
3								

图 5 - 7

注意：按要求保留至百数位，即把十位上的数四舍五入至百位，如本题 2020 年销售总量基数算出来为 17 967. 79 件，则四舍五入为 18 000. 00 件。

3. 下一步需要对预算进行调整，增加以正数表示，减少以负数表示。在 F2 单元格中输入“ +5 000”。

4. 最后在 G2 单元格中输入“ = E2 + F2”，计算出 2020 年销售总量预算即可（见图 5 - 8）。

	A	B	C	D	E	F	G	H
1	项目	2018年实际销售总量	2016年实际销售总量	年均复合增长率	2019 年销售总量基数	2019 年预算调整量（考虑调整因素）	2019 年销售总量预算	
2	甲产品销售量	17,343.00	15,596.00	4%	18000.00	5000	=E2+F2	
3								

图 5 - 8

（二）销售收入预算的编制

1. 根据［案例 4］资料，把各个季度的预计销售量和销售单价填入表中，并利用乘法公式在单元格 C4 中输入公式“ = C2 * C3”，计算出各季度的销售收入，并利用鼠标拖动将公式复制到 D4 - F4 单元格中（见图 5 - 9）。

	A	B	C	D	E	F	G
1	项目		第一季度	第二季度	第三季度	第四季度	合计
2	预计销售量（件）		100	150	180	200	630
3	预计销售单价		200	200	200	200	200
4	预计销售收入		=C2*C3				
5	预计现金收入	上年应收账款					
6		第一季度现销收入					
7		第二季度现销收入					
8		第三季度现销收入					
9		第四季度现销收入					
10		现金收入合计					
11							

图 5 - 9

2. 计算预计现金收入。先把上年末的应收账款余额填入 C5 单元格中，再根据应收账款的回收比例，把各季度的现销收入填入对应单元格内。如在 C6 单元格中输入“=C4 * 60%”，在 D6 单元格中输入“=C4 * 40%”，在 D7 单元格中输入“=D4 * 60%”，以此类推（见图 5－10、图 5－11）。

	A	B	C	D	E	F	G
1	项目		第一季度	第二季度	第三季度	第四季度	合计
2	预计销售量（件）		100	150	180	200	630
3	预计销售单价		200	200	200	200	200
4	预计销售收入		20000	30000	36000	40000	126000
5	预	上年应收账款	5000				
6	计	第一季度现销收入	=C4*60%				
7	现	第二季度现销收入					
8	金	第三季度现销收入					
9	收	第四季度现销收入					
10	入	现金收入合计					

图 5－10

	A	B	C	D	E	F	G
1	项目		第一季度	第二季度	第三季度	第四季度	合计
2	预计销售量（件）		100	150	180	200	630
3	预计销售单价		200	200	200	200	200
4	预计销售收入		20000	30000	36000	40000	126000
5	预	上年应收账款	5000				
6	计	第一季度现销收入	12000				
7	现	第二季度现销收入		=C4*40%+D4*60%			
8	金	第三季度现销收入					
9	收	第四季度现销收入					
10	入	现金收入合计					

图 5－11

3. 最后把最后一行的合计和最后一列的合计计算出来即可（见图 5－12）。

	A	B	C	D	E	F	G
1	项目		第一季度	第二季度	第三季度	第四季度	合计
2	预计销售量（件）		100	150	180	200	630
3	预计销售单价		200	200	200	200	200
4	预计销售收入		20000	30000	36000	40000	126000
5	预	上年应收账款	5000				5000
6	计	第一季度现销收入	12000	8000			20000
7	现	第二季度现销收入		18000	12000		30000
8	金	第三季度现销收入			21600	14400	36000
9	收	第四季度现销收入				24000	24000
10	入	现金收入合计	17000	26000	33600	38400	115000

图 5－12

（三）生产预算的编制

1. 根据［案例5］资料，在生产预算表中，把各季度的销售数量及年初、年末存货量填入表中，注意年初存货量即是第一季度期初存货量，年末存货量即是第四季度期末存货量（见图5－13）。

	A	B	C	D	E	F
1	项　目	第一季度	第二季度	第三季度	第四季度	全年
2	产品销售数量	100	150	180	200	630
3	加：期末存量	=C2*10%	18	20	20	20
4	产品需要数量					
5	减：期初存量	10				10
6	生产数量					

图5－13

2. 根据已知“每季度的存货期末存量按下季度的10%”，确定各季度期初、期末存量。在B3单元格中输入“C2＊40%”，并把公式拖至D3使其复制。之后再根据各季度期末存量即为上季度期初存量，把相应数值填入第5行。

3. 在B4单元格中输入“＝B2＋B3”，计算出产品需要数量，把公式复制至F4即可（见图5－14）。

	A	B	C	D	E	F
1	项　目	第一季度	第二季度	第三季度	第四季度	全年
2	产品销售数量	100	150	180	200	630
3	加：期末存量	15	18	20	20	20
4	产品需要数量	=B2+B3				
5	减：期初存量	10	15	18	20	10
6	生产数量					

图5－14

4. 最后在B6单元格中输入“＝B4－B5”，计算出生产数量（见图5－15）。

	A	B	C	D	E	F
1	项　目	第一季度	第二季度	第三季度	第四季度	全年
2	产品销售数量	100	150	180	200	630
3	加：期末存量	15	18	20	20	20
4	产品需要数量	115	168	200	220	650
5	减：期初存量	10	15	18	20	10
6	生产数量	=B4-B5	153	182	200	640

图5－15

(四) 直接材料预算的编制

1. 在直接材料预算中(见图5－16、图5－17),把预计生产量、期末存量、期初存量、材料采购单价根据已知条件和生产预算表填入相应数值。

	A　B	C	D	E	F	G
1	项　目	第一季度	第二季度	第三季度	第四季度	全年
2	预计生产量(件)	105	153	182	200	640
3	单位产品材料用量(千克/件)	10	10	10	10	10
4	预计生产用料总量(千克)					
5	加:期末存量(千克)				400	400
6	合　计					
7	减:期初存量(千克)	300				300
8	材料采购总量(千克)					
9	材料采购单价(元/千克)	10	10	10	10	10
10	材料采购金额(元)					

图 5－16

	A　B	C	D	E	F	G
1	项　目	第一季度	第二季度	第三季度	第四季度	全年
2	预计生产量(件)	105	153	182	200	640
3	单位产品材料用量(千克/件)	10	10	10	10	10
4	预计生产用料总量(千克)	=C2*C3	1530	1820	2000	6400
5	加:期末存量(千克)				400	400
6	合　计					
7	减:期初存量(千克)	300				300
8	材料采购总量(千克)					
9	材料采购单价(元/千克)	10	10	10	10	10
10	材料采购金额(元)					

图 5－17

2. 利用乘法公式,计算出预计生产用料总量,再根据“每季度末材料结存量为下一季度生产用料需要总量的20%”,确定其他季度的期末存量和期初存量。在C5单元格中输入“D2＊20%”,并把公式拖至E5使其复制。之后再根据各季度期末存量即为上季度期初存量,把相应数值填入第7行(见图5－18)。

	A　B	C	D	E	F	G
1	项　目	第一季度	第二季度	第三季度	第四季度	全年
2	预计生产量(件)	105	153	182	200	640
3	单位产品材料用量(千克/件)	10	10	10	10	10
4	预计生产用料总量(千克)	1050	1530	1820	2000	6400
5	加:期末存量(千克)	=D4*20%	364	400	400	400
6	合　计					
7	减:期初存量(千克)	300				300
8	材料采购总量(千克)					
9	材料采购单价(元/千克)	10	10	10	10	10
10	材料采购金额(元)					

图 5－18

3. 在 C6 单元格输入“ = C4 + C5”，在 C8 单元格输入“ = C6 - C7”，最后在 C10 单元格输入“ = C8 * C9”，并把公式复制到 G 列（见图 5－19）。

	A	B	C	D	E	F	G
1	项　目		第一季度	第二季度	第三季度	第四季度	全年
2	预计生产量（件）		105	153	182	200	640
3	单位产品材料用量（千克/件）		10	10	10	10	10
4	预计生产用料总量（千克）		1050	1530	1820	2000	6400
5	加：期末存量（千克）		306	364	400	400	400
6	合　计		1356	1894	2220	2400	6800
7	减：期初存量（千克）		300	306	364	400	300
8	材料采购总量（千克）		1056	1588	1856	2000	6500
9	材料采购单价（元/千克）		10	10	10	10	10
10	材料采购金额（元）		=C8*C9	15880	18560	20000	65000

图 5－19

4. 根据各季度采购金额和支付比例，填写预计现金支出表（见图 5－20）。

11	预计现金支出	上期应付采购货款	2 560				2 560
12		第一季度购料现金支出	5 280	5 280			10 560
13		第二季度购料现金支出		7 940	7 940		15 880
14		第三季度购料现金支出			9 280	9 280	18 560
15		第四季度购料现金支出				10 000	10 000
16		现金支出合计	7 840	13 220	17 220	19 280	57 560

图 5－20

（五）直接人工预算的编制

1. 根据［案例 5］资料，在直接人工预算中填入已知数据（见图 5－21）。

	A	B	C	D	E	F
1	项　目	第一季度	第二季度	第三季度	第四季度	全年
2	预计生产量	105	153	182	200	640
3	单位产品定额工时	4	4	4	4	4
4	直接人工工时总量					
5	单位工时工资率	5	5	5	5	5
6	直接人工费用总额					

图 5－21

2. 在 B4 单元格输入“ = B2 * B3”，在 B6 单元格输入“ = B4 * B5”，并把公式复制到 F 列，见图 5－22 和图 5－23。

	A	B	C	D	E	F
1	项　目	第一季度	第二季度	第三季度	第四季度	全年
2	预计生产量	105	153	182	200	640
3	单位产品定额工时	4	4	4	4	4
4	直接人工工时总量	=B2*B3	612	728	800	2560
5	单位工时工资率	5	5	5	5	5
6	直接人工费用总额					

图 5－22

	A	B	C	D	E	F
1	项　目	第一季度	第二季度	第三季度	第四季度	全年
2	预计生产量	105	153	182	200	640
3	单位产品定额工时	4	4	4	4	4
4	直接人工工时总量	420	612	728	800	2560
5	单位工时工资率	5	5	5	5	5
6	直接人工费用总额	=B4*B5	3060	3640	4000	12800

图 5－23

（六）制造费用预算的编制

1. 根据［案例 5］资料，把已知的变动制造费用和固定制造费用填入表中。根据变动制造费用率和各季度的直接人工工时，算出各项变动制造费用。如在 B4 单元格中输入“=B2 * 0.4”，并复制至 F4 单元格。间接材料、修理费和水电费以此类推（见图 5－24）。

	A	B	C	D	E	F
1	项　目	第一季度	第二季度	第三季度	第四季度	全年
2	直接人工工时	420	612	728	800	2560
3	变动制造费用					
4	间接人工	=B2*0.4	244.8	291.2	320	1024
5	间接材料	126	183.6	218.4	240	768
6	修理费	84	122.4	145.6	160	512
7	水电费	42	61.2	72.8	80	256
8	小　计	420	612	728	800	2560
9	固定制造费用					
10	管理人员工资	400	400	400	400	1 600
11	折旧费用	1 000	1 000	1 000	1 000	4 000
12	保险费	200	200	200	200	800
13	小　计					
14	合　计					
15	减：折旧费					
16	现金支出（付现）合计					

图 5－24

2. 把变动制造费用和固定制造费用合计算出来，减去各季度折旧费，算出各季度的现金支出（见图 5－25）。

	A	B	C	D	E	F
1	项　目	第一季度	第二季度	第三季度	第四季度	全年
2	直接人工工时	420	612	728	800	2560
3	变动制造费用					
4	间接人工	168.00	244.80	291.20	320.00	1024.00
5	间接材料	126.00	183.60	218.40	240.00	768.00
6	修理费	84.00	122.40	145.60	160.00	512.00
7	水电费	42.00	61.20	72.80	80.00	256.00
8	小 计	420.00	612.00	728.00	800.00	2560.00
9	固定制造费用					
10	管理人员工资	400.00	400.00	400.00	400.00	1600.00
11	折旧费用	1000.00	1000.00	1000.00	1000.00	4000.00
12	保险费	200.00	200.00	200.00	200.00	800.00
13	小 计	1600	1600	1600	1600	6400
14	合　计	2020	2212	2328	2400	8960
15	减：折旧费	1000	1000	1000	1000	4000
16	现金支出（付现）合计	=B14-B15	1212	1328	1400	4960

图 5－25

（七）产品成本预算的编制

1. 根据生产预算、直接材料预算、直接人工预算和制造费用预算，把单位成本及产品数量填入表中（见图 5－26）。

$$变动制造费用分配率 = \frac{2\ 560}{2\ 560} = 1.00（元/小时）$$

	A	B	C	D	E	F	G
1	项　目	单位成本			生产总成本	期末存量	销货成本
2		单价（元）	耗用量	成本（元）			
3	产品数量（件）	—	—	—	640	20	630
4	直接材料	10	10千克	100			
5	直接人工	5	4小时	20			
6	变动制造费用	1	4小时	4			
7	合计	—	—				

图 5－26

2. 利用乘法公式计算出生产总成本及销货成本。在单元格 E4 中输入"＝640 * D4"，以此类推（见图 5－27）。

	A	B	C	D	E	F	G
1	项　目	单位成本			生产总成本	期末存量	销货成本
2		单价（元）	耗用量	成本（元）			
3	产品数量（件）	—	—	—	640	20	630
4	直接材料	10	10千克	100	=D4*E3	2000	63000
5	直接人工	5	4小时	20	12800	400	12600
6	变动制造费用	1	4小时	4	2560	80	2520
7	合计	—	—	124	79360	2480	78120

图 5－27

（八）销售及管理费用预算

1. 根据［案例 5］中的销售预算，把预计销售量填入表中；根据已知变动销售及管理费用分配率、固定销售及管理费用、折旧费，填入相应的单元格内（见图 5-28）。

	A	B	C	D	E	F
1	项　目	第一季度	第二季度	第三季度	第四季度	全 年
2	预计销售量	100	150	180	200	630
3	变动销售及管理费用分配率	5	5	5	5	5
4	变动销售及管理费用					
5	固定销售及管理费用	4375	4375	4375	4375	17500
6	销售及管理费用合计					
7	减：固定资产折旧	1375	1375	1375	1375	5500
8	销售及管理费用现金支出数					

图 5-28

2. 在 B4 单元格中输入“=B2*B3”，并把公式复制到 C4 至 F4 单元格中（见图 5-29）。

	A	B	C	D	E	F
1	项　目	第一季度	第二季度	第三季度	第四季度	全 年
2	预计销售量	100	150	180	200	630
3	变动销售及管理费用分配率	5	5	5	5	5
4	变动销售及管理费用	=B2*B3	750	900	1000	3150
5	固定销售及管理费用	4375	4375	4375	4375	17500
6	销售及管理费用合计					
7	减：固定资产折旧	1375	1375	1375	1375	5500
8	销售及管理费用现金支出数					

图 5-29

3. 在 B6 单元格中输入“=B4+B5”，并把公式复制到 C6 至 F6 单元格中（见图 5-30）。

	A	B	C	D	E	F
1	项　目	第一季度	第二季度	第三季度	第四季度	全 年
2	预计销售量	100	150	180	200	630
3	变动销售及管理费用分配率	5	5	5	5	5
4	变动销售及管理费用	500	750	900	1000	3150
5	固定销售及管理费用	4375	4375	4375	4375	17500
6	销售及管理费用合计	=B4+B5				
7	减：固定资产折旧	1375	1375	1375	1375	5500
8	销售及管理费用现金支出数					

图 5-30

4. 在 B8 单元格中输入“=B6-B7”，并把公式复制到 C8 至 F8 单元格中（见图 5-31）。

	A	B	C	D	E	F
1	项　目	第一季度	第二季度	第三季度	第四季度	全 年
2	预计销售量	100	150	180	200	630
3	变动销售及管理费用分配率	5	5	5	5	5
4	变动销售及管理费用	500	750	900	1000	3150
5	固定销售及管理费用	4375	4375	4375	4375	17500
6	销售及管理费用合计	4875	5125	5275	5375	20650
7	减：固定资产折旧	1375	1375	1375	1375	5500
8	销售及管理费用现金支出数	=B6-B7	3750	3900	4000	15150

图 5-31

任务2
财务预算的编制

任务案例

［案例6］

为了形成开发新产品的生产能力，北京宏达有限公司决定2020年度建造一条新的生产线，年内安装调试完毕，年末交付使用。该固定资产的明细项目及分次支付时间为：勘察设计费于第一、第二季度各支付500元；土建工程于第一、二季度分别支付1 000元和500元；设备购置费第三、四季度分别支付6 000元和1 000元，安装工程支出在第四季度支付500元。

为筹措该项投资所需资金，该公司决定于2020年年初发行票面利率为8%、每年年末支付一次利息、预计发行收入为5 000元的公司债券（建设期利息计入固定资产原值）；于第二季度增发股本为10 000元的普通股（假定不因此而形成资本公积）。

该公司根据以上资料编制的2020年度资本支出预算如表5－10所示。

表5－10　　北京宏达有限公司2020年度资本支出预算表及资金筹措方案　　单位：元

项　目	第一季度	第二季度	第三季度	第四季度	全　年
固定资产投资：					
勘察设计费	500	500			1 000
土建工程	1 000	500			1 500
设备购置			6 000	1 000	7 000
安装工程				500	500
固定资产投资合计	1 500	1 000	6 000	1 500	10 000
资金筹措：					
发行公司债券	5 000				5 000
增发普通股		10 000			10 000
资金筹措合计	5 000	10 000	0	0	15 000

该项目的建设期为1年，2020年度应付公司债券的利息为400元，即（$5\ 000\times8\%\times1$），该利息必须资本化，计入固定资产原值，则：

预算期完工的固定资产价值＝10 000＋400＝10 400（元）

公司在营业预算和资本支出预算的基础上，编制现金预算。假设2020年年初现金余额为4 000元，第一季度预交企业所得税500元，以后每季度预交1 000元，第二季度支付股利4 000元，第三季度期初借入期限为六个月的借款11 000元，年利率为6%，每季末支付利息。第三季度有一笔按季支付利息的长期借款到期，本金为 10 000 元，年利率为 8%。第一、二季度分别购买股票 4 500 元和 9 000 元，第三季度卖出 5 000 元股票。每季度末现金余额的额定范围为 4 000 元～5 000 元。其他数据根据［案例 4］和［案例 5］填写。

要求：编制北京宏达有限公司 2020 年度现金预算（见表 5－11）。

表 5－11　　北京宏达有限公司 2020 年度现金预算表　　单位：元

项　目	第一季度	第二季度	第三季度	第四季度	全年
期初现金余额					
加：销货现金收入					
可供使用现金					
减：现金支出					
直接材料采购					
直接人工工资					
制造费用					
销售及管理费用					
所得税费用					
购买设备					
股利支付					
现金支出合计					
现金多余或不足					
资金筹措及运用					
加：短期借款					
长期借款					
发行普通股					
发行公司债券					
减：支付短期借款利息					
支付长期借款利息					
支付公司债券利息					
归还短期借款本金					
归还长期借款本金					
归还公司债券本金					
购买有价证券					
资金筹措及运用合计					
期末现金余额					

［案例 7］

济南金华有限公司 2020 年度的预计营业收入为 120 万元、营业成本为 110.5 万元、销售费用为 5 万元、管理费用为 0.9 万元。

税金及附加按照营业收入的 0.1% 编制预算。

研发费用在 2019 年实际发生的基础上，2020 年预计将增加研发投入 1 万元。2020 年的研发费用全部为费用化支出。

财务费用 2020 年预计为 0.5 万元，其中利息费用为 0.48 万元，利息收入为 0.1 万元。

预计 2020 年无资产减值损失和其他收益、投资收益、公允价值变动收益、资产处置收益。

2019 年发生的纠纷，预计 2020 年存在败诉的可能性，发生营业外支出 0.28 万元。无营业外收入。

根据利润总额和以前年度纳税调整项，预计 2020 年将发生所得税费用 0.2 万元。

相关数据见表 5－12、表 5－13。

表 5－12　　济南金华有限公司 2019 年度利润表

编制单位：　　单位：元

项　目	金　额
一、营业收入	1 055 756.16
减：营业成本	980 500.83
税金及附加	1 541.80
销售费用	49 964.10
管理费用	9 000.00
研发费用	692.50
财务费用	4 424.50
其中：利息费用	4 300.00
利息支出	520.42
资产减值损失	0.00
加：公允价值变动收益（损失以“－”号填列）	0.00
投资收益（损失以“－”号填列）	0.00
其中：对联营企业和合营企业的投资收益	0.00
资产处置收益（损失以“－”号填列）	0.00
其他收益	0.00
二、营业利润（亏损以“－”号填列）	9 632.43
加：营业外收入	218.70
减：营业外支出	752.90
三、利润总额（亏损总额以“－”号填列）	9 098.23
减：所得税费用	1 614.60
四、净利润（净亏损以“－”号填列）	7 483.63

表 5－13　　济南金华有限公司 2020 年度预计资产负债表　　单位：元

资　产			负债及所有者权益		
项　目	年初数	年末数	项　目	年初数	年末数
流动资产			流动负债		
货币资金	4 000		短期借款	0	
交易性金融资产	0		应付账款	2 560	

续表

资　产			负债及所有者权益		
应收账款	5 000		流动负债合计	2 560	
存货	4 240		长期负债		
流动资产合计	13 240		长期借款	20 000	
固定资产			应付债券	0	
固定资产原值	60 000		长期负债合计	20 000	
减：累计折旧	8 000		负债合计	22 560	
固定资产净值	52 000		所有者权益		
固定资产合计	52 000		股本	30 000	
			未分配利润	12 680	
资产总计	65 240			65 240	

要求：编制济南金华有限公司2020年度预计利润表（见表5－14）。

表5－14　　济南金华有限公司2020年度预计利润表

编制单位：　　　　单位：元

项　目	预测期金额	上期金额
一、营业收入		
减：营业成本		
税金及附加		
销售费用		
管理费用		
研发费用		
其中：利息费用		
利息支出		
财务费用		
资产减值损失		
加：公允价值变动收益（损失以“－”号填列）		
投资收益（损失以“－”号填列）		
其中：对联营企业和合营企业的投资收益		
资产处置收益（损失以“－”号填列）		
其他收益		
二、营业利润（亏损以“－”号填列）		
加：营业外收入		
减：营业外支出		
三、利润总额（亏损总额以“－”号填列）		
减：所得税费用		
四、净利润（净亏损以“－”号填列）		

工作准备

一、现金预算的编制

现金预算又称现金流量预算，它是以日常营业预算和特种决策预算为基础所编制的反映现金收支情况的预算，是企业的一种综合性预算。

现金预算的编制主要包括现金收入、现金支出、现金多余或不足，以及现金的筹措与运用四个部分。

“期初现金余额”是在编制预算时预计的，“销货现金收入”的数据来自销售预算，“可供使用的现金”是期初现金余额与本期销货现金收入之和。

“现金支出”包括预算期的各项现金支出，其有关数据分别来自直接材料预算、直接人工预算、制造费用预算、销售及管理费用预算等，此外还有缴纳所得税、购置固定资产、支付股利等事项。

“现金多余或不足”列示现金收入合计与现金支出合计的差额。差额为正数，说明收入大于支出，现金有多余，可用于偿还过去向银行取得的借款或用于短期投资；差额为负数，说明支出大于收入，现金不足，需要筹措资金。

“资金的筹措与运用”这部分是以现金余缺为出发点，包括计划期内需要在期初向银行借款的数额，以及在期末归还借款和偿付利息等事项。

现金预算实际上是其他预算有关现金部分的汇总，以及收支平衡措施的具体计划。通过完成初步的现金预算后，财务主管人员就可以知道企业在计划期间需要多少经营资金，就可以据以预先安排和筹措，来满足各个时期的资金需要。

二、预计利润表的编制

预计利润表又称利润预算，是企业预算期营业利润、利润总额和税后利润的预算。利润预算是一种综合性预算，是在销售预算、产品成本预算、销售及管理费用费用预算、现金预算的基础上汇总编制的。利润表预算与实际利润表的内容、格式相同，不同的是数据仅是面向预算期的。通过编制利润表预算，可以了解企业预算期的盈利水平，并且可以将预算利润与企业目标利润进行比较，一旦出现较大不一致，企业就需要调整部门预算，设法达到目标，或者修正相应的目标利润。

“销售收入”的数据来自销售收入预算，“销售成本”数据来自产品成本预算，“销售及管理费用”数据来源于销售及管理费用预算，“利息”数据来源于现金预算。

需要注意的是，“所得税费用”是在利润规划时估计的，并已列入现金预算。它通常不是根据“利润”和所得税税率计算出来的，因为有诸多纳税调整的事项存在。

三、预计资产负债表的编制

预计资产负债表是总括反映预算期期末企业的资产、负债和所有者权益状况的一种报表。资产负债表预算与实际的资产负债表内容、格式相同，只不过数据是反映预算期期末的财务状况。它是以预算期期初的资产负债表为基础，然后根据计划期各项预算的有关数据进行分析、计算和填列。

全面预算的编制涉及企业的各个部门，包括各项财务指标的计算，各项指标之间勾稽关系复杂，如果采用传统的预算编制方式，即手工编制，将耗费大量的人力和物力。因此，采用信息系统与企业全面预算管理的融合，显得尤为必要。

电子表格软件是强大而灵活的预算工具。电子表格的一个明显的优点是几乎不会产生计算错误。根据各个基础预算之间的数据钩稽关系，建立单元格、报表间的链接，输入必要的基础数据，含有链接关系的数据会自动生成，预算数据更新工作也可以同步完成，可以避免大量烦琐的手工计算。

许多企业还开发了编制全面预算的专门财务软件，以较低的成本重复使用，可快速分析和评价有关因素变化给编制的预算带来的影响，具有较强的分析能力。有的企业实现了全面预算管理系统与财务核算系统的对接，共享全面预算数据与财务核算数据。

任务实施

一、现金预算的编制

1. 根据［案例6］的资料，先把已知现金收入、现金支出等数据填入报表，见图5－32。

	A	B	C	D	E	F
1	项　目	第一季度	第二季度	第三季度	第四季度	全年
2	期初现金余额	4000.00				4000.00
3	加：销货现金收入	17000.00	26000.00	33600.00	38400.00	115000.00
4	可供使用现金					
5	减：现金支出					
6	直接材料采购	7840.00	13220.00	17220.00	19280.00	57560.00
7	直接人工工资	2100.00	3060.00	3640.00	4000.00	12800.00
8	制造费用	1020.00	1212.00	1328.00	1400.00	4960.00
9	销售及管理费用	3500.00	3750.00	3900.00	4000.00	15150.00
10	所得税费用	500.00	1000.00	1000.00	1000.00	3500.00
11	购买设备	1500.00	1000.00	6000.00	1500.00	10000.00
12	股利支付	0.00	4000.00	0.00	0.00	4000.00
13	现金支出合计					
14	现金多余或不足					

图5－32

2. 在C2单元格内输入“＝B28”，在D2单元格内输入“＝C28”，在E2单元格内输入“＝D28”，在F28单元格内输入“＝E28”。

3. 计算出第一季度可供使用的现金、现金支出合计及现金多余或不足。

在B4单元格中输入“＝B2＋B3”，在B13单元格中输入“＝SUM（B6：B12）”或选择插入公式SUM，并把光标移至“数值1”空白格中，再用鼠标连选B6至B12单元格，即可实现连加。见图5－33。

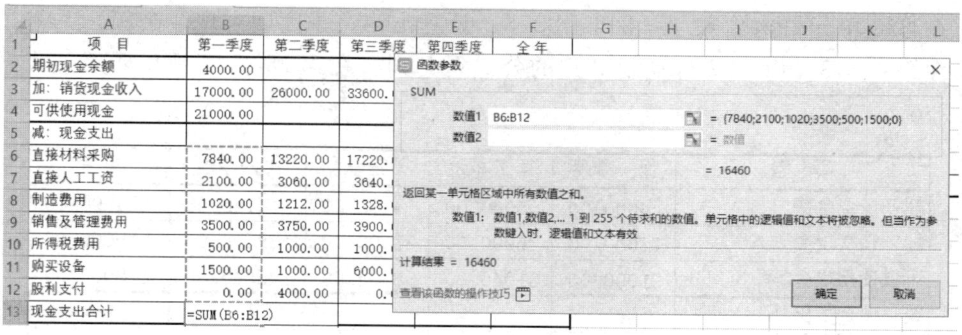

图 5－33

4. 在 B14 单元格中输入"＝B4－B13"，计算出第一季度的现金多余数。

5. 再根据其他说明，把资金筹措及运用的数据填入相应单元格内，见图 5－34。

	A	B	C	D	E	F
1	项　目	第一季度	第二季度	第三季度	第四季度	全 年
15	资金筹措及运用					
16	加：短期借款			11000.00		11000.00
17	长期借款					0.00
18	发行普通股		10000.00			10000.00
19	发行公司债券	5000.00				5000.00
20	减：支付短期借款利息			165.00	165.00	330.00
21	支付长期借款利息			2000.00		2000.00
22	支付公司债券利息			400.00	400.00	800.00
23	归还短期借款本金				11000.00	11000.00
24	归还长期借款本金			10000.00		10000.00
25	归还公司债券本金					0.00
26	购买有价证券	4500.00	9000.00	-5000.00		8500.00
27	资金筹措及运用合计					0.00
28	期末现金余额					

图 5－34

6. 计算出资金筹措及运用合计数。在 B27 单元格内输入"＝SUM（B16：B19）－SUM（B20：B26）"，见图 5－35。

	A	B	C	D	E	F
1	项　目	第一季度	第二季度	第三季度	第四季度	全 年
15	资金筹措及运用					
16	加：短期借款			11000.00		11000.00
17	长期借款					0.00
18	发行普通股		10000.00			10000.00
19	发行公司债券	5000.00				5000.00
20	减：支付短期借款利息			165.00	165.00	330.00
21	支付长期借款利息			2000.00		2000.00
22	支付公司债券利息				400.00	400.00
23	归还短期借款本金				11000.00	11000.00
24	归还长期借款本金			10000.00		10000.00
25	归还公司债券本金					0.00
26	购买有价证券	4500.00	9000.00		-5000.00	8500.00
27	资金筹措及运用合计	500.00	1000.00	-1165.00	-6565.00	-6230.00
28	期末现金余额					

图 5－35

7. 在 B28 单元格内输入“ = B14 + B27”，计算出第一季度期末现金余额。

8. 在第 4、13、14、27 行复制 B 列的公式到 F 列，在第 28 行复制 B 列的公式到 E 列，见图 5 – 36。

项 目	第一季度	第二季度	第三季度	第四季度	全年
期初现金余额	4000.00	5040.00	4798.00	4145.00	4000.00
加：销货现金收入	17000.00	26000.00	33600.00	38400.00	115000.00
可供使用现金	21000.00	31040.00	38398.00	42545.00	119000.00
减：现金支出					
直接材料采购	7840.00	13220.00	17220.00	19280.00	57560.00
直接人工工资	2100.00	3060.00	3640.00	4000.00	12800.00
制造费用	1020.00	1212.00	1328.00	1400.00	4960.00
销售及管理费用	3500.00	3750.00	3900.00	4000.00	15150.00
所得税费用	500.00	1000.00	1000.00	1000.00	3500.00
购买设备	1500.00	1000.00	6000.00	1500.00	10000.00
股利支付	0.00	4000.00	0.00	0.00	4000.00
现金支出合计	16460.00	27242.00	33088.00	31180.00	107970.00
现金多余或不足	4540.00	3798.00	5310.00	11365.00	11030.00
资金筹措及运用					
加：短期借款			11000.00		11000.00
长期借款					0.00
发行普通股		10000.00			10000.00
发行公司债券	5000.00				5000.00
减：支付短期借款利息			165.00	165.00	330.00
支付长期借款利息			2000.00		2000.00
支付公司债券利息				400.00	400.00
归还短期借款本金				11000.00	11000.00
归还长期借款本金			10000.00		10000.00
归还公司债券本金					0.00
购买有价证券	4500.00	9000.00		-5000.00	8500.00
资金筹措及运用合计	500.00	1000.00	-1165.00	-6565.00	-6230.00
期末现金余额	5040.00	4798.00	4145.00	4800.00	4800.00

图 5 – 36

（二）预计利润表的编制

1. 根据［案例 7］资料，将 2019 年利润表中的数据填入对应的上期数内，将预计的营业收入、营业成本及各项费用填入 2020 年数据列内。

2. 在 B6 单元格内输入“B4 * 0.1%”，计算出预计税金及附加，见图 5 – 37。

3. 在 B19 单元格内输入“ = B4 – B5 – B6 – B7 – B8 – B9 – B10 – B13 + B14 + B15 + B16 + B17”，计算出营业利润，见图 5 – 38。

	A	B	C
1	2019年预计利润表		
2	编制单位：济南金华有限公司		单位：元
3	项　目	预测期金额	上期金额
4	一、营业收入	1200000.00	1055756.16
5	减：营业成本	1105000.00	980500.83
6	税金及附加	=B4*0.1%	1541.80
7	销售费用	50000.00	49964.10
8	管理费用	9000.00	9000.00
9	研发费用	10000.00	692.50
10	财务费用	5000.00	4424.50
11	其中：利息费用	4800.00	4300.00
12	利息支出	1000.00	520.42

图 5－37

	A	B	C	D
10	财务费用	5000.00	4424.50	
11	其中：利息费用	4800.00	4300.00	
12	利息支出	1000.00	520.42	
13	资产减值损失	0.00	0.00	
14	加：公允价值变动收益（损失以"-"号填列）	0.00	0.00	
15	投资收益（损失以"-"号填列）	0.00	0.00	
16	其中：对联营企业和合营企业的投资收益	0.00	0.00	
17	资产处置收益（损失以"-"号填列）	0.00	0.00	
18	其他收益	0.00	0.00	
19	二、营业利润（亏损以"-"号填列）	=B4-B5-B6-B7-B8-B9-B10-B13+B14+B15+B16+B17		
20	加：营业外收入	0.00	218.70	
21	减：营业外支出		752.90	
22	三、利润总额（亏损总额以"-"号填列）		9098.23	
23	减：所得税费用		1614.60	
24	四、净利润（净亏损以"-"号填列）		7483.63	

图 5－38

4. 在 B22 单元格内输入“＝B19＋B20－B21”，计算出利润总额，见图 5－39。

	A	B	C
16	其中：对联营企业和合营企业的投资收益	0.00	0.00
17	资产处置收益（损失以"-"号填列）	0.00	0.00
18	其他收益	0.00	0.00
19	二、营业利润（亏损以"-"号填列）	19800.00	9632.43
20	加：营业外收入	0.00	218.70
21	减：营业外支出	2800.00	752.90
22	三、利润总额（亏损总额以"-"号填列）	=B19+B20-B21	9098.23
23	减：所得税费用		1614.60
24	四、净利润（净亏损以"-"号填列）		7483.63

图 5－39

5. 在 B23 单元格内输入所得税费用 2 000.00，在 B24 单元格内输入“＝B22－B23”，计算出净利润，见图 5－40。

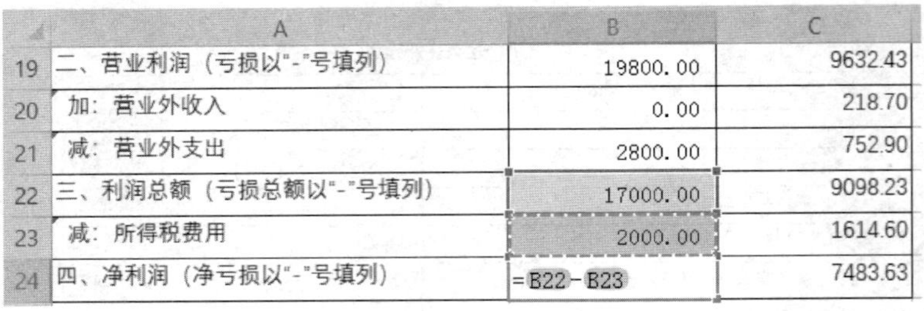

	A	B	C
19	二、营业利润（亏损以"-"号填列）	19800.00	9632.43
20	加：营业外收入	0.00	218.70
21	减：营业外支出	2800.00	752.90
22	三、利润总额（亏损总额以"-"号填列）	17000.00	9098.23
23	减：所得税费用	2000.00	1614.60
24	四、净利润（净亏损以"-"号填列）	=B22-B23	7483.63

图 5－40

（三）预计资产负债表的编制（见表 5－15）

1. 货币资金：期末现金余额为 4 800 元。

2. 交易性金融资产：年末余额为 8 500 元。

3. 应收账款：预算期初应收账款为 5 000 元，预算期末余额为 16 000 元（即 40 000 ×40%）。

4. 存货的计算由两部分构成。

（1）材料存货成本：期初材料存货成本为 3 000 元（300×10）；期末材料存货成本为 4 000 元（400×10）。

（2）产成品存货成本：期初产成品存货成本为 1 240 元（10×124）；期末产成品存货成本为 2 480 元（20×124）。

由此，可计算出，期初存货成本为 4 240 元（3 000＋1 240）；期末存货成本为 6 480 元（4 000＋2 480）。

5. 固定资产原值：期末数为期初数加上购建固定资产价值为 10 400 元，即 70 400 元。

6. 累计折旧：期末数为期初数 8 000 元加上本年折旧数 4 000 元和 5 500 元，即 17 500 元。

7. 短期借款：期末数＝1 1000－11 000＝0（元）。

8. 应付账款：期末数＝10 000 元（20 000×50%）。

9. 长期借款：期末数＝20 000－10 000＝10 000（元）。

10. 应付债券：期末数为 5 000 元。

11. 股本：期末数＝30 000＋10 000＝40 000（元）。

12. 未分配利润：期末数＝12 680＋15 000－4 000＝23 680（元）。

表 5－15　　济南金华有限公司 2020 年度预计资产负债表　　单位：元

资　产			负债及所有者权益		
项　目	年初数	年末数	项　目	年初数	年末数
流动资产			流动负债		
货币资金	4 000	4 800	短期借款	0	0
交易性金融资产	0	8 500	应付账款	2 560	10 000
应收账款	5 000	16 000	流动负债合计	2 560	10 000
存货	4 240	6 480	长期负债		

续表

资产			负债及所有者权益		
项　目	年初数	年末数	项　目	年初数	年末数
流动资产合计	13 240	35 780	长期借款	20 000	10 000
固定资产			应付债券	0	5 000
固定资产原值	60 000	70 400	长期负债合计	20 000	15 000
减：累计折旧	8 000	17 500	负债合计	22 560	25 000
固定资产净值	52 000	52 900	所有者权益		
固定资产合计	52 000	52 900	股本	30 000	40 000
			未分配利润	12 680	23 680
资产总计	65 240	88 680		65240	88 680

6 项目六 财务分析

学习目标

1. 能根据实际需要运用不同的方法进行财务分析；
2. 能进行偿债能力分析；
3. 能进行营运能力分析；
4. 能进行盈利能力分析法；
5. 能进行发展能力分析；
6. 能运用杜邦分析体系全面评价企业的财务状况和盈利能力；
7. 能根据企业的实际需要灵活计算相关财务指标；
8. 要具备一定的文字表达能力，能根据分析结果撰写财务分析报告。

任务1 财务指标分析

任务案例

[案例1]

北京宏达有限公司2019年12月31日的资产负债表和利润表（列示的资产负债表和利润表均为简化格式，仅用于示例）见表6－1和表6－2。

要求：根据报表利用Excel对公司的偿债能力、运营能力、获利能力和发展能力进行分析。

表 6－1 **资产负债表**

编制单位：北京宏达有限公司 2019 年 12 月 31 日 单位：万元

资产	年末余额	年初余额	负债和股东权益	年末余额	年初余额
流动资产：			流动负债：		
货币资金	1 000	800	短期借款	2 200	2 000
交易性金融资产	500	1 000	应付账款	1 200	900
应收账款	1 200	1 100	预收款项	350	400
预付款项	60	20	其他应付款	120	50
存货	5 100	4 100	流动负债合计	3 870	3 350
其他流动资产	60	30	非流动负债：		
流动资产合计	7920	7050	长期借款	2 500	2 000
非流动资产：			非流动负债合计	2 500	2 000
持有至到期投资	400	400	负债合计	6 370	5 350
固定资产	15 000	13 000	股东权益：		
无形资产	650	600	股本	13 000	13 000
非流动资产合计	16 050	14 000	盈余公积	1 600	1 600
			未分配利润	3 000	1 100
			股东权益合计	17 600	15 700
资产总计	23 970	21 050	负债及股东权益合计	23 970	21 050

表 6－2 **利润表**

编制单位：北京宏达有限公司 2019 年度 单位：万元

项　目	本期金额	上期金额
一、营业收入	24 000	20 000
减：营业成本	13 400	11 800
税金及附加	1 350	1 120
销售费用	2 000	1 620
管理费用	1 100	900
财务费用	450	350
加：投资收益	300	300
二、营业利润	6 000	4 510
加：营业外收入	200	150
减：营业外支出	600	500
三、利润总额	5 600	4 160
减：所得税费用	1 400	1 040
四、净利润	4 200	3 120

注：假设甲公司企业所得税税率为 25%。

工作准备

总结和评价企业财务状况与经营成果的分析指标，包括偿债能力指标、营运能力指标、盈利能力指标和发展能力指标等。

一、偿债能力分析

偿债能力是指公司偿还到期债务（包括本息）的能力。由于债务按到期时间分为短期债务和长期债务，所以偿债能力分析包括短期偿债能力分析和长期偿债能力分析。

偿债能力的衡量方法有两种：一种是比较可供偿债资产与债务的存量，资产存量超过债务存量较多，则认为偿债能力较强；另一种是比较经营活动现金流量和偿债所需现金，如果产生的现金超过需要的现金较多，则认为偿债能力较强。

（一）短期偿债能力分析

短期偿债能力是指公司流动资产对流动负债及时、足额偿还的保证程度。流动资产将在一年或一个营业周期内消耗或转变为现金，流动负债将在一年或一个营业周期内偿还，因此两者的比较可以反映短期偿债能力。

分析短期偿债能力的常用指标有两种：一种是差额比较，两者相减的差额称为营运资本；另一种是比率比较，包括流动比率、速动比率和现金比率等。

1. 营运资本。

营运资本是流动资产超过流动负债的部分。其计算公式如下：

营运资本 = 流动资产 - 流动负债

如果流动资产和流动负债相等，并不足以保证短期偿债能力没有问题，因为债务的到期与流动资产的现金生成，不可能同步同量；而且，为维持经营，企业不可能清算全部流动资产来偿还流动负债，而是必须维持最低的现金、存货和应收账款等。

2. 流动比率。

流动比率是流动资产与流动负债的比率，它表明企业每1元流动负债有多少流动资产作为偿还保证，反映企业可在短期内转变为现金的流动资产偿还到期流动负债的能力。其计算公式为：

流动比率 = 流动资产 ÷ 流动负债

一般情况下，流动比率越高，反映企业短期偿债能力越强，债权人的权益就越有保证。

对流动比率的分析要把握以下几点：

（1）从短期债权人的角度看，自然希望流动比率越高越好，这样可以保证他们及时、足额收回债权本息。对股东来说，不能及时偿债可能导致企业破产，但是提高流动性又必然降低营利性，因此他们希望企业权衡收益和风险，保持适当的偿债能力。对企业管理当局来说，为了能够取得贷款，他们必须考虑债权人对偿债能力的要求；为了股东的利益，他们必须权衡企业的收益和风险，保持适当的偿债能力；为了自身的利益，则更倾向于维持较高的偿债能力。因为如果企业破产，经理人不仅会丢掉职位，还会使他们作为“经理人”的无形资产大打折扣。

（2）虽然流动比率越高，企业偿还短期债务的流动资产保证程度越强，但这并不等于说企业已有足够的现金或存款来偿债。流动比率高也可能是存货积压、应收账款增多且收账期延长所致，而真正用来偿债的现金或存款却严重短缺。所以，企业应在分析流动比率的基础上，进一步对现金流量加以考察。

（3）不存在统一的、标准的流动比率数值。不同行业的流动比率，通常有明显差别。营业周期越短的行业，合理的流动比率越低。

使用流动比率指标有某些局限性，应注意：流动比率假设全部流动资产都可以变为现金并用于偿债，全部流动负债都需要还清。实际上，有些流动资产的账面金额与变现金额有较大差异，如产成品等；经营性流动资产是企业持续经营所必需的，不能全部用于偿债；经营性应付项目可以滚动存续，无须动用现金全部还清。因此，流动比率是对短期偿债能力的粗略估计。

3. 速动比率。

速动比率是指企业速动资产与流动负债的比率。它假设速动资产是可以用于偿债的资产，表明每 1 元流动负债由多少速动资产作为偿还保障。所谓速动资产，是指可以在较短时间内变现的资产，包括货币资金、交易性金融资产和各种应收款项等。另外的流动资产，包括存货、预付款项、一年内到期的非流动资产及其他流动资产等，称为非速动资产。

非速动资产的变现金额和时间具有较大的不确定性：

①存货的变现速度比应收账款要慢得多；部分存货可能已经报废损失、尚未处理；存货估价有多种方法，可能与变现金额相距甚远。

②一年内到期的非流动资产及其他流动资产的金额由偶然性，不代表正常的变现能力。因此，将可偿债资产定义为速动资产，计算出的速动比率更加可信。

速动比率的计算公式为：

速动比率 = 速动资产 ÷ 流动负债

一般情况下，速动比率越高，表明企业偿还流动负债的能力越强。

对速动比率的分析要把握以下几点：

（1）由于从流动资产中剔除了存货等变现能力较弱且不稳定的资产，因此，速动比率较之流动比率能够更加准确、可靠地评价企业资产的流动性及其偿还短期债务的能力。

（2）一般情况下，如果速动比率比较低，必使企业面临较大的偿债风险；如果速动比率比较高，尽管偿还债务的安全性很高，但却会因企业现金及应收账款资金占用过多而大大增加企业的机会成本。

（3）与流动比率一样，不同行业的速动比率差别很大。例如，采用大量现金销售的商店，几乎没有应收账款，速动比率大大低于 1 很正常。相反，一些应收账款较多的企业，速动比率可能要大于 1。

4. 现金比率。

现金比率是指现金资产与流动负债的比率，它表明 1 元流动负债有多少现金资产作为偿还保障。其计算公式为：

现金比率 =（货币资金 + 交易性金融资产）÷ 流动负债

速动资产中，流动性最强、可直接用于偿债的资产，称为现金资产，包括货币资金、交易性金融资产等。与其他速动资产不同，现金资产可以直接用于偿还债务，而其他速动资产需要等待不确定的时间，才能转换为不确定数额的现金。

与流动比率和速动比率相比较，用现金比率来衡量企业的短期偿债能力更加准确。现金比率越高，企业的短期偿债能力越强。但是，现金比率并非越高越好，其越高意味着企业拥有过多的获利能力较低的现金资产。因此，现金比率要适度，既要保证偿还短期债务的需要，又要尽可能降低持有过多现金资产的机会成本。

（二）长期偿债能力分析

长期偿债能力是指企业偿还长期负债的能力，企业的长期负债主要有长期借款、应付长期债券、长期应付款等。对于企业的长期债权人和所有者来说，不仅关心企业短期偿还能力，更关心企业长期偿债能力。因此，在对企业进行短期偿债能力分析的同时，还需分析企业的长期偿债能力，以便于债权人和投资者全面了解企业的偿债能力及财务风险。

反映企业长期偿债能力的财务比率主要有：资产负债率、股东权益比率、权益乘数、产权比率和利息保障倍数等。

1. 资产负债率。

资产负债率是企业负债总额与资产总额的比率，也称为负债比率，它反映企业的资产总额中有多少是通过举债而得到的，可以衡量企业清算时资产对债权人权益的保障程度。其计算公式为：

$$资产负债率=\frac{负债总额}{资产总额}\times 100\%$$

资产负债率反映企业偿还债务的综合能力，该比率越高，企业偿还债务的能力越差；反之，偿还债务的能力越强。资产负债率还代表企业的举债能力。一个企业的资产负债率越低，举债越容易。如果资产负债率高到一定程度，财务风险很高，就无人愿意提供贷款了。这表明企业的举债能力已经用尽。

企业的债权人、股东和企业经营者往往从不同的角度来评价资产负债率：

（1）从债权人的角度，债权人最关心的是企业资金的安全性。如果资产负债比率过高，说明在企业的全部资产中股东提供的资本所占比重太低，这样，企业的财务风险就主要由债权人负担，其贷款的安全也缺乏可靠的保障，所以，债权人总是希望企业的该比率低一些。

（2）从企业股东的角度，最关心的是投资收益的高低，企业借入资金与股东投入的资金在生产经营中可以发挥同样的作用，如果企业负债所支付的利息率低于资产报酬率，股东就可以利用举债经营取得更多的投资收益。因此，股东所关心的往往是全部资产报酬率是否超过了借款的利息率。

（3）从企业经营者的角度，既要考虑企业的盈利，也要顾及企业所承担的财务风险。资产负债率作为财务杠杆不仅反映了企业的长期财务状况，还反映了企业管理当局的进取精神。当然，负债也必须有一定的限度，负债比率过高，企业的财务风险将加大，一旦资产负债率超过1，则说明企业资不抵债，有濒临倒闭的危险。

2. 股东权益比率与权益乘数。

（1）股东权益比率。股东权益比率是股东权益与资产总额的比率，该比率反映企业资产中有多少是所有者投入的。其计算公式为：

$$股东权益比率=\frac{股东权益总额}{资产总额}\times 100\%$$

股东权益比率与资产负债率之和等于1。这两个比率从不同的侧面来反映企业长期财务状况，股东权益比率越大，资产负债比率就越小，企业财务风险就越小，偿还长期债务的能力就越强。

（2）权益乘数。股东权益比率的倒数，称为权益乘数，即资产总额是股东权益的多少倍。其计算公式为：

$$权益乘数=\frac{资产总额}{股东权益总额}$$

股东权益乘数越大，表明股东投入的资本在资产中所占比重越小，企业负债程度越高；反之，则表明所有者投入企业的资本占全部资产的比重越大，企业的负债程度越低，债权人权益受保护的程度也越高。

3. 产权比率。

产权比率是负债总额与股东权益总额的比率，是企业财务结构稳健与否的重要标志，也称资本负债率。它反映企业股东权益对债权人权益的保障程度。其计算公式为：

$$产权比率=\frac{负债总额}{股东权益总额}\times 100\%$$

产权比率越低，表示企业的长期偿债能力越强，债权人得到的保障程度越高，债权人就越有安全感；反之，比率越高，表示企业长期偿债能力越弱，债权人的安全感越小。因此，这个指标的评价标准，一般应小于1。但是，产权比率不是越低越好，比率越低，企业长期偿债能力提高，但企业不能充分发挥财务杠杆的效应。所以，企业在评价产权比率适当与否时，应从提高获利能力和增强偿债能力两个方面综合进行，即在保障债务偿还安全的前提下，应尽可能提高产权比率。

4. 利息保障倍数。

利息保障倍数也称已获利息倍数，是息税前利润与利息费用的比率，反映了获利能力对借款利息偿付的保证程度。其计算公式为：

$$利息保障倍数=\frac{息税前利润}{利息费用}=\frac{净利润+利息费用+所得税费用}{利息费用}$$

分子中的“利息费用”是指计入本期利润表中财务费用的利息费用；分母的“利息费用”指本期的全部应付利息，既包括计入利润表中财务费用的利息费用，也包括计入资产负债表固定资产中的资本化利息。资本化利息虽然不在利润表中扣除，但仍然是要偿还的。

长期债务不需要每年还本，但需要每年付息。利息保障倍数反映了企业的经营所得支付债务利息的能力。如果这个比率太低，说明企业难以保证经营所得来按时按量支付债务利息，这会引起债权人的担心。一般来说，企业的利息保障倍数至少要大于1，否则，就难以偿付债务及利息，若长此以往，甚至会导致企业破产倒闭。

对企业和所有者来说，也并非简单地认为利息保障倍数越高越好。如果较高的利息保障倍数不是由于高利润带来的，而是由于低利息导致的，则说明企业没有很好地利用财务杠杆作用，未能充分利用举债经营的优势。利息保障倍数的国际标准值为3，下限为1。

（三）影响偿债能力的其他因素

1. 可动用的银行贷款指标或授信额度。

当企业存在可动用的银行贷款指标或授信额度时，这些数据不在财务报表中反映，但是可以随时增加企业的支付能力。

2. 资产质量。

资产的账面价值与实际价值可能存在差异，如资产可能被高估或低估，一些资产无法计入财务报表等。此外，资产的变现能力也会影响偿债能力。如果企业存在很快变现的长期资产，会增加企业的短期偿债能力。

3. 或有事项和承诺事项。

如果企业存在债务担保或未决诉讼等或有事项，会增加企业的潜在偿债压力。同样，各种支付承诺事项，也会加大企业偿债义务。

4. 经营租赁。

经营租赁作为一种表外融资方式，会影响企业的偿债能力，特别是经营租赁期限较长、金额较大的情况。

二、营运能力分析

营运能力是指企业对资产利用的能力，即资产运用效率的分析，通常用各种资产的周转速度表示。资产运用效率标志着资产的运行状态及其管理效果的好坏，这将对企业的偿债能力和获利能力产生重要影响。因此，股东、债权人和经营者都十分注重企业营运能力的分析。

评价企业营运能力的指标主要有应收账款周转率、存货周转率、流动资产周转率、固定资产周转率和总资产周转率等。

（一）应收账款周转率

应收账款周转率是企业一定时期内营业收入与应收账款平均余额的比率。它反映了企业应收账款的周转速度。其计算公式为：

$$应收账款周转率（周转次数）=\frac{营业收入}{应收账款平均余额}$$

$$应收账款周转期（周转天数）=\frac{计算期天数}{应收账款周转次数}=\frac{计算期天数\times 应收账款平均余额}{营业收入}$$

$$应收账款平均余额=\frac{期初应收账款+期末应收账款}{2}$$

应收账款周转率是评价应收账款流动性大小的一个重要的财务比率，可以用来分析企业应收账款的变现速度和管理效率。这一比率越高，说明企业催收账款速度越快，可以减少坏账损失，而且资产的流动性强，企业的短期偿债能力也会增强，在一定程度上，可以弥补流动比率低的不利影响。

在计算和使用应收账款周转率时，应注意以下问题：

（1）公式中的应收账款包括会计核算中“应收账款”和“应收票据”等全部赊销账款

在内。

(2) 分子、分母的数据应注意时间上的对应性。

(3) 营业收入的赊销比例问题。从理论上讲，应收账款是赊销引起的，其对应的流量是赊销额，而非全部营业收入。因此，计算时应使用赊销额而非营业收入。但是，外部分析人员无法取得赊销数据，只好直接使用营业收入计算。实际上是假设现销是收现时间等于零的应收账款。

(4) 应收账款的减值准备问题。财务报表上列示的应收账款是已经计提减值准备后的净额，而营业收入并未相应减少。其结果是，计提减值准备越多，应收账款周转天数越少。这种周转天数的减少不是业绩改善的结果，反而说明应收账款管理欠佳。如果减值准备的金额较大，就应进行调整，使用未计提减值准备的应收账款计算周转天数。报表附注中披露的应收账款减值信息，可作为调整的依据。

应收账款周转率反映了企业应收账款周转速度的快慢以及应收账款管理效率的高低。在一定时期内周转次数越多（或周转次数越少）表明：①企业收账迅速，信用销售管理严格；②应收账款流动性强，从而增强企业短期偿债能力；③可以减少收账费用和坏账损失，相对增加流动资产的投资效益；④通过比较应收账款周转天数及企业信用期限，可评价客户的信用程度，调整企业信用政策。

（二）存货周转率

存货周转率是企业一定时期内的营业成本与平均存货余额的比率，是衡量和评价企业购入存货、投入生产、销售收回等各环节管理效率的综合指标，也是反映企业流动资产流动性的一个指标。其计算公式为：

$$存货周转率（周转次数）=\frac{营运成本}{存货平均余额}$$

$$存货周转期（周转天数）=\frac{计算期天数}{存货周转次数}=\frac{计算期天数\times 存货平均余额}{营业成本}$$

$$存货平均余额=\frac{期初存货+期末存货}{2}$$

公式中的营业成本可以从利润表中得到，存货平均余额是期初存货余额与期末存货余额的平均数，可以根据资产负债表计算得到。

存货周转率说明了一定时期内企业存货周转的次数，可以用来测定企业存货的变现速度，衡量企业的销售能力及存货是否过量。存货周转率反映了企业的销售效率和存货使用效率。在正常情况下，如果企业经营顺利，存货周转率越高，说明存货周转得越快，企业的销售能力越强，营运资金占用在存货上的金额也会越少。但是，存货周转率过高，也可能说明企业管理方面存在一些问题，如存货水平太低，甚至经常缺货，或者采购次数过于频繁，批量太小等。

在计算和使用存货周转率时，应注意以下问题：

(1) 存货计价方法对存货周转率具有较大的影响，因此，在分析企业不同时期或不同企业的存货周转率时，应注意存货计价方法的口径是否一致。

(2) 分子、分母的数据应注意时间上的对应性。

（3）应注意应付账款、存货和应收账款（或销售）之间的关系。一般来说，销售增加会拉动应收账款、存货、应付账款增加，不会引起周转率的明显变化。但是，当企业接受一个大订单时，通常要先增加存货，然后推动应付账款增加，最后才引起应收账款增加。因此，在该订单没有实现销售以前，先表现为存货等周转天数增加。这种周转天数增加，没有什么不好。与此相反，预见到销售会萎缩时，通常会先减少存货，进而引起存货周转天数等下降。这种周转天数下降，不是什么好事，并非资产管理改善。因此，任何财务分析应以认识经营活动本质为目的，不应根据数据高低作简单结论。

（三）流动资产周转率

流动资产周转率是企业一定时期营业收入与流动资产平均余额的比率，它反映的是全部流动资产的利用效率。其计算公式为：

$$\text{流动资产周转率（周转次数）}=\frac{\text{营业收入}}{\text{流动资产平均余额}}$$

$$\text{流动资产周转期（周转天数）}=\frac{\text{计算期天数}}{\text{流动资产周转次数}}=\frac{\text{计算期天数}\times\text{流动资产平均余额}}{\text{营业收入}}$$

$$\text{流动资产平均余额}=\frac{\text{期初流动资产}+\text{期末流动资产}}{2}$$

流动资产周转率反映了流动资产周转的速度。周转次数越多，周转天数越少，表明流动资产周转速度越快，流动资产的利用效率越好。

通常，流动资产中应收账款和存货占绝大部分，因此，它们的周转状况对流动资产周转具有决定性影响。

（四）固定资产周转率

固定资产周转率，是企业一定时期营业收入与平均固定资产净值的比率，是衡量固定资产利用效率的一项指标。其计算公式为：

$$\text{固定资产周转率（周转次数）}=\frac{\text{营业收入}}{\text{平均固定资产净值}}$$

$$\text{固定资产周转期(周转天数)}=\frac{\text{计算期天数}}{\text{固定资产周转率}}=\frac{\text{计算期天数}\times\text{平均固定资产净值}}{\text{营业收入}}$$

$$\text{平均固定资产净值}=\frac{\text{固定资产净值年初数}+\text{固定资产净值年末数}}{2}$$

固定资产周转率是衡量固定资产利用效率的一项指标。该指标越高，表明企业利用固定资产创收的能力越强，固定资产的利用效果就越好，企业的营运能力就越强。反之，说明企业的固定资产未得到充分利用，应将闲置的固定资产及时清理。

运用固定资产周转率时，需要考虑固定资产因计提折旧其净值在不断地减少，以及因更新重置其净值突然增加的影响。同时，由于折旧方法的不同，可能影响其可比性。故在分析时，一定要剔除掉这些不可比因素。

（五）总资产周转率

总资产周转率，是企业一定时期营业收入与平均资产总额的比率，是衡量企业全部资产利用效率的指标。其计算公式为：

$$总资产周转率（周转次数）=\frac{营业收入}{平均资产总额}$$

$$总资产周转期（周转天数）=\frac{计算期天数}{总资产周转率}=\frac{计算期天数\times 平均资产总额}{营业收入}$$

$$平均资产总额=\frac{资产总额年初数+资产总额年末数}{2}$$

总资产周转率越高，表明企业全部资产的使用效率越高；反之，如果该指标较低，则说明企业利用全部资产进行经营的效率较差，最终会影响企业的盈利能力。企业应采取各项措施来提高企业的资产利用程度，比如提高营业收入或处理多余的资产。

总之，各项资产的周转率指标用于衡量各项资产赚取收入的能力，经常和企业的盈利能力指标结合在一起，以全面评价企业的盈利能力。

三、盈利能力分析

盈利能力是指企业一定时期内运用各种资源赚取利润的能力。获取利润是企业经营的最终目标，也是企业能否生存与发展的前提。盈利能力的大小直接关系企业财务管理目标的实现与否，直接关系投资者的利益，也关系债权人以及企业经营者的切身利益。

盈利能力指标主要通过收入与利润以及资产与利润之间的关系反映，如营业毛利率、营业净利率、总资产报酬率、股东权益净利率等，还有针对上市公司的特殊财务分析指标，如每股收益、每股股利、市盈率、每股净资产、市净率等。

（一）营业毛利率

营业毛利率是企业一定时期营业毛利与营业收入的比率。其计算公式为：

$$营业毛利率=\frac{营业毛利}{营业收入}\times 100\%$$

其中：营业毛利＝营业收入－营业成本

营业毛利率反映产品每1元营业收入所包含的毛利润是多少，即营业收入扣除营业成本后还有多少剩余可以用于弥补各期费用和形成利润。营业毛利率越高，表明产品的盈利能力越强。

（二）营业净利率

营业净利率是净利润与营业收入之比，其计算公式如下：

$$营业净利率=\frac{净利润}{营业收入}\times 100\%$$

营业净利率反映每1元营业收入最终赚取了多少利润，用于反映产品最终的盈利能力。在利润表上，从营业收入到净利润需要扣除营业成本、期间费用、税金等项目，因此，将营业净利率按利润的扣除项目进行分解可以识别影响营业净利率的主要因素。

应当指出的是，营业净利率（又称净利率）指标被广泛应用。“营业收入”是利润表的第一行数字，“净利润”是利润表的最后一行数字，两者相除可以概括企业的全部经营成果。它表明每1元营业收入与其成本费用之间可以“挤”出来的净利润。该比率越大，企业盈利能力越强。

（三）总资产净利率

总资产净利率是企业一定时期内获得的净利润与平均资产总额的比率。它是反映企业资产综合利用效果的指标，也是衡量利用债权人和所有者权益总额所取得盈利的重要指标。其计算公式为：

$$总资产净利率 = \frac{净利润}{平均资产总额} \times 100\%$$

总资产净利率全面反映了企业全部资产的获利水平，因此是企业所有者和债权人都非常关心的指标。一般情况下，该指标越高，表明企业的资产利用效益越好，整个企业的盈利能力越强，经营管理水平越高。企业还可以将该指标与市场资本利率进行比较，如果前者较后者大，则说明企业可以充分利用财务杠杆，适当举债经可以获得更多的收益。

$$\begin{aligned}总资产净利率 &= \frac{净利润}{平均总资产} \\ &= \frac{净利润}{营业收入} \times \frac{营业收入}{平均净资产} \\ &= 营业净利率 \times 总资产周转率\end{aligned}$$

（四）股东权益净利率

股东权益净利率，又称净资产收益率或股东权益报酬率，是一定时期企业的净利润与平均股东权益总额的比率。它是反映自有资金投资收益水平的指标，是企业盈利能力指标的核心。其计算公式为：

$$股东权益净利率 = \frac{净利润}{平均股东权益总额} \times 100\%$$

$$平均股东权益总额 = \frac{股东权益期初数 + 股东权益期末数}{2}$$

股东权益净利率的分母是股东的投入，分子是股东的所得，反映了企业自有资本的获利水平，是综合性最强的财务指标，通用性强，适应范围广泛。一般认为，股东权益净利率越高，企业自有资本获取收益的能力越强，运营效益越好，对企业投资人和债权人的保证程度越高。

$$\begin{aligned}股东权益净利率 &= \frac{净利润}{平均净资产} \\ &= \frac{净利润}{平均总资产} \times \frac{平均总资产}{平均净资产} \\ &= 资产净利率 \times 权益乘数\end{aligned}$$

通过对股东权益净利率的分解可以发现，改善资产盈利能力和增加企业负债都可以提高股东权益净利率。如果不改善资产盈利能力，单纯通过加大举债力度提高权益乘数，进而提高股东权益净利率的做法十分危险。因为企业负债经营的前提是有足够的盈利能力保障偿还债务本息，单纯增加负债对股东权益净利率的改善只具有短期效应，最终将因盈利能力无法涵盖增加的财务风险而使企业面临财务困境。因此，只有企业股东权益净利率上升同时财务风险没有明显加大，才能说明企业财务状况良好。

（五）每股收益

每股收益是反映企业普通股股东持有每一股份所能享有企业利润或承担企业亏损的业绩评价指标。该指标有助于投资者、债权人等信息使用者评价企业或企业之间的盈利能力、预测企业成长潜力，进而做出经济决策。其计算公式为：

$$每股收益=\frac{归属于普通股股东的当期净利润}{发行在外的普通股加权平均数}$$

每股收益越高，说明每股获利能力越强，投资者的回报越多；每股收益越低，说明每股获利能力越弱。该指标是衡量上市公司盈利能力时最常用的财务分析指标。

（六）每股股利

每股股利是上市公司本年发放的普通股股利总额与年末普通股股份总数的比值，也是衡量股份公司盈利能力的指标。该指标越高，说明股本盈利能力越强。其计算公式为：

$$每股股利=\frac{普通股股利总额}{年末普通股股数}$$

每股股利反映的是上市公司每一普通股获取股利的大小。每股股利越大，则企业股本获利能力就越强；每股股利越小，则企业股本获利能力就弱。但须注意，上市公司每股股利发放多少，除了受上市公司获利能力大小影响以外，还取决于企业的股利发放政策。如果企业为了增强发展后劲而增加留存，则当前的每股股利必然会减少；反之，则当前的每股股利会增加。

反映每股股利和每股收益之间的一个重要指标是股利发放率，即每股股利分配额与当期的每股收益之比。借助于该指标，投资者可以了解一家上市公司的股利发放政策。

$$股利发放率=\frac{每股股利}{每股收益}\times 100\%$$

（七）市盈率

市盈率是指上市公司普通股每股市价与每股收益的比率，表示普通股股东为获取1元净利润所愿意支付的股票价格。其计算公式为：

$$市盈率=\frac{每股市价}{每股收益}$$

市盈率是反映上市公司盈利能力的一个重要指标，反映了投资者对股票投资收益和投资风险的预期。一般来说，市盈率高，说明投资者对该股票的收益预期看好、投资价值越大，愿意出较高的价格购买该公司股票。反之，投资者对该股票评价越低。另一方面，市盈率越高，也说明投资于该股票的风险越大；市盈率越低，说明投资于该股票的风险越小。

市盈率是投资者进行中长期投资的重要决策依据。影响市盈率的因素有上市公司盈利能力的成长性、投资者所获报酬的稳定性以及利率水平的变动等。

（八）每股净资产

每股净资产，又称每股账面价值，是指企业期末普通股净资产与期末发行在外的普通股股数之间的比率。其计算公式为：

$$每股净资产=\frac{期末普通股净资产}{期末发行在外的普通股股数}$$

期末普通股净资产=期末股东权益-期末优先股股东权益

每股净资产显示了发行在外的每一普通股股份所能分配的企业账面净资产的价值。这里所说的账面净资产是指企业账面上的总资产减去负债后的余额，即股东权益总额。每股净资产指标反映了在会计期末每一股份在企业账面上到底值多少钱，它与股票面值、发行价值、市场价值乃至清算价值等往往有较大差距。

利用该指标进行横向和纵向对比，可以衡量上市公司股票的投资价值。如在企业性质相同、股票市价相近的条件下，某一企业股票的每股净资产越高，则企业发展潜力与其股票的投资价值越大，投资者所承担的投资风险越小。

（九）市净率

市净率是每股市价与每股净资产的比率，是投资者用以衡量、分析个股是否具有投资价值的工具之一。其计算公式为：

$$市净率=\frac{每股市价}{每股净资产}$$

净资产代表的是全体股东共同享有的权益，是股东拥有公司财产和公司投资价值最基本的体现，它可以用来反映企业的内在价值。一般来说，市净率较低的股票，投资价值较高；反之，则投资价值较低。但有时较低市净率反映的可能是投资者对公司前景的不良预期，而较高市净率则相反。因此，在判断某只股票的投资价值时，还要综合考虑当时的市场环境及公司经营状况、资产质量和盈利能力等因素。

四、发展能力分析

企业的发展能力，也称企业的成长能力，它是企业通过自身的生产经营活动，不断扩大积累而形成的发展潜能。如规模的扩大、盈利的持续增长、市场竞争力的增强等。反映企业发展能力的主要指标有营业收入增长率、总资产增长率、股权资本增长率和利润增长率等。

（一）营业收入增长率

营业收入增长率是指企业本年营业收入增长额与上年营业收入增长额之间的比率，反映企业营业收入的增减变动情况，是评价企业成长状况和发展能力的重要指标。其计算公式为：

$$营业收入增长率=\frac{本年营业收入增长额}{上年营业收入总额}\times 100\%$$

其中，本年营业收入增长额=本年营业收入总额-上年营业收入总额

营业收入增长率是衡量企业经营状况和市场占有能力、预测企业经营业务拓展趋势的重要指标，也是企业扩张增量资本和存量资本的重要前提。该指标大于零，表明企业本年营业收入有所增长，指标值越高，表明其增长速度越快，企业市场前景越好。若该指标小于零，表明该企业的生产经营等方面存在问题。该指标在实际操作时，应结合企业历年的营业收入水平、企业市场占有情况、行业未来发展及其他影响企业发展的潜在因素进行前瞻性预测，或者结合企业前三年的营业收入增长率做出趋势性分析判断。

（二）总资产增长率

总资产增长率，是企业本年总资产增长额同年初资产总额的比率，反映企业本期资产规模的增长情况。其计算公式为：

$$总资产增长率=\frac{本年总资产增长额}{年初资产总额}\times 100\%$$

其中：本年总资产增长额＝年末资产总额－年初资产总额

总资产增长率是从企业资产总量扩张方面衡量企业的发展能力，表明企业规模增长水平对企业发展后劲的影响。该指标越高，表明企业一定时期内资产经营规模扩张的速度越快。但在分析时，需要关注资产规模扩张的质和量的关系，以及企业的后续发展能力，避免盲目扩张。

（三）股权资本增长率

股权资本增长率，也称为净资产增值率或资本积累率，是指企业本年股东权益增长额与年初股东权益总额的比率。其计算公式为：

$$股权资本增长率=\frac{本年股东权益增长额}{年初股东权益总额}\times 100\%$$

其中：本年股东权益增值额＝本年股东权益年末余额－本年股东权益年初余额

股权资本增长率反映了企业当年股东权益的变化水平，体现了企业资本的积累能力，是评价企业发展潜力的重要财务指标。该比率越高，说明企业资本积累能力越强，企业的发展能力也越好。

在企业不依靠外部筹资，仅通过自身的盈利积累实现增长的情况下，股东权益增长额仅来源于企业的留用利润，这种情况下的股权资本增长率被称为可持续增长率。可持续增长率可以看作企业的内生性成长能力，它主要取决于两个因素：股东权益净利率和收益留存率。其计算公式为：

$$\begin{aligned}可持续增长率&=\frac{净利润\times 收益留存率}{年初股东权益总额}\times 100\%\\&=股东权益净利率\times 收益留存率\\&=股东权益净利率\times（1-股利支付率）\end{aligned}$$

需要说明的是，上式中的股东权益净利率不是用全年平均股东权益总额，而是用期初股东权益总额计算的。

（四）利润增长率

利润增长率是企业本年利润总额增值额与上年利润总额的比率，其计算公式为：

$$利润增长率=\frac{本年利润总额增长额}{上年利润总额}\times 100\%$$

其中：本年利润增长额＝本年利润总额－上年利润总额

利润增长率反映了企业的盈利能力的变化，该比率越高，说明企业的成长性越高，发展能力越强。

分析者也可以根据分析的目的，计算净利润增长率，其计算方法与利润增长率相同，只需将上式中的利润总额换成净利润即可。

上述四个财务比率从不同的角度反映了企业的发展能力。在具体分析时，往往计算连续若干年的财务比率，以正确评价企业发展能力的持续性。

任务实施

建立北京宏达有限公司“财务指标分析表”。建立步骤如下：

启动 Excel 2016，选择“文件”|“新建”命令，新建一个空白工作表命名为“财务分析”；重命名Sheet 1为“财务指标分析表”；并将该公司财务数据“资产负债表（见表6－1）”和“利润表（见表6－2）”的资料分别导入 Sheet2、Sheet3 并重命名。

根据［案例1］北京宏达有限公司的财务分析指标在表格中输入信息，见表6－3。

表6－3　　财务指标分析表

<table>
<tr><th colspan="3">财务指标</th><th>2019 年</th><th>2018 年</th></tr>
<tr><td rowspan="9">偿债能力分析</td><td rowspan="4">短期偿债能力</td><td>营运资本</td><td></td><td></td></tr>
<tr><td>流动比率</td><td></td><td></td></tr>
<tr><td>速动比率</td><td></td><td></td></tr>
<tr><td>现金比率</td><td></td><td></td></tr>
<tr><td rowspan="5">长期偿债能力</td><td>资产负债率</td><td></td><td></td></tr>
<tr><td>股东权益比率</td><td></td><td></td></tr>
<tr><td>权益乘数</td><td></td><td></td></tr>
<tr><td>产权比率</td><td></td><td></td></tr>
<tr><td>利息保障倍数</td><td></td><td></td></tr>
<tr><td rowspan="5">营运能力分析</td><td colspan="2">应收账款周转率</td><td></td><td></td></tr>
<tr><td colspan="2">存货周转率</td><td></td><td></td></tr>
<tr><td colspan="2">流动资产周转率</td><td></td><td></td></tr>
<tr><td colspan="2">固定资产周转率</td><td></td><td></td></tr>
<tr><td colspan="2">总资产周转率</td><td></td><td></td></tr>
<tr><td rowspan="9">营利能力分析</td><td colspan="2">营业毛利率</td><td></td><td></td></tr>
<tr><td colspan="2">营业净利率</td><td></td><td></td></tr>
<tr><td colspan="2">总资产报酬率</td><td></td><td></td></tr>
<tr><td colspan="2">股东权益净利率</td><td></td><td></td></tr>
<tr><td colspan="2">每股收益</td><td></td><td></td></tr>
<tr><td colspan="2">每股股利</td><td></td><td></td></tr>
<tr><td colspan="2">市盈率</td><td></td><td></td></tr>
<tr><td colspan="2">每股净资产</td><td></td><td></td></tr>
<tr><td colspan="2">市净率</td><td></td><td></td></tr>
<tr><td rowspan="4">发展能力分析</td><td colspan="2">营业收入增长率</td><td></td><td></td></tr>
<tr><td colspan="2">总资产增长率</td><td></td><td></td></tr>
<tr><td colspan="2">股权资本增长率</td><td></td><td></td></tr>
<tr><td colspan="2">利润增长率</td><td></td><td></td></tr>
</table>

一、偿债能力计算

1. 计算营运资本。

（1）在 D3 单元格中输入公式"='6－1 资产负债表'！B11－'6－1 资产负债表'！E9"，按［Enter］键计算 2019 年年末营运资本＝7 920－3 870＝4 050（万元），见图 6－1。

D3 ＝'6-1资产负债表'!B11-'6-1资产负债表'!E9

	A	B	C	D	E
1	财务指标分析表				
2	财务指标			本年	上年
3		短	营运资本	4050.00	

图 6－1

（2）在 E3 单元格中输入公式"='6－1 资产负债表'！C11－'6－1 资产负债表'！F9"，按［Enter］键计算 2018 年年末营运资本＝7 050－3 350＝3 700（万元），见图 6－2。

E3 ＝'6-1资产负债表'!C11-'6-1资产负债表'!F9

	A	B	C	D	E
1	财务指标分析表				
2	财务指标			本年	上年
3		短	营运资本	4050.00	3700.00

图 6－2

2. 计算流动比率。

（1）在 D4 单元格中输入公式"＝'6－1 资产负债表'！B11/'6－1 资产负债表'！E9"，按［Enter］键计算 2019 年流动比率＝7 920÷3 870＝2.05，见图 6－3。

D4 ＝'6-1资产负债表'!B11/'6-1资产负债表'!E9

	A	B	C	D	E	F
1	财务指标分析表					
2	财务指标			本年	上年	
3		短期偿债	营运资本	4050.00	3700.00	
4			流动比率	2.05		

图 6－3

（2）在 E4 单元格中输入公式"='6－1 资产负债表'！C11/'6－1 资产负债表'！F9"，按［Enter］键计算 2018 年流动比率＝7 050÷3 350＝2.10，见图 6－4。

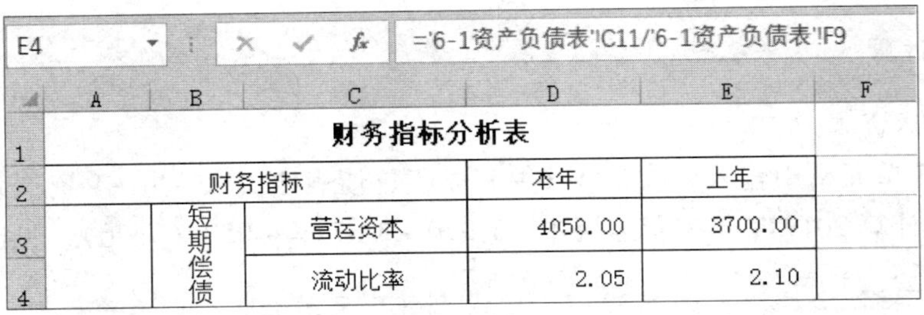

E4 =’6-1资产负债表’!C11/’6-1资产负债表’!F9

	A	B	C	D	E	F
1	财务指标分析表					
2	财务指标			本年	上年	
3		短期偿债	营运资本	4050.00	3700.00	
4			流动比率	2.05	2.10	

图 6－4

计算结果表明，该公司 2018 年和 2019 年每 1 元的流动负债分别有 2. 10 元和 2. 05 元的流动资产作为偿还债务的保证。2018 年和 2019 年的流动比率均略微超过 2，说明该公司具有较强的短期偿债能力。

3. 计算速动比率。

（1）在 D5 单元格中输入公式“ = SUM （'6 – 1 资产负债表'！ B5：B7）/'6 – 1 资产负债表'！ E9”，按［Enter］键计算 2019 年速动比率 = (1 000 + 500 + 1 200) ÷ 3 870 = 0. 70，见图 6 – 5。

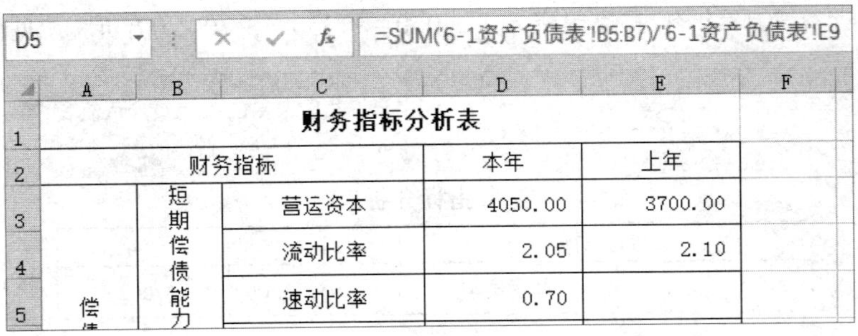

D5 =SUM(’6-1资产负债表’!B5:B7)/’6-1资产负债表’!E9

	A	B	C	D	E	F
1	财务指标分析表					
2	财务指标			本年	上年	
3		短期偿债能力	营运资本	4050.00	3700.00	
4			流动比率	2.05	2.10	
5	偿		速动比率	0.70		

图 6－5

（2）在 E5 单元格中输入公式“ = SUM （'6 – 1 资产负债表'！ C5：C7）/'6 – 1 资产负债表'！ F9”，按［Enter］键计算 2018 年速动比率 = (800 + 1 000 + 1 100) ÷ 3 350 = 0. 87，见图 6 – 6。

E5 =SUM(’6-1资产负债表’!C5:C7)/’6-1资产负债表’!F9

	A	B	C	D	E	F
1	财务指标分析表					
2	财务指标			本年	上年	
3		短期偿债能力	营运资本	4050.00	3700.00	
4			流动比率	2.05	2.10	
5	偿		速动比率	0.70	0.87	

图 6－6

计算结果表明，该公司 2019 年和 2018 年的速动比率都偏低，说明企业的短期偿债能力比较差。原因是该公司的流动资产中，存货所占比重太大。因此，企业应采取措施，降低不必要的存货，提高速动比率。

4. 计算现金比率。

（1）在 D6 单元格中输入公式“ = SUM （'6 – 1 资产负债表'！ B5：B6）/'6 – 1 资产负债表

'! E9"，按［Enter］键计算 2019 年现金比率 =（1 000 +500）÷3 870 =0.39，见图 6 -7。

D6　=SUM('6-1资产负债表'!B5:B6)/'6-1资产负债表'!E9

财务指标分析表				
财务指标			本年	上年
偿债能	短期偿债能力	营运资本	4050.00	3700.00
		流动比率	2.05	2.10
		速动比率	0.70	0.87
		现金比率	0.39	

图 6 -7

（2）在 E6 单元格中输入公式" =SUM（'6 -1 资产负债表'! C5：C6）/'6 -1 资产负债表'! F9"，按［Enter］键计算 2018 年现金比率 =（800 +1 000）÷3 350 =0.54，见图 6 -8。

E6　=SUM('6-1资产负债表'!C5:C6)/'6-1资产负债表'!F9

财务指标分析表				
财务指标			本年	上年
偿债能	短期偿债能力	营运资本	4050.00	3700.00
		流动比率	2.05	2.10
		速动比率	0.70	0.87
		现金比率	0.39	0.54

图 6 -8

计算结果表明，2018 年的现金比率比较高，2019 年的现金比率比较合适，现金资产得到了合理运用，资产使用效益提高。

5. 计算资产负债率。

在 D7 单元格中输入公式" ='6 -1 资产负债表'! E13/'6 -1 资产负债表'! B19"，按［Enter］键计算 2019 年资产负债率 =（6 370 ÷23 970）×100% =26.57%，见图 6 -9。

D7　='6-1资产负债表'!E13/'6-1资产负债表'!B19

财务指标分析表				
财务指标			本年	上年
偿债能力分	短期偿债能力	营运资本	4050	3700
		流动比率	2.05	2.10
		速动比率	0.70	0.87
		现金比率	0.39	0.54
	长	资产负债率	26.57%	

图 6 -9

在 E7 单元格中输入公式“ ='6 －1 资产负债表'! F13/'6 －1 资产负债表'! C19”，按[Enter] 键计算 2018 年资产负债率 =(5 350 ÷21 050) ×100% =25.42%，见图 6 －10。

E7 =’6-1资产负债表’!F13/’6-1资产负债表’!C19

	A	B	C	D	E	F
1	财务指标分析表					
2	财务指标			本年	上年	
3	偿债能力分	短期偿债能力	营运资本	4050	3700	
4			流动比率	2.05	2.10	
5			速动比率	0.70	0.87	
6			现金比率	0.39	0.54	
7		长	资产负债率	26.57%	25.42%	

图 6 －10

计算结果表明，该公司 2019 年和 2018 年的资产负债率均不高，说明公司长期偿债能力较强，这样有助于增强债权人对公司出借资金的信心。

6. 计算股东权益比率。

(1) 在 D8 单元格中输入公式“ ='6 －1 资产负债表'! E18/'6 －1 资产负债表'! B19”，按[Enter] 键计算 2019 年股东权益比率 =(17 600 ÷23 970) ×100% =73.43%，见图 6 －11。

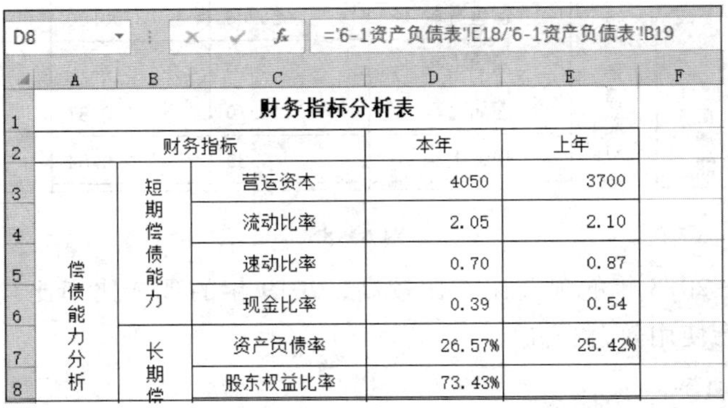
D8 =’6-1资产负债表’!E18/’6-1资产负债表’!B19

	A	B	C	D	E	F
1	财务指标分析表					
2	财务指标			本年	上年	
3	偿债能力分析	短期偿债能力	营运资本	4050	3700	
4			流动比率	2.05	2.10	
5			速动比率	0.70	0.87	
6			现金比率	0.39	0.54	
7		长期偿	资产负债率	26.57%	25.42%	
8			股东权益比率	73.43%		

图 6 －11

(2) 在 E8 单元格中输入公式“ ='6 －1 资产负债表'! F18/'6 －1 资产负债表'! C19”，按[Enter] 键计算 2018 年股东权益比率 =(15 700 ÷21 050) ×100% =74.58%，见图 6 －12。

E8 =’6-1资产负债表’!F18/’6-1资产负债表’!C19

	A	B	C	D	E	F
1	财务指标分析表					
2	财务指标			本年	上年	
3	偿债能力分析	短期偿债能力	营运资本	4050	3700	
4			流动比率	2.05	2.10	
5			速动比率	0.70	0.87	
6			现金比率	0.39	0.54	
7		长期偿	资产负债率	26.57%	25.42%	
8			股东权益比率	73.43%	74.58%	

图 6 －12

计算结果表明，该企业2018年和2019年的股东权益比率都比较高，说明企业长期偿债能力较强。

7. 计算权益乘数。

在D9单元格中输入公式“='6－1资产负债表'！B19/'6－1资产负债表'！E18”，按［Enter］键计算2019年权益乘数＝(23 970÷17 600)＝1.36，见图6－13。

D9　='6-1资产负债表'!B19/'6-1资产负债表'!E18

财务指标分析表

财务指标			本年	上年
偿债能力分析	短期偿债能力	营运资本	4050	3700
		流动比率	2.05	2.10
		速动比率	0.70	0.87
		现金比率	0.39	0.54
	长期偿债	资产负债率	26.57%	25.42%
		股东权益比率	73.43%	74.58%
		权益乘数	1.36	

图6－13

在E9单元格中输入公式“='6－1资产负债表'！C19/'6－1资产负债表'！F18”，按［Enter］键计算2018年权益乘数＝(21 050÷15 700)＝1.34，见图6－14。

E9

财务指标分析表

财务指标			本年	上年
偿债能力分析	短期偿债能力	营运资本	4050	3700
		流动比率	2.05	2.10
		速动比率	0.70	0.87
		现金比率	0.39	0.54
	长期偿债	资产负债率	26.57%	25.42%
		股东权益比率	73.43%	74.58%
		权益乘数	1.36	1.34

图6－14

计算结果表明，该企业2018年和2019年的权益乘数都比较低，说明企业的负债程度较低，长期偿债能力较强，同股东权益比率的计算结果相印证。

8. 计算产权比率。

在D10单元格中输入公式“='6－1资产负债表'！E13/'6－1资产负债表'！E18”，按［Enter］键计算2019年产权比率＝(6 370÷17 600)×100%＝36.19%，见图6－15。

D10 =‘6-1资产负债表'!E13/'6-1资产负债表'!E18

	A	B	C	D	E	F
1	财务指标分析表					
2	财务指标			本年	上年	
3	偿债能力分析	短期偿债能力	营运资本	4050	3700	
4			流动比率	2.05	2.10	
5			速动比率	0.70	0.87	
6			现金比率	0.39	0.54	
7		长期偿债能力	资产负债率	26.57%	25.42%	
8			股东权益比率	73.43%	74.58%	
9			权益乘数	1.36	1.34	
10			产权比率	36.19%		

图 6-15

在 E10 单元格中输入公式“='6-1 资产负债表'! F13/'6-1 资产负债表'! F18”，按［Enter］键计算 2018 年产权比率 =(5 350 ÷ 15 700) × 100% = 34.08%，见图 6-16。

E10 ='6-1资产负债表'!F13/'6-1资产负债表'!F18

	A	B	C	D	E	F
1	财务指标分析表					
2	财务指标			本年	上年	
3	偿债能力分析	短期偿债能力	营运资本	4050	3700	
4			流动比率	2.05	2.10	
5			速动比率	0.70	0.87	
6			现金比率	0.39	0.54	
7		长期偿债能力	资产负债率	26.57%	25.42%	
8			股东权益比率	73.43%	74.58%	
9			权益乘数	1.36	1.34	
10			产权比率	36.19%	34.08%	

图 6-16

计算结果表明，该公司 2019 年和 2018 年的产权比率都不高，同资产负债率计算结果可相印证，说明企业的长期偿债能力较强，债权人的保障程度较高。

9. 计算利息保障倍数。

在 D11 单元格中输入公式“=('6-2 利润表'! B9 + '6-2 利润表'! B14)/'6-2 利润表'! B9”，按［Enter］键计算 2019 年利息保障倍数 $= \frac{450 + 5\ 600}{450} = 13.44$，见图 6-17。

D11　=('6-2利润表'!B9+'6-2利润表'!B14)/'6-2利润表'!B9

财务指标分析表				
财务指标			本年	上年
偿债能力分析	短期偿债能力	营运资本	4050	3700
		流动比率	2.05	2.10
		速动比率	0.70	0.87
		现金比率	0.39	0.54
	长期偿债能力	资产负债率	26.57%	25.42%
		股东权益比率	73.43%	74.58%
		权益乘数	1.36	1.34
		产权比率	36.19%	34.08%
		利息保障倍数	13.44	

图 6－17

在 E11 单元格中输入公式“=（'6－2 利润表'! C9＋'6－2 利润表'! C14)/'6－2 利润表'! C9”，按［Enter］键计算 2018 年利息保障倍数 $=\frac{350+41\ 600}{350}=12.89$，见图 6－18。

E11　=('6-2利润表'!C9+'6-2利润表'!C14)/'6-2利润表'!C9

财务指标分析表				
财务指标			本年	上年
偿债能力分析	短期偿债能力	营运资本	4050	3700
		流动比率	2.05	2.10
		速动比率	0.70	0.87
		现金比率	0.39	0.54
	长期偿债能力	资产负债率	26.57%	25.42%
		股东权益比率	73.43%	74.58%
		权益乘数	1.36	1.34
		产权比率	36.19%	34.08%
		利息保障倍数	13.44	12.89

图 6－18

从计算结果来看，该公司 2019 年和 2018 年的利息保障倍数都比较高，有较强的偿付债务利息的能力。还需进一步结合公司往年的情况和行业的特点进行判断。

二、营运能力分析

1. 应收账款周转率。

根据表 6－1 和表 6－2 的资料，假设宏达公司 2017 年年末的应收账款余额为 1 000 万元，2018 年度和 2019 年度的应收账款周转率的计算如下：

在 D12 单元格中输入公式"='6－2 利润表'！B4/（（'6－1 资产负债表'！B7＋'6－1 资产负债表'！C7）/2）"，按［Enter］键计算 2019 年应收账款周转率 $=\dfrac{24\ 000}{(1\ 100+1\ 200)\div 2}=$ 20.87（次），见图 6－19。

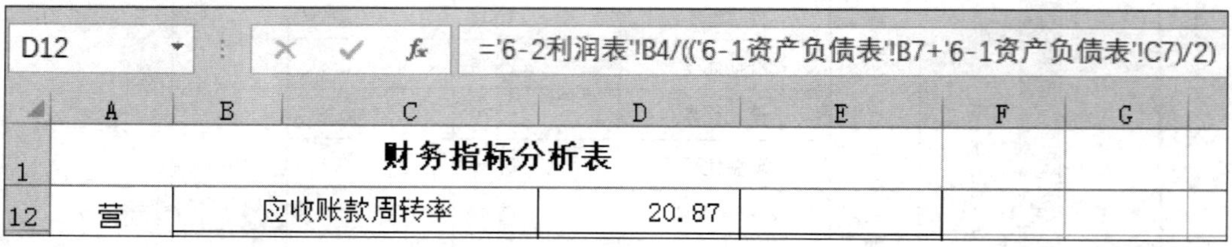

图 6－19

在 E12 单元格中输入公式"='6－2 利润表'！C4/（（'6－1 资产负债表'！C7＋1 000）/2）"，按［Enter］键计算 2018 年应收账款周转率 $=\dfrac{20\ 000}{(1\ 000+1\ 100)\div 2}=$ 19.05（次），见图 6－20。

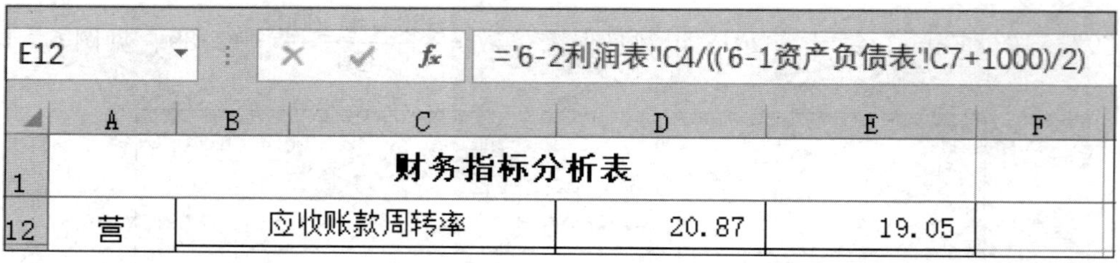

图 6－20

计算结果表明，该公司 2019 年的应收账款周转率比 2018 年有所提高，周转次数由 19.05 次提高到 20.87 次，说明该公司的营运能力有所增强，对应收账款的管理比较稳健。

2. 存货周转率。

根据表 6－1 和表 6－2 的资料，假设宏达公司 2017 年年末的存货余额为 3 800 万元，该公司 2018 年度和 2019 年度的存货周转率的计算如下：

在 D13 单元格中输入公式"='6－2 利润表'！B4/（（'6－1 资产负债表'！B7＋'6－1 资产负债表'！C7）/2）"，按［Enter］键计算 2018 年存货周转率 $=\dfrac{13\ 400}{(4\ 100+5\ 100)\div 2}=2.91$（次），见图 6－21。

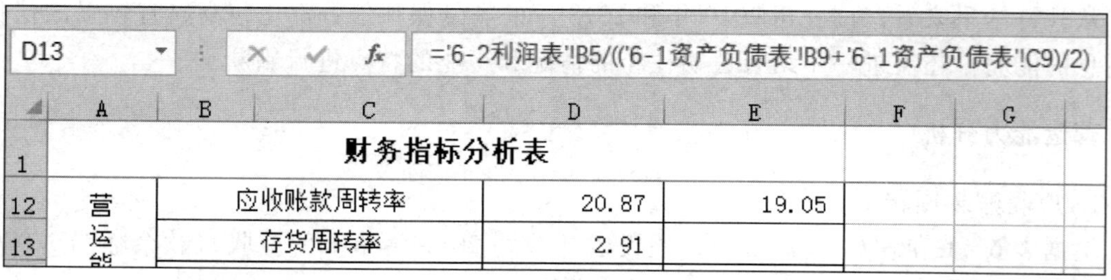

图 6－21

在 E13 单元格中输入公式“='6-2 利润表'! C5/(('6-1 资产负债表'! C9+3 800)/2)”，按［Enter］键计算 2018 年存货周转率 $=\frac{11\ 800}{(3\ 800+4\ 100)\div 2}=2.99$（次），见图 6-22。

E13　='6-2利润表'!C5/(('6-1资产负债表'!C9+3800)/2)

	A	B	C	D	E	F
1	财务指标分析表					
12	营运能		应收账款周转率	20.87	19.05	
13			存货周转率	2.91	2.99	

图 6-22

计算结果表明，该公司 2019 年的存货周转率比 2018 年有所延缓，存货周转次数由 2.99 次降为 2.91 次。从资产负债表中也可以看出 2019 年存货水平有较大提高，说明该公司对存货的管理效率有所降低。

3. 流动资产周转率。

根据表 6-1 和表 6-2 的资料，假设宏达公司 2017 年年末的流动资产总额为 6 500 万元，该公司 2018 年度和 2019 年度的流动资产周转率的计算如下：

在 D14 单元格中输入公式“='6-2 利润表'! B4/(('6-1 资产负债表'! B11+'6-1 资产负债表'! C11)/2)”，按［Enter］键计算 2019 年流动资产周转率 $=\frac{24\ 000}{(7\ 050+7\ 920)\div 2}=3.21$（次），见图 6-23。

D14　='6-2利润表'!B4/(('6-1资产负债表'!B11+'6-1资产负债表'!C11)/2)

	A	B	C	D	E	F	G
1	财务指标分析表						
12	营运能力		应收账款周转率	20.87	19.05		
13			存货周转率	2.91	2.99		
14			流动资产周转率	3.21			

图 6-23

在 E14 单元格中输入公式“='6-2 利润表'! C4/((6 500+'6-1 资产负债表'! C11)/2)”，按［Enter］键计算 2018 年流动资产周转率（周转次数）$=\frac{20\ 000}{(6\ 500+7\ 050)\div 2}=2.95$（次），见图 6-24。

E14 ='6-2利润表'!C4/((6500+'6-1资产负债表'!C11)/2)

	A	B	C	D	E	F
1	财务指标分析表					
12	营运能力	应收账款周转率		20.87	19.05	
13		存货周转率		2.91	2.99	
14		流动资产周转率		3.21	2.95	

图 6－24

计算结果表明，2019 年的流动资产周转率比 2018 年有所提高，周转次数由 2.95 次提高到 3.21 次，说明该公司的流动资产利用效果有所改善。

4. 固定资产周转率。

根据表 6－1 和表 6－2 的资料，假设宏达公司 2017 年年末的固定资产净值为 12 000 万元，表 6－2 中的固定资产金额均为固定资产净值（未计提固定资产减值准备）。该公司 2018 年度和 2019 年度的固定资产周转率的计算如下：

在 D15 单元格中输入公式"='6－2 利润表'！B4/(('6－1 资产负债表'！B14+'6－1 资产负债表'！C14)/2)"，按［Enter］键计算 2019 年流动资产周转率。固定资产周转率（周转次数）$=\frac{24\ 000}{(13\ 000+15\ 000)\div 2}=1.71$（次）。计算结果见图 6－25。

D15 ='6-2利润表'!B4/(('6-1资产负债表'!B14+'6-1资产负债表'!C14)/2)

	A	B	C	D	E	F	G	H
1	财务指标分析表							
6	偿债能力分析	力	现金比率	0.39	0.54			
7		长期偿债能力	资产负债率	26.57%	25.42%			
8			股东权益比率	73.43%	74.58%			
9			权益乘数	1.36	1.34			
10			产权比率	36.19%	34.08%			
11			利息保障倍数	13.44	12.89			
12	营运能力分析	应收账款周转率		20.87	19.05			
13		存货周转率		2.91	2.99			
14		流动资产周转率		3.21	2.95			
15		固定资产周转率		1.71				

图 6－25

在 E15 单元格中输入公式"='6－2 利润表'！C4/((6 500+'6－1 资产负债表'！C11)/2)"，按［Enter］键计算 2018 年固定资产周转率（周转次数）$=\frac{20\ 000}{(12\ 000+13\ 000)\div 2}=1.6$（次）。计算结果见图 6－26。

E15　=‘6-2利润表’!C4/((‘6-1资产负债表’!C14+12000)/2)

	A	B	C	D	E	F
1	财务指标分析表					
6	债能力分析	力	现金比率	0.39	0.54	
7		长期偿债能力	资产负债率	26.57%	25.42%	
8			股东权益比率	73.43%	74.58%	
9			权益乘数	1.36	1.34	
10			产权比率	36.19%	34.08%	
11			利息保障倍数	13.44	12.89	
12	营运能力分析	应收账款周转率		20.87	19.05	
13		存货周转率		2.91	2.99	
14		流动资产周转率		3.21	2.95	
15		固定资产周转率		1.71	1.60	

图 6－26

计算结果表明，该公司2019年的固定资产周转率比2018年有所加快，其主要原因是固定资产净值的增加幅度低于营业收入增长幅度所致，说明企业固定资产的营运能力有所提高。

5. 总资产周转率。

根据表6－1和表6－2的资料，假设宏达公司2017年年末的资产总额为20 000万元，该公司2018年度和2019年度的总资产周转率的计算如下：

在D16单元格中输入公式“='6－2利润表'！B4/(('6－1资产负债表'！B19+'6－1资产负债表'！C19)/2)”，按［Enter］键计算2019年总资产周转率（周转次数）$=\frac{24\ 000}{(21\ 050+23\ 970)\div 2}=1.07$（次）。计算结果见图6－27。

D16　=‘6-2利润表’!B4/((‘6-1资产负债表’!B19+‘6-1资产负债表’!C19)/2)

	A	B	C	D	E	F	G
1	财务指标分析表						
16	析	总资产周转率		1.07			

图 6－27

在E16单元格中输入公式“='6－2利润表'！C4/(('6－1资产负债表'！C19+20 000)/2)”，按［Enter］键计算2018年总资产周转率（周转次数）$=\frac{20\ 000}{(20\ 000+21\ 050)\div 2}=0.97$（次）。计算结果见图6－28。

E16　=‘6-2利润表’!C4/((‘6-1资产负债表’!C19+20000)/2)

	A	B	C	D	E	F
1	财务指标分析表					
16	析	总资产周转率		1.07	0.97	

图 6－28

计算结果表明，该公司 2019 年的总资产周转率比 2018 年略有加快，说明全部资产的利用效率有所提高。

三、盈利能力分析

1. 营业毛利率。

在 D17 单元格中输入公式“=（'6－2 利润表'! B4－'6－2 利润表'! B5)/'6－2 利润表'! B4”，按［Enter］键计算 2019 年营业毛利率 $=\frac{24\ 000-13\ 400}{24\ 000}\times 100\%=44.17\%$，见图 6－29。

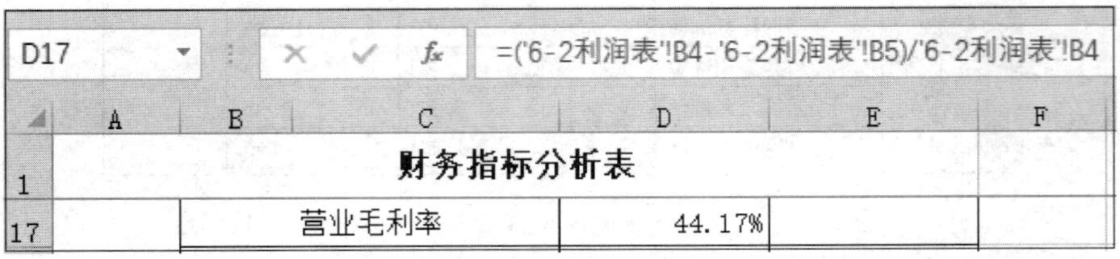

D17 =('6-2利润表'!B4-'6-2利润表'!B5)/'6-2利润表'!B4

	A	B	C	D	E	F
1	财务指标分析表					
17		营业毛利率		44.17%		

图 6－29

在 E17 单元格中输入公式“=（'6－2 利润表'! C4－'6－2 利润表'! C5)/'6－2 利润表'! C4”，按［Enter］键计算 2018 年营业毛利率 $=\frac{20\ 000-11\ 800}{20\ 000}\times 100\%=41\%$，见图 6－30。

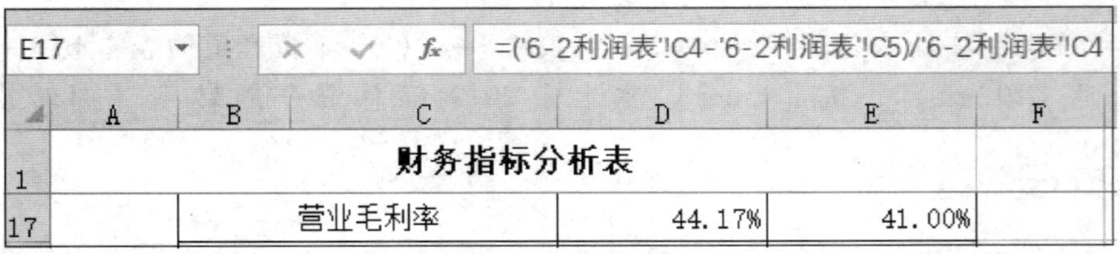

E17 =('6-2利润表'!C4-'6-2利润表'!C5)/'6-2利润表'!C4

	A	B	C	D	E	F
1	财务指标分析表					
17		营业毛利率		44.17%	41.00%	

图 6－30

计算结果表明，2019 年度的营业毛利率比 2018 年度都有所提高，说明企业 2018 年的盈利能力增强了。

2. 营业净利率。

在 D18 单元格中输入公式“='6－2 利润表'! B16/'6－2 利润表'! B4”，按［Enter］键计算 2019 年营业净利率 $=\frac{4\ 200}{24\ 000}\times 100\%=17.50\%$，见图 6－31。

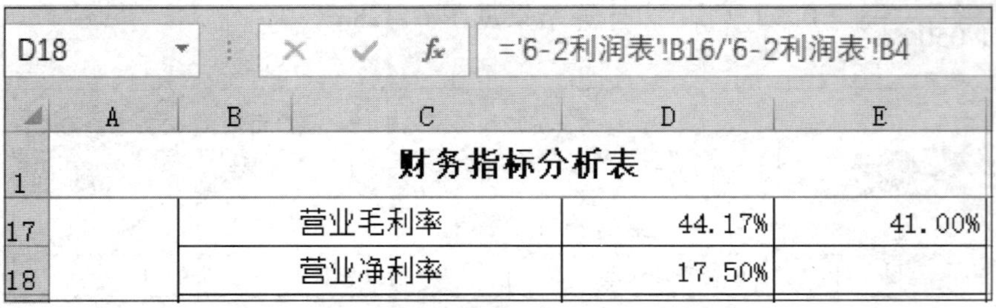

D18 ='6-2利润表'!B16/'6-2利润表'!B4

	A	B	C	D	E
1	财务指标分析表				
17		营业毛利率		44.17%	41.00%
18		营业净利率		17.50%	

图 6－31

在 E18 单元格中输入公式 “='6-2 利润表'! C16/'6-2 利润表'! C4”，按［Enter］键计算 2018 年营业净利率 $=\frac{3\ 120}{20\ 000}\times 100\%=15.60\%$，见图 6-32。

E18　=‘6-2利润表’!C16/‘6-2利润表’!C4

	A	B	C	D	E
1	财务指标分析表				
17			营业毛利率	44.17%	41.00%
18			营业净利率	17.50%	15.60%

图 6-32

计算结果表明，2019 年度的营业净利率比 2018 年度都有所提高，说明企业 2019 年的盈利能力增强了。

3. 总资产净利率。

根据表 6-1 和表 6-2 的资料，假设宏达公司 2017 年年末的资产总额为 20 000 万元，该公司 2018 年度和 2019 年度的总资产净利率的计算如下：

在 D19 单元格中输入公式 “='6-2 利润表'! B16/(('6-1 资产负债表'! B19+'6-1 资产负债表'! C19)/2)”，按［Enter］键计算 2019 年总资产净利率 $=\frac{4\ 200}{(21\ 050+23\ 970)\div 2}\times 100\%=18.66\%$。计算结果见图 6-33。

D19　=‘6-2利润表’!B16/((‘6-1资产负债表’!B19+‘6-1资产负债表’!C19)/2)

	A	B	C	D	E	F	G	H
1	财务指标分析表							
17			营业毛利率	44.17%	41.00%			
18			营业净利率	17.50%	15.60%			
19	盈		总资产净利率	18.66%				

图 6-33

在 E19 单元格中输入公式 “='6-2 利润表'! C16/((20 000+'6-1 资产负债表'! C19)/2)”，按［Enter］键计算 2018 年总资产净利率 $=\frac{3\ 120}{(20\ 000+21\ 050)\div 2}\times 100\%=15.20\%$。计算结果见图 6-34。

E19　=‘6-2利润表’!C16/((20000+‘6-1资产负债表’!C19)/2)

	A	B	C	D	E	F
1	财务指标分析表					
17			营业毛利率	44.17%	41.00%	
18			营业净利率	17.50%	15.60%	
19	盈		总资产净利率	18.66%	15.20%	

图 6-34

计算结果表明，2019 年度的资产净利率比 2018 年度要高，说明企业的资产利用效果好，盈利能力增强。

4. 股东权益净利率。

根据表 6-1 和表 6-2 的资料，假设宏达公司 2017 年年末的所有者权益总额为 15 000 万元，该公司 2018 年度和 2019 年度的股东权益净利率的计算如下：

在 D20 单元格中输入公式"='6-2 利润表'! B16/(('6-1 资产负债表'! E18+'6-1 资产负债表'! F18)/2)"，按［Enter］键计算 2019 年股东权益净利率 $=\frac{4\ 200}{(15\ 700+17\ 600)\div 2}\times 100\%=25.23\%$，见图 6-35。

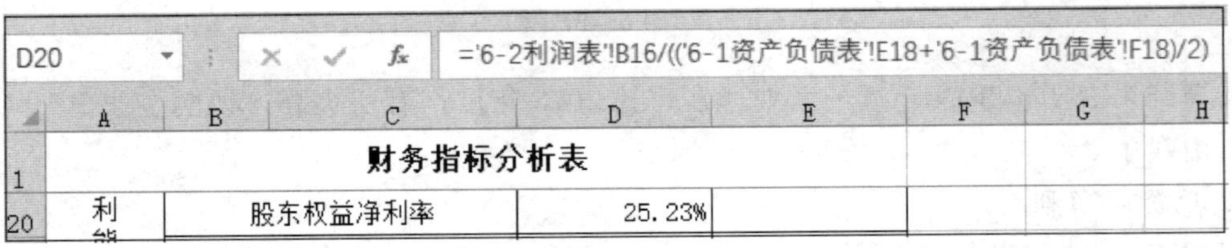

图 6-35

在 E20 单元格中输入公式"='6-2 利润表'! C16/(('6-1 资产负债表'! F18+15 000)/2)"，按［Enter］键计算 2018 年股东权益净利率 $=\frac{3\ 120}{(15\ 700+15\ 000)\div 2}\times 100\%=20.33\%$，见图 6-36。

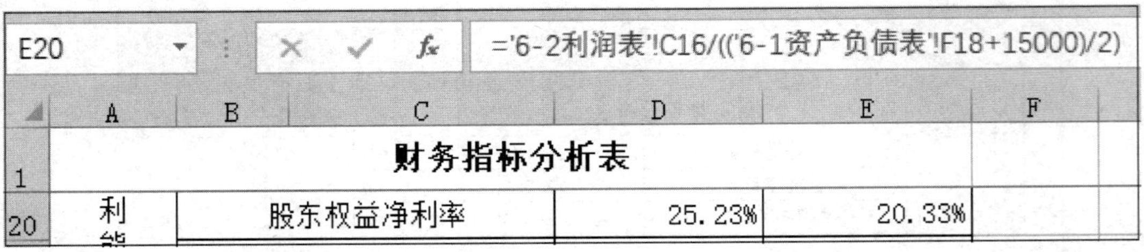

图 6-36

计算结果表明，2019 年度的净资产收益率比 2018 年提高了，说明企业自有资本的盈利水平提高。

5. 普通股每股收益。

根据表 6-1 和表 6-2 的资料，假设宏达公司 2018 年至 2019 年发行在外的普通股加权平均数均为 12 000 万股，利润表中的净利润全部归属于普通股股东，该公司 2019 年和 2018 年的普通股每股收益计算如下：

在 D21 单元格中输入公式"='6-2 利润表'! B16/12 000"，按［Enter］键计算 2019 年普通股每股收益 $=\frac{4\ 200}{12\ 000}=0.35$（元）。计算结果见图 6-37。

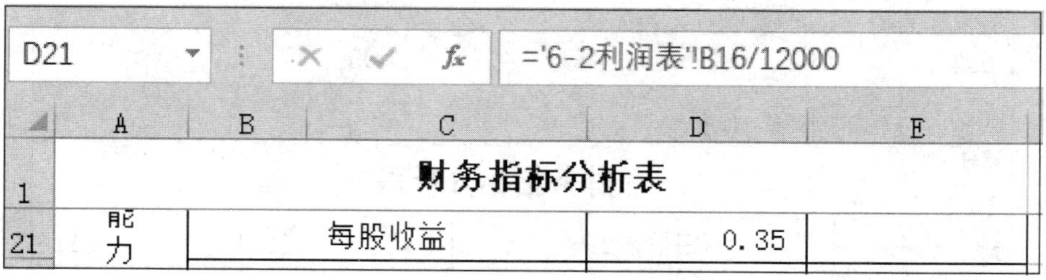

图 6-37

在 E21 单元格中输入公式“='6-2 利润表'! C16/12 000”，按［Enter］键计算 2018 年普通股每股收益 $=\frac{3\ 120}{12\ 000}=0.26$（元）。计算结果见图 6-38。

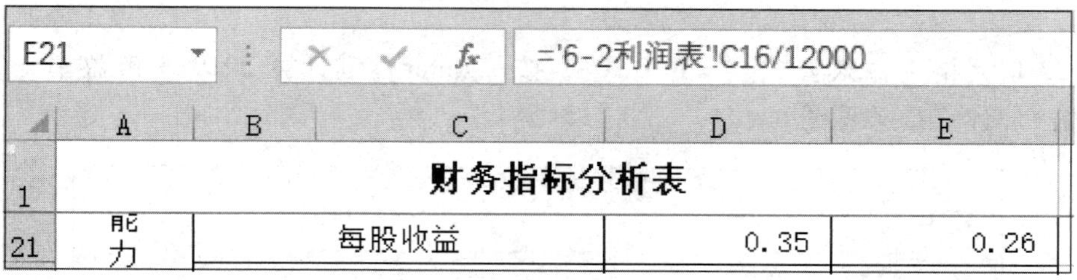

图 6-38

计算结果表明，该公司 2019 年的普通股每股收益比 2018 年提高了，说明该公司的盈利能力增强。

6. 普通股每股股利。

根据表 6-1 和表 6-2 的资料，假设宏达公司 2018 年至 2019 年分别发放普通股股利 1 320万元和 1 560 万元，2018 年至 2019 年发行在外的普通股平均股数均为 12 000 万股，该公司 2019 年和 2018 年的普通股每股股利计算如下：

在 D22 单元格中输入公式“=1 560/12 000”，按［Enter］键计算 2019 年普通股每股股利 $=\frac{1\ 560}{12\ 000}=0.13$（元）。计算结果见图 6-39。

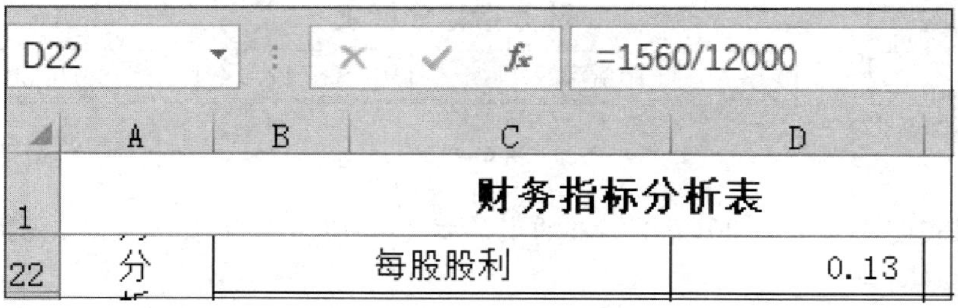

图 6-39

在 E22 单元格中输入公式“=1 320/12 000”，按［Enter］键计算 2018 年普通股每股股利 $=\frac{1\ 320}{12\ 000}=0.11$（元）。计算结果见图 6-40。

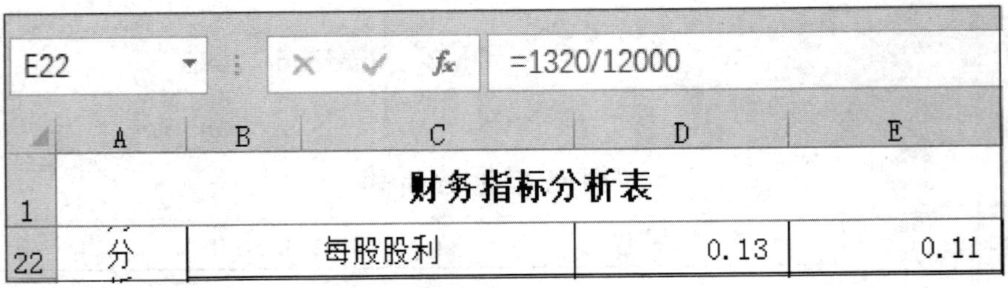

图 6-40

7. 市盈率。

假设宏达公司 2018 年至 2019 年发行在外的普通股平均股数均为 12 000 万股，该公司 2018 年和 2019 年普通股每股市价为 4 元和 6 元，则该公司 2019 年和 2018 年的市盈率分别为：

在 D23 单元格中输入公式“=6/D21”，按［Enter］键计算 2019 年市盈率 =6/0.35 = 17.14（倍）。计算结果见图 6-41。

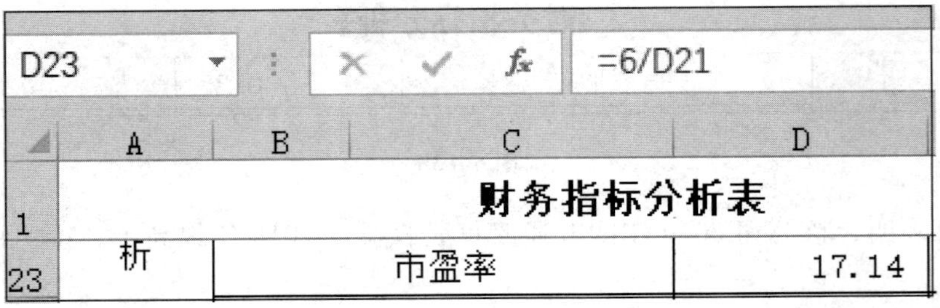

图 6-41

在 E23 单元格中输入公式“=4/E21”，按［Enter］键计算 2018 年市盈率 =4/0.26 = 15.38（倍）。计算结果见图 6-42。

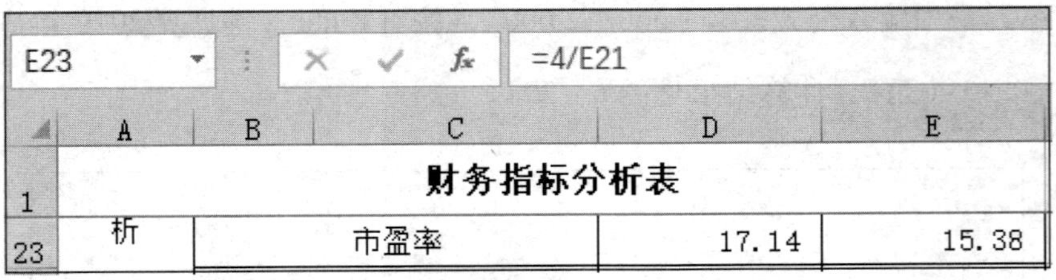

图 6-42

计算结果表明，该公司 2019 年年末的市盈率比 2018 年年末有所提高，表明投资者对该公司的发展前景看好。

8. 每股净资产。

根据表 6-1 的资料，假设宏达公司 2018 年和 2019 年发行在外的普通股平均股数均为 12 000 万股，则每股净资产计算如下：

在 D24 单元格中输入公式“='6-1 资产负债表'! E18/12000”，按［Enter］键计算 2019 年每股净资产 =17 600 ÷ 12 000 = 1.47（元）。计算结果见图 6-43。

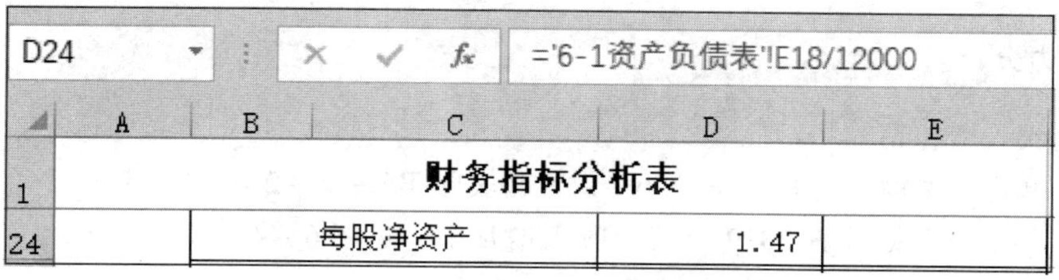

图 6 – 43

在 E24 单元格中输入公式“='6 – 1 资产负债表'! F18/12000”，按［Enter］键计算 2018 年每股净资产 = 15 700 ÷ 12 000 = 1.31（元）。计算结果见图 6 – 44。

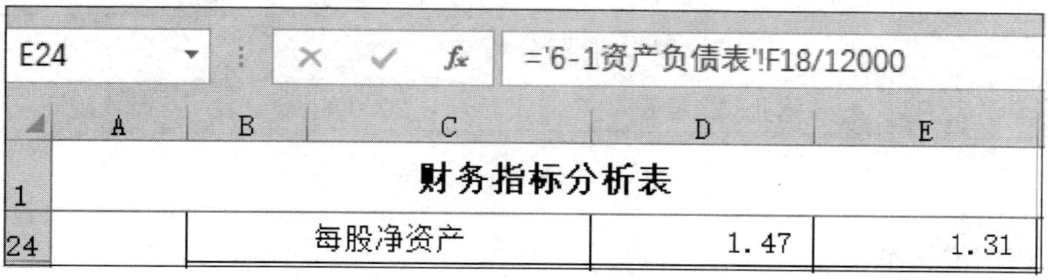

图 6 – 44

9. 市净率。

沿用以上资料，假设宏达公司 2018 年和 2019 年普通股每股市价为 4 元和 6 元，则每股市价计算如下：

在 D25 单元格中输入公式“=6/D24”，按［Enter］键计算 2019 年市净率 = 6 ÷ 1.47 = 4.09（倍）。计算结果见图 6 – 45。

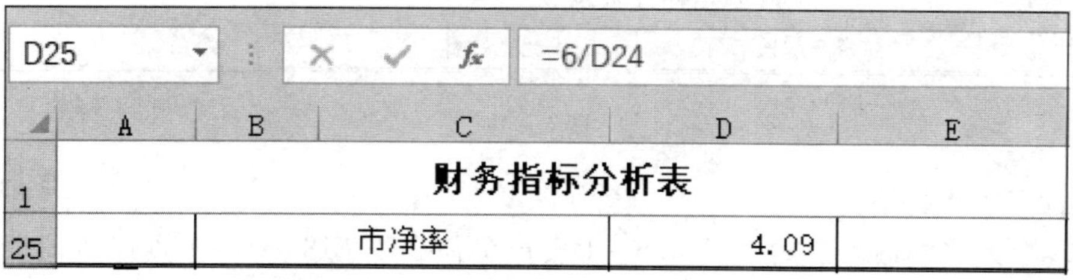

图 6 – 45

在 E25 单元格中输入公式“=4/E24”，按［Enter］键计算 2018 年市净率 = 4 ÷ 1.31 = 3.05（倍）。计算结果见图 6 – 46。

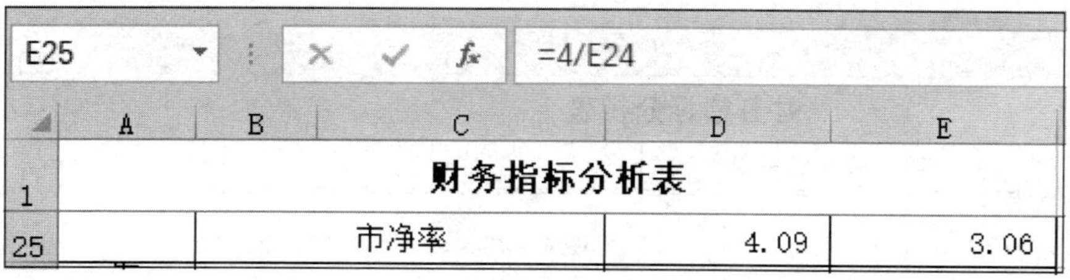

图 6 – 46

四、发展能力分析。

1. 营业收入增长率。

在 D26 单元格中输入公式“=（'6－2 利润表'！B4－'6－2 利润表'！C4）/'6－2 利润表'！C4”，按［Enter］键计算 2019 年营业收入增长率，见图 6－47。

$$2019\text{ 年营业收入增长率}=\frac{24\ 000-20\ 000}{20\ 000}\times 100\%=20\%$$

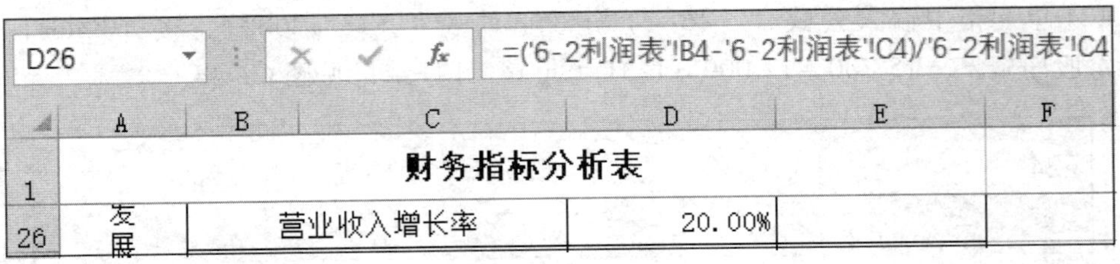

图 6－47

2. 总资产增长率。

在 D27 单元格中输入公式“=（'6－1 资产负债表'！B19－'6－1 资产负债表'！C19）/'6－1 资产负债表'！C19”，按［Enter］键计算 2019 年总资产增长率，见图 6－48。

$$2019\text{ 年总资产增长率}=\frac{23\ 970-21\ 050}{21\ 050}\times 100\%=13.87\%$$

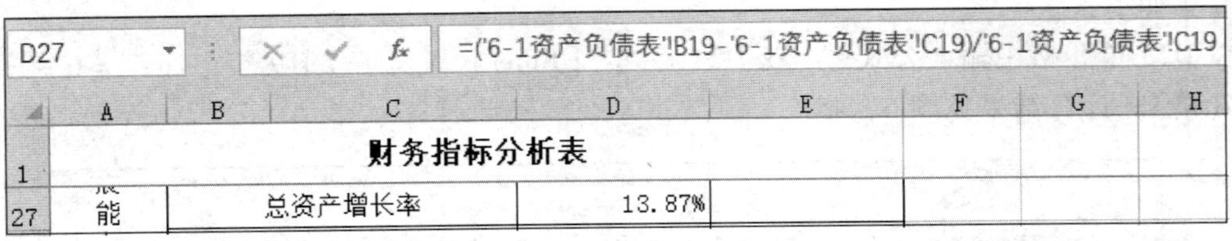

图 6－48

3. 股权资本增长率。

在 D28 单元格中输入公式“=（'6－1 资产负债表'！E18－'6－1 资产负债表'！F18）/'6－1 资产负债表'！F18”，按［Enter］键计算 2019 年股权资本增长率，见图 6－49。

$$2019\text{ 年股权资本增长率}=\frac{17\ 600-15\ 700}{15\ 700}\times 100\%=12.10\%$$

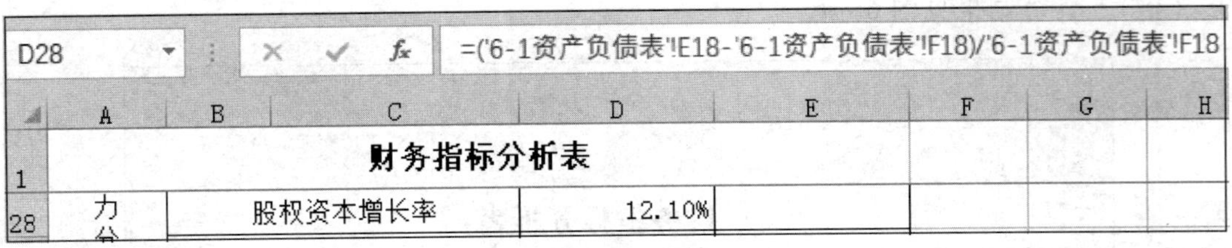

图 6－49

4. 利润增长率。

在 D29 单元格中输入公式“=（'6－2 利润表'！B16－'6－2 利润表'！C16）/'6－2 利润表'！C16”，按［Enter］键计算 2018 年利润增长率。见图 6－50。

$$2018\text{ 年利润增长率}=\frac{5\ 600-4\ 160}{4\ 160}\times 100\%=34.62\%$$

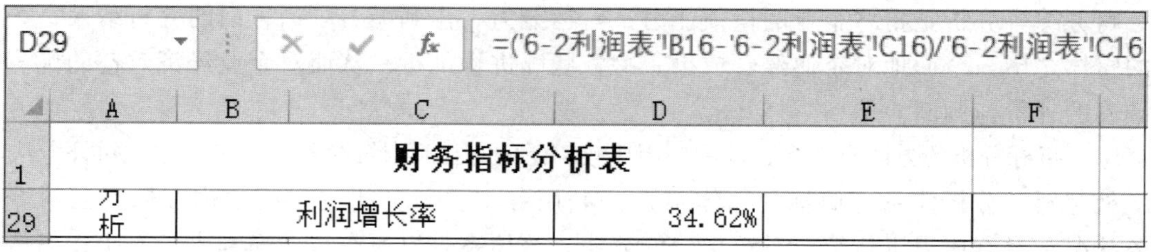

图 6－50

任务 2 财务综合分析

■ 任务案例

［案例 2］结合北京宏达有限公司财务数据，以净资产收益率为核心，采用杜邦分析法，对北京宏达有限公司的偿债能力、营运能力、盈利能力等诸方面的分析纳入一个有机的整体之中，全面地对企业经营状况、财务状况进行剖析。

［案例 3］因素分析

假设北京宏达有限公司生产某服装耗用某种布料，2019 年 3 月其产品产量、单位产品材料耗用量以及材料单价见表 6－4。

表 6－4　某服装材料费用情况表

项目	单位	计划数	实际数
服装产量	件	100	120
单位服装材料消耗量	尺	9	8
材料单价	元	6	7
材料费用总额	元	5 400	6 720

根据表中资料，材料费用总额实际数较计划数增加 1 320 元，运用连环替代法，计算各因素变动对材料费用总额的影响程度。

工作准备

一、杜邦财务分析体系

财务综合分析是指将企业的偿债能力、营运能力、盈利能力等诸方面的分析纳入一个有机的整体之中，全面地对企业经营成果、财务状况进行剖析，从而对企业经济效益的优劣做出准确的评价与判断。

综合指标分析的方法有很多，其中应用比较广泛的有杜邦财务分析体系和沃尔比重评分法。

杜邦财务分析体系（简称杜邦体系）是利用各主要财务比率之间的内在联系，对企业财务状况和经营成果进行综合系统评价的方法。该体系是以股东权益净利率为龙头，以资产净利率和权益乘数为核心，重点揭示企业获利能力及权益乘数对权益净利率的影响，以及各相关指标间的相互作用关系。因其最初由美国杜邦公司成功应用，所以得名。

杜邦体系以股东权益净利率为核心，将其分解为若干财务指标，通过分析各分解指标的变动对股东权益净利率的影响来揭示企业盈利能力及其变动原因。

杜邦体系各主要指标之间的关系如下：

$$\text{股东权益净利率}=\frac{\text{净利润}}{\text{销售收入}}\times\frac{\text{销售收入}}{\text{总资产}}\times\frac{\text{总资产}}{\text{股东权益}}$$

$$=\text{营业净利率}\times\text{总资产周转率}\times\text{权益乘数}$$

无论提高其中哪个比率，股东权益净利率都会提高。其中，“营业净利率”是利润表的概括，“销售收入”在利润表的第一行，“净利润”在利润表的最后一行，两者相除可以概括全部经营成果；“权益乘数”是资产负债表的概括，表明资产、负债和股东权益的比例关系，可以反映最基本的财务状况；“总资产周转率”把利润表和资产负债表联系起来，使股东权益净利率可以综合整个企业经营活动和财务活动业绩。

杜邦体系的基本框架见图 6－51。

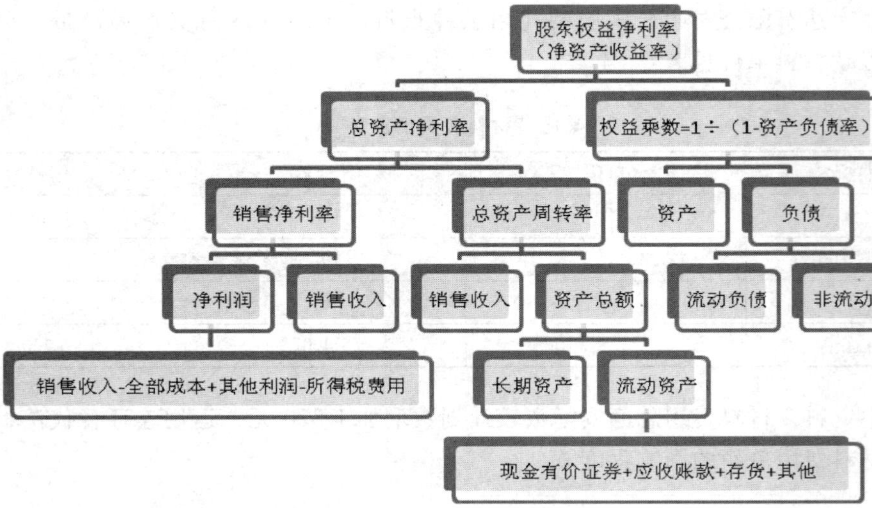

图 6－51　杜邦分析图

从图 6－51 可以看出，杜邦体系是将有关财务比率和财务指标以系统分析图的形式连在一起，通过这一指标体系图，可以了解以下问题：

（1）股东权益净利率是一个综合性最强的财务比率，是杜邦体系的起点。该指标反映了企业所有者投入资本的获利能力，说明了企业筹资、投资、资产运营等各项财务及其管理活动的效率，而不断提高股东权益净利率是股东权益最大化的基本保证。该指标的高低取决于营业净利率、总资产周转率和权益乘数。企业所有者、经营者都十分关心该指标。

（2）营业净利率反映了企业净利润与销售收入的关系。提高营业净利率是提高企业盈利的关键，主要有两个途径：一是扩大销售收入，二是降低成本费用。扩大销售既有利于提高营业净利率，又有利于提高总资产周转率。减低成本费用是提高营业净利率的一个重要因素，从杜邦分析图可以看出成本费用的基本结构是否合理，从而找出降低成本费用的途径和加强成本费用控制的办法。

（3）总资产周转率揭示企业资产总额实现销售收入的综合能力。影响总资产周转率的重要因素是资产总额。资产总额由流动资产和长期资产组成，它们的结构合理与否将直接影响资产的周转速度。一般来说，流动资产直接体现企业的偿债能力和变现能力，而长期资产则体现了企业的经营规模、发展潜力。两者直接之间应该有一个合理的比例关系。如果发现某项资产比重过大，影响资金周转，就应深入分析原因，例如企业持有的货币资金超过业务需要，就会影响企业的盈利能力；如果企业占有过多的存货和应收账款，则既会影响获利能力，又会影响偿债能力。因此，还应进一步分析各项资产的占有数额和周转速度。

（4）权益乘数是受资产负债率影响的指标，反映了股东权益与总资产的关系。权益乘数越大，说明企业负债程度较高，能给企业带来较大的财务杠杆利益，但同时也带来了较大的偿债风险。因此，企业既要合理使用全部资产，又要妥善安排资本结构。

通过杜邦体系自上而下逐层分解，可以全方位地揭示与披露企业各项财务指标间的结构关系，查明各主要指标变动的影响因素，为决策者优化经营理财状况，提高企业经营效益提供可靠依据。

二、因素分析法

因素分析法是根据分析指标与其驱动因素的关系，从数量上确定各因素对分析指标的影响方向及程度的分析方法。这种分析方法的思路是，当有若干因素对分析指标发生影响时，在假设其他各个因素都不变的情况下，顺序确定每一个因素单独变化对分析指标所产生的影响。

因素分析法有连环替代法和差额分析法两种。

1. 连环替代法。

连环替代法是指将分析指标分解为各个可以计量的因素，并根据各个因素之间的依存关系，顺次用各因素的比较值（通常即实际值）替代基准值（通常即标准值或计划值），据以测定各因素对分析指标的影响。

连环替代法的计算分析程序如下：

（1）确定总指标的影响因素。一个指标的变动受许多因素的影响，找出其影响因素，并列出关系式。

（2）按顺序将其中一个因素视为可变因素，其他因素暂时视为不变因素，依次逐项替代，每一次替代在上一次替代的基础上进行。

（3）将每一次替代后的结果反向两两相减，测算出各项因素变动对总体指标的影响程度和影响方向。

假定某项财务指标 P 受 a、b、c 三个因素影响，它由 a、b、c 三个因素的乘积构成，即：

$P = a \times b \times c$

将构成 P 的 a、b、c 三个因素，由计划数分别顺序替换实际数，确定各因素变动对指标 P 的影响。其计算步骤如下：

计划指标：$P_0 = a_0 \times b_0 \times c_0$

第一次替代：$P_1 = a_1 \times b_0 \times c_0$

第二次替代：$P_2 = a_1 \times b_1 \times c_0$

第三次替代：$P_3 = a_1 \times b_1 \times c_1$

其中，$P_3 = a_1 \times b_1 \times c_1$是实际指标。

a 因素变动的影响：$\Delta P_a = P_1 - P_0$

b 因素变动的影响：$\Delta P_b = P_2 - P_1$

c 因素变动的影响：$\Delta P_c = P_3 - P_2$

各因素的影响合计：$\Delta P = \Delta P_a + \Delta P_b + \Delta P_c$

2. 差额分析法。

差额分析法是连环替代法的一种简化形式，它是利用各个因素的比较值与基准值之间的差额，来计算各因素对分析指标的影响。

需要注意的是，差额分析法只适用于当综合指标等于各因素之间连乘或连除时；当综合指标是通过因素间“加”或“减”形成时，不能用差额分析法。

因素分析法可以全面分析各因素对某一经济指标的影响，又可以单独分析某个因素对某一经济指标的影响，在财务分析中应用颇为广泛。但在应用时，应注意以下几个方面的问题：

（1）因素分解的关联性。确定构成经济指标的因素，必须是客观上存在着因果关系，要能够反映形成该项指标差异的内在构成原因，否则就失去了其存在价值。

（2）因素替代的顺序性。替代因素时，必须按照各因素的依存关系，排列成一定的顺序并依次替代，不可随意加以颠倒，否则就会得出不同的计算结果。

（3）顺序替代的连环性。连环替代法在计算每一个因素变动的影响时，都必须是在前一次计算的基础上进行的，并采用连环比较的方法确定因素变化的影响结果。因为只有保持计算程序上的连环性，才能使各个因素影响之和等于分析指标的变动差异，以全面说明分析指标变动的原因。

（4）计算结果的假定性。运用这一方法在测定某一因素的影响时，是以假定其他因素不变为条件的。因此，计算结果只能说明是在某种假设条件下计算的结果。因此，在采用这种方法进行分析时，应力求使这种假定合乎逻辑，否则会妨碍分析的有效性。

任务实施

[案例 2]

建立北京宏达有限公司“财务综合分析表”。建立步骤如下：

1. 在上述“财务分析”工作表内插入一个空白工作簿，重命名为“财务综合分析表”。

2. 根据［案例 2］北京宏达有限公司的财务综合分析指标在表格中输入信息，见图6－52：

	A	B	C	D	E
1	财务综合分析表				
2	序号	财务综合分析指标	2018年	2017年	
3	1	总资产净利率			
4	2	权益乘数			
5	3	营业净利率			
6	4	总资产周转率			
7	5	股东权益净利率			
8					
9					
10					
11					

财务综合分析表　财务指标分析表　6-1资产负债表　6-2利润表

图 6－52

3. 将表中相关指标设置关联公式，如设置 C3 单元格输入“＝财务指标分析表！D19”，见图 6－53。

C3　=财务指标分析表!D19

	A	B	C	D
1	财务综合分析表			
2	序号	财务综合分析指标	2018年	2017年
3	1	总资产净利率	18.66%	15.20%

图 6－53

依次将 1－4 指标与“财务指标分析表”中数据关联起来，见图 6－54。

	A	B	C	D
1	财务综合分析表			
2	序号	财务综合分析指标	2019年	2018年
3	1	总资产净利率	18.66%	15.20%
4	2	权益乘数	1.36	1.34
5	3	营业净利率	17.50%	15.60%
6	4	总资产周转率	1.07	0.97

图 6－54

4. 计算股东权益净利率。

在 C7 单元格中输入公式"＝C3＊C4"，按［Enter］键计算 2019 年股东权益净利率＝18.66%×15.20%＝25.41%，见图 6－55。

C7　=C3*C4

	A	B	C	D
7	5	股东权益净利率	25.41%	20.38%

图 6－55

在 D7 单元格中输入公式"＝D3＊D4"，按［Enter］键计算 2018 年股东权益净利率＝15.20%×1.34＝20.38%，见图 6－56。

D7　=D3*D4

	A	B	C	D
7	5	股东权益净利率	25.41%	20.38%

图 6－56

［案例 3］因素分析

运用连环替代法，计算各因素变动对材料费用总额的影响程度。

1. 新建 Excel 工作表—命名为"连环替代法"，并导入相关生产数据，见图 6－57。

	A	B	C	D
1				
2	某服装材料费用情况表			
3	项目	单位	计划数	实际数
4	服装产量	件	100	120
5	单位服装材料消耗量	尺	9	8
6	材料单价	元	6	7
7	材料费用总额	元	5400	6720

图 6－57

2. 按照顺序进行替代，公式设置如下：

在 C11 单元格中输入公式“=D4*C5*C6”，按［Enter］键计算第一次替代结果为，$P_1=120\times9\times6=6\ 480$（元）。见图 6-58。

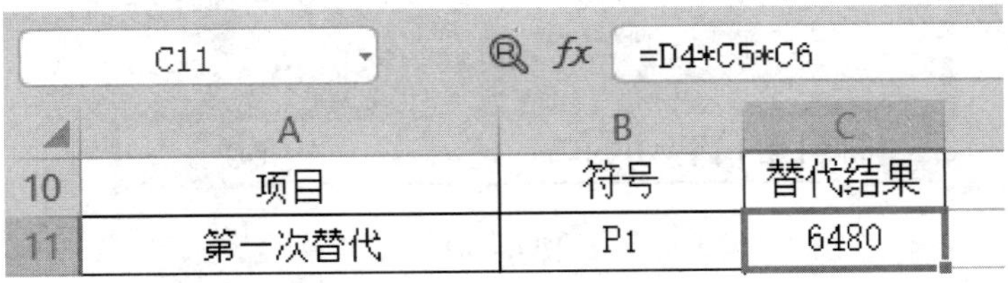

图 6-58

在 C12 单元格中输入公式“=D4*D5*C6”，按［Enter］键计算第二次替代结果为 $P_2=120\times8\times6=5\ 760$（元），见图 6-59。

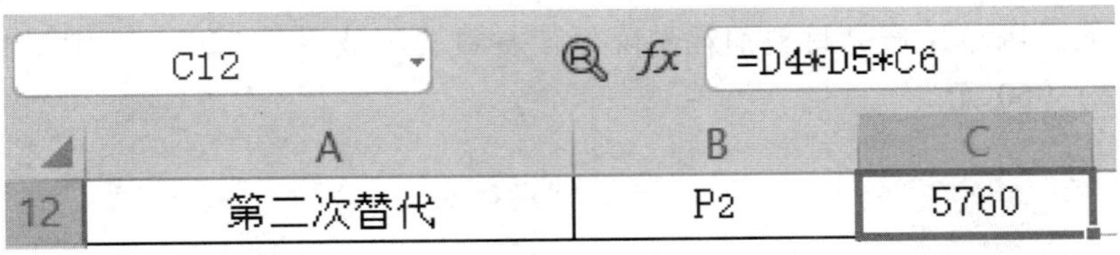

图 6-59

在 C13 单元格中输入公式“=D4*D5*D6”，按［Enter］键计算第三次替代结果为 $P_3=120\times8\times7=6\ 720$（元）。

3. 计算因素变动影响。

①在 B16 单元格中输入公式“=C11-C7”，按［Enter］键计算产量变动影响，结果为 $\Delta P_a=P_1-P_0=6\ 480-5\ 400=1\ 080$（元），见图 6-60。

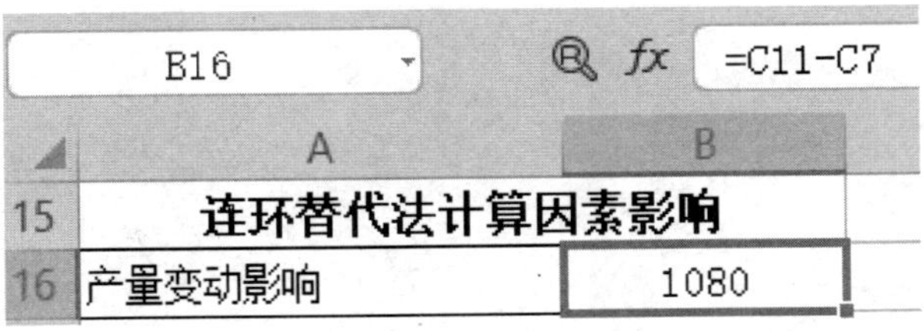

图 6-60

②在 B17 单元格中输入公式“=C12-C11”，按［Enter］键计算单位产品材料消耗量变动的影响，结果为 $\Delta P_b=P_2-P_1=5\ 760-6\ 480=-720$（元），见图 6-61。

图 6-61

③在 B18 单元格中输入公式“ = C13 - C12”，按［Enter］键计算单位产品材料消耗量变动的影响，结果为 $\Delta P_c = P_3 - P_2 = 6\ 720 - 5\ 760 = 960$（元），见图 6 - 62。

图 6 - 62

④在 B19 单元格中输入公式“ = SUM（B16：B18）”，按［Enter］键计算各因素的影响合计：

$\Delta P = \Delta P_a + \Delta P_b + \Delta P_c = 1\ 080 - 720 + 960 = 1\ 320$（元）

以上分析表明，材料费用实际数比计划数增加 1 320 元，其中，因产量增加使材料费用增加了 1 080 元；因单位产品材料消耗量降低使材料费用减少了 720 元；因材料单价上涨使材料费用增加了 960 元。

7 项目七 绩效管理

学习目标

1. 能利用 Excel 进行 KPI 指标分析；
2. 能利用 Excel 计算不同口径的 EVA；
3. 能在 Excel 环境下，从 BSC 的四个维度进行分析；
4. 能灵活运用 Excel 根据企业不同需求编制不同口径的管理会计报告。

任务 1 KPI 指标分析

任务案例

[**案例 1**] 北京宏达有限公司根据战略目标，综合考虑内外部环境等因素，设定公司级结果类关键绩效指标如下：投资回报率、净资产收益率、经济增加值、息税前利润、自由现金流、资产负债率、总资产周转率，以上指标的相关数据见表 7－1。

要求：请计算完成率、分项得分、加权得分。

表 7-1　　　　　　　　　　　2020 年 KPI 分析表

指标名称	层面	计量单位	目标值	权重	计分方法	实际值	完成率（%）	得分	加权得分
投资资本回报率	财务层面	%	30%	20%	完成率大于（含）90%，100分；完成率大于（含）80%，90分；完成率大于（含）70%，80分；完成率大于（含）60%，70分；完成率大于（含）50%，60分；完成率不足50%，0分	33.53%			
净资产收益率	财务层面	%	25%	5%		38.54%			
经济增加值	财务层面	万元	500	5%		590.01			
息税前利润	财务层面	万元	1 000	10%		945.71			
自由现金流	财务层面	万元	200	25%		120.18			
资产负债率	财务层面	%	80%	15%		66.61%			
总资产周转率	财务层面	%	1	20%		0.90			

工作准备

一、关键绩效指标法的含义

关键绩效指标法，是指基于企业战略目标，通过建立关键绩效指标（Key Performance Indicator，KPI）体系，将价值创造活动与战略规划目标有效联系，并据此进行绩效管理的方法。关键绩效指标，是对企业绩效产生关键影响力的指标，是通过对企业战略目标、关键成果领域的绩效特征分析，识别和提炼出的最能有效驱动企业价值创造的指标。

关键绩效指标法可单独使用，也可与经济增加值法、平衡计分卡等其他方法结合使用。关键绩效指标法的应用对象可为企业、所属单位（部门）和员工。

二、关键绩效指标法的应用

企业应用关键绩效指标，一般包括如下程序：制定以关键绩效指标为核心的绩效计划、制定激励计划、执行绩效计划与激励计划、实施绩效评价与激励、编制绩效评价报告与激励管理报告等。与其他业绩评价方法的关键不同，关键绩效指标法是制定和实施以关键绩效指标为核心的绩效计划。

制定绩效计划包括构建关键绩效指标体系、分配指标权重、确定绩效目标等。

1. 构建关键绩效指标

对于一个企业，可以分为单个层次来制定关键绩效指标体系。

（1）企业级关键绩效指标。企业应根据战略目标，结合价值创造模式，综合考虑内外部环境等因素，设定企业级关键绩效指标。

（2）所属单位（部门）级关键绩效指标。根据企业级关键绩效指标，结合所属单位（部门）关键业务流程，按照上下结合、分级编制、逐级分解的程序，在沟通反馈的基础上，设定所属单位（部门）级关键绩效指标。

（3）制定岗位（员工）级关键绩效指标。根据所属单位（部门）级关键绩效指标，结合员工岗位职责和关键工作价值贡献，设定岗位（员工）级关键绩效指标。

企业的关键绩效指标一般可分为结果类和动因类两类指标。结果类指标是反映企业绩效的价值指标，主要包括投资回报率、净资产收益率、经济增加值、息税前利润、自由现金流等综合指标；动因类指标是反映企业价值关键驱动因素的指标，主要包括资本性支出、单位生产成本、产量、销量、客户满意度、员工满意度等。

关键绩效指标应含义明确、可度量、与战略目标高度相关。指标的数量不宜过多，每一层级的关键绩效指标一般不超过 10 个。

2. 设定关键绩效指标权重

关键绩效指标的权重分配应以企业战略目标为导向，反映被评价对象对企业价值贡献或支持的程度，以及各指标之间的重要性水平。单项关键绩效指标权重一般设定在 5%～30%，对特别重要的指标可适当提高权重。对特别关键、影响企业整体价值的指标可设立“一票否决”制度，即如果某项关键绩效指标未完成，无论其他指标是否完成，均视为未完成绩效目标。

3. 设定关键绩效指标目标值

企业确定关键绩效指标目标值，一般参考以下标准：

（1）依据国家有关部门或权威机构发布的行业标准或参考竞争对手标准。

（2）参照企业内部标准，包括企业战略目标、年度生产经营计划目标、年度预算目标、历年指标水平等。

（3）不能按前两项方法确定的，可根据企业历史经验值确定。

任务实施

根据［案例 1］资料，对该公司 KPI 指标分析见表 7－2。

表 7－2　　2020 年 KPI 分析表

编制部门：财务资产部

指标名称	计量单位	目标值	权重	计分方法	实际值	完成率（%）	得分	加权得分
投资资本回报率	%	30%	20%	完成率大于（含）90%，100 分； 完成率大于（含）80%，90 分； 完成率大于（含）70%，80 分； 完成率大于（含）60%，70 分； 完成率大于（含）50%，60 分； 完成不足 50%，0 分	33.53%	111.78%	100	91.00
净资产收益率	%	25%	5%		38.54%	154.15%	100	
经济增加值	万元	500	5%		590.01	118.00%	100	
息税前利润	万元	1000	10%		945.71	94.57%	100	
自由现金流	万元	200	25%		120.18	60.09%	70	
资产负债率	%	80%	15%		66.61%	83.26%	90	
总资产周转率	%	1	20%		0.90	90.00%	100	

编制时间：　　　　制表人：　　　　复核人：

任务2 EVA 指标分析

任务案例

[案例2] 北京宏达有限公司有甲和乙两个部门，有关数据见表7－3。

表7－3　　北京宏达有限公司甲、乙两部门相关数据　　单位：万元

项目	甲部门	乙部门
部门税前经营利润	108 000	90 000
所得税（25%）	27 000	22 500
部门税后经营净利润	81 000	67 500
部门平均净资产	900 000	600 000
部门平均经营负债	50 000	40 000
部门平均净经营资产（部门平均净投资资本）	850 000	560 000

假设加权平均税前资本成本为11%，并假设没有需要调整的项目，计算A、B两部门的经济增加值。

[案例3]

假设北京宏达有限公司是一家中央企业上市公司，采用经济增加值（EVA）业绩考核办法进行业绩计量和评价，有关资料如下：

（1）2020年该公司的净利润为9.6亿元，利息支出为26亿元，研究和开发费用为1.8亿元，当期确认为无形资产的研究与开发支出为1.2亿元，非经常性损益调整为6.4亿元。

（2）2020年该公司的年末所有者权益为600亿元，年初所有者权益为550亿元，年末负债为850亿元，年初负债为780亿元，年末无息流动负债为250亿元，年初无息流动负债为150亿元，年末在建工程为180亿元，年初在建工程为200亿元。

（3）该公司的平均资本成本率为5.5%。

计算该公司2020年的经济增加值（EVA）。

工作准备

一、经济增加值的含义

经济增加值法，是指以经济增加值（Economic Value Added，EVA）为核心，建立绩效

指标体系，引导企业注重价值创造，并据此进行绩效管理的方法。经济增加值，是指税后净营业利润扣除全部投入资本的成本后的剩余收益。经济增加值及其改善值是全面评价经营者有效使用资本和为企业创造价值的重要指标。经济增加值为正，表明经营者在为企业创造价值；经济增加值为负，表明经营者在损毁企业价值。经济增加值法较少单独应用，一般与关键绩效指标法、平衡计分卡等其他方法结合使用。

二、经济增加值的计算公式

经济增加值的计算公式为：

经济增加值 = 税后净营业利润 − 平均资本占用 × 加权平均资本成本

其中：

税后净营业利润衡量的是企业的经营盈利情况；

平均资本占用反映的是企业持续投入的各种债务资本和股权资本；

加权平均资本成本反映的是企业各种资本的平均成本率。

三、简化的经济增加值的衡量

计算经济增加值时，需要进行相应的会计项目调整，以消除财务报表中不能准确反映企业价值创造的部分。会计调整项目的选择应遵循价值导向性、重要性、可控性、可操作性与行业可比性等原则，根据企业实际情况确定。

国务院国有资产监督管理委员会从 2010 年开始对中央企业负责人实行经济增加值考核并不断完善，国务院国有资产监督管理委员会令第 40 号《中央企业负责人经营业绩考核办法》自 2019 年 4 月 1 日起施行，将其中关于经济增加值的相关规定进行介绍。

（一）经济增加值的定义及计算公式

经济增加值是指企业税后净营业利润减去资本成本后的余额。

经济增加值 = 税后净营业利润 − 资本成本

　　　　　　= 税后净营业利润 − （调整后资本 × 平均资本成本率）

其中：

税后净营业利润 = 净利润 +（利息支出 + 研究开发费用调整项 − 非经常性收益调整项 × 50%）×（1 − 25%）

调整后资本 = 平均所有者权益 + 平均负债合计 − 平均无息流动负债 − 平均在建工程

（二）会计调整项目说明

（1）利息支出是指企业财务报表中“财务费用”项下的“利息支出”。

（2）研究开发费用调整项是指企业财务报表中“管理费用”项下的“研究与开发费”和当期确认为无形资产的研究开发支出。对于为获取国家战略资源，勘探投入费用较大的企业，经国资委认定后，将其成本费用情况表中的“勘探费用”视同研究开发费用调整项按照一定比例（原则上不超过 50%）予以加回。

（3）非经常性收益调整项包括：

①变卖主业优质资产收益：减持具有实质控制权的所属上市公司股权取得的收益（不

包括在二级市场增持后又减持取得的收益）；企业集团（不含投资类企业集团）转让所属主业范围内且资产、收入或者利润占集团总体10%以上的非上市公司资产取得的收益。

②主业优质资产以外的非流动资产转让收益：企业集团（不含投资类企业集团）转让股权（产权）收益，资产（含土地）转让收益。

③其他非经常性收益：与主业发展无关的资产置换收益、与经常活动无关的补贴收入等。

（4）无息流动负债是指企业财务报表中“应付票据”“应付账款”“预收款项”“应交税费”“应付利息”“其他应付款”和“其他流动负债”；对于因承担国家任务等原因造成“专项应付款”“特种储备基金”余额较大的，可视同无息流动负债扣除。

（5）在建工程是指企业财务报表中的符合主业规定的“在建工程”。

（三）资本成本率的确定

（1）中央企业资本成本率原则上定为5.5%。

（2）承担国家政策性任务较重且资产通用性较差的企业，资本成本率定为4.1%。

（3）资产负债率在75%以上的工业企业和80%以上的非工业企业，资本成本率上浮0.5个百分点。

（4）资本成本率确定后，三年保持不变。

（四）其他重大调整事项

发生下列情形之一，对企业经济增加值考核产生重大影响的，国资委酌情予以调整：

（1）重大政策变化；

（2）严重自然灾害等不可抗力因素；

（3）企业重组、上市及会计准则调整等不可比因素；

（4）国资委认可的企业结构调整等其他事项。

任务实施

一、经济增加值的计算

根据［案例2］，北京宏达有限公司甲、乙两个部门的经济增加值的计算如下：

甲部门的经济增加值＝调整后税后净营业利润－平均资本占用×加权平均资本成本

＝81 000－850 000×11%×（1－25%）＝10 875（万元）

乙部门的经济增加值＝67 500－560 000×11%×（1－25%）＝21 300（万元）

二、简化的经济增加值的计算

根据［案例3］，北京宏达有限公司经济增加值的计算如下：

（1）计算税后净营业利润。

税后净营业利润＝净利润＋（利息支出＋研究开发费用调整项－非经常性收益调整项×50%）×（1－25%）

研究开发费用调整项 = 研究与开发费 + 当期确认为无形资产的研究开发支出

= 1.8 + 1.2 = 3（亿元）

非经常性收益调整项 = 6.4（亿元）

税后净营业利润 = 9.6 + (26 + 3 − 6.4 × 50%) × (1 − 25%) = 28.95（亿元）

（2）计算资本调整。

调整后资本 = 平均所有者权益 + 平均负债合计 − 平均无息流动负债 − 平均在建工程

平均所有者权益 = (600 + 550)/2 = 575（亿元）

平均负债合计 = (850 + 780)/2 = 815（亿元）

平均无息流动负债 = (150 + 250)/2 = 200（亿元）

平均在建工程 = （180 + 200）/2 = 190（亿元）

调整后资本 = 575 + 815 − 200 − 190 = 1 000（亿元）

（3）计算经济增加值。

EVA = 税后净营业利润 − 调整后资本 × 平均资本成本率

= 28.95 − 1 000 × 5.5% = −26.05（亿元）

任务 3 平衡计分卡应用

任务案例

［案例 4］

北京宏达有限公司运用平衡计分卡（BSC）进行管理，为了使平衡计分卡更好地应用于企业，下列关于平衡计分卡（BSC）（见表 7−4）应用环境的描述中，哪些是正确的？哪些是错误的？

表 7−3　　BSC 应用环境分析

	选项	答案
A	具有创新精神、变革精神的企业文化有助于成功实施平衡计分卡	
B	平衡计分卡中不能只有具体的业绩衡量指标，还应包括这些具体衡量指标的驱动因素	
C	企业应注重员工学习与成长能力的提升，以更好地实现平衡计分卡的财务、客户、内部业务流程目标，使战略目标贯彻到每一名员工的日常工作中	
D	有效的平衡计分卡，要以学习成长能力衡量指标为核心	

［案例 5］

请你根据表 7−5 中的选项帮北京宏达有限公司运用平衡计分卡（BSC）的程序进行

排序。

表 7－5　　　　BSC 建立程序

项目	序号
编制绩效评价与激励管理报告	
制定战略地图	
实施绩效评价与激励	
制定战略性行动方案	
制定以平衡计分卡为核心的绩效计划	
执行绩效计划与激励计划	
制定激励计划	

［案例 6］

北京宏达有限公司 2019 年、2020 年财务层面相关指标数据见表 7－6、表 7－7，请根据相关数据，计算增减额和增减幅度，并根据表 7－7 的选项，选择提高指标可采取的措施，以完成平衡计分卡分析。

表 7－6　　　　平衡计分卡财务层面指标分析表

层面	编号	指标名称	2019 年	2020 年	增减额	增减幅度	提高指标可采取措施
财务层面	1	投资回报率（%）	35.75%	33.53%			
	2	净资产收益率（%）	45.68%	38.54%			
	3	经济增加值（元）	5 877 368.91	5 900 072.80			
	4	息税前利润（元）	8 796 087.17	9 457 128.83			——
	5	自由现金流（元）	2 458 873.57	1 201 779.96			——
	6	资产负债率（%）	66.61%	66.61%			——
	7	总资产周转率（次）	1.03	0.90			

表 7－7　　　　措施选项表

编号	指标名称	A	B	C	D	E
1	投资资本回报率	净利润增加	降低销售成本	降低客户维护成本	提高资产利用效率	增加办公环境改善支出
2	净资产收益率	人工成本降低	材料成本降低	增加新客户获取成本	净利润增加	人均期间费用有效控制
3	经济增加值	增加长期借款	增加净利润	加权资本成本上升	新增注资	归还借款
4	总资产周转率	分配利润	积极开拓新市场	贷款建设固定资产	总资产减少	库存增加

［案例7］

北京宏达有限公司运用平衡计分卡对公司层进行绩效考核。请根据表7-8相关数据计算相关指标。

表7-8　　2020年BSC绩效评价表——公司级

编制部门：财务资产部

指标名称	层面	计量单位	目标值	权重	计分方法	实际值	完成率（%）	得分	加权得分
投资资本回报率	财务层面	%	30%	20%	完成率大于（含）90%，100分；完成率大于（含）80%，90分；完成率大于（含）70%，80分；完成率大于（含）60%，70分；完成率大于（含）50%，60分；完成率不足50%，0分	33.53%			
净资产收益率	财务层面	%	25%	5%		38.54%			
经济增加值	财务层面	万元	500	5%		590.01			
息税前利润	财务层面	万元	1000	10%		945.71			
自由现金流	财务层面	万元	200	25%		120.18			
资产负债率	财务层面	%	80%	15%		66.61%			
总资产周转率	财务层面	%	1	20%		0.90			

［案例8］

北京宏达有限公司运用平衡计分卡对部门进行绩效考核。请根据表7-9销售运营部相关数据计算相关指标。

表7-9　　2020年BSC绩效评价表—销售运营部

编制单位：

指标名称	层面	计量单位	考核频度	权重	计分方法	目标值	实际值	完成率（%）	得分	加权得分
市场份额	客户层面	%	年度	10%	完成率大于（含）90%，100分；完成率大于（含）80%，90分；完成率大于（含）70%，80分；完成率大于（含）60%，70分；完成率大于（含）50%，60分；完成率不足50%，0分	5%	4.50%			
客户增长率	客户层面	%	年度	5%		3%	6%			
老客户交易增长率	客户层面	%	年度	25%		20%	18%			
客户获利率	客户层面	%	年度	10%		10%	9%			
客户满意率	客户层面	%	年度	25%		100%	99%			
客户投诉率	客户层面	%	年度	10%		0.50%	0.70%			
战略客户数量增加量	客户层面	个	年度	15%		5	4			

注：客户投诉率完成率计算公式为［1-(实际值-目标值)/目标值］×100%。

［案例9］

北京宏达有限公司运用平衡计分卡对部门进行绩效考核。请根据表7－10建安工程部相关数据计算相关指标。

表7－10　　2020年BSC绩效评价表—建安工程部

编制单位：

指标名称	层面	计量单位	考核频度	权重	计分方法	目标值	实际值	完成率（%）	得分	加权得分
工程完成及时率	内部流程层面	%	年度	20%	完成率大于（含）90%，100分；完成率大于（含）80%，90分；完成率大于（含）70%，80分；完成率大于（含）60%，70分；完成率大于（含）50%，60分；完成率不足50%，0分	95%	92%			
成本控制率	内部流程层面	%	年度	25%		5%	7%			
项目质量合格率	内部流程层面	%	年度	25%		98%	99%			
安全事故发生次数	内部流程层面	次	年度	10%		5	4			
部门员工维持率	学习与成长层面	%	年度	10%		100%	99%			
培训计划完成率	学习与成长层面	%	年度	10%		95%	88%			

注：成本控制率和安全事故发生次数的完成率计算公式为［1－（实际值－目标值）/目标值］×100%。

［案例10］

北京宏达有限公司运用平衡计分卡对部门进行绩效考核。请根据表7－11投资设计部相关数据计算相关指标。

表7－11　　2020年BSC绩效评价表—投资设计部

编制单位：

指标名称	层面	计量单位	考核频度	权重	计分方法	目标值	实际值	完成率（%）	得分	加权得分
测量准确率	客户层面	%	年度	30%	完成率大于（含）90%，100分；完成率大于（含）80%，90分；完成率大于（含）70%，80分；完成率大于（含）60%，70分；完成率大于（含）50%，60分；完成率不足50%，0分；	97%	75%			
设计效率	客户层面	%	年度	30%		95%	80%			
设计满意度	客户层面	%	年度	20%		95%	70%			
部门员工维持率	学习与成长层面	%	年度	10%		95%	65%			
培训计划完成率	学习与成长层面	%	年度	10%		90%	80%			

工作准备

一、平衡计分卡的含义

平衡计分卡（Balanced Score Card，BSC），是指基于企业战略，从财务、客户、内部业务流程、学习与成长四个维度，将战略目标逐层分解转化为具体的、相互平衡的绩效指标体系，并据此进行绩效管理的方法。平衡计分卡打破了传统的只注重财务指标的业绩评价模式。

平衡计分卡通常与战略地图等其他工具结合使用。平衡计分卡适用于战略目标明确、管理制度比较完善、管理水平相对较高的企业。平衡计分卡的应用对象可为企业、所属单位（部门）和员工。

二、平衡计分卡的应用环境

（1）企业应用平衡计分卡工具方法，应有明确的愿景和战略。平衡计分卡应以战略目标为核心，全面描述、衡量和管理战略目标，将战略目标转化为可操作的行动。

（2）平衡计分卡可能涉及组织和流程变革，具有创新精神、变革精神的企业文化有助于成功实施平衡计分卡。

（3）企业应对组织结构和职能进行梳理，消除不同组织职能间的壁垒，实现良好的组织协同，既包括企业内部各级单位（部门）之间的横向与纵向协同，也包括与投资者、客户、供应商等外部利益相关者之间的协同。

（4）企业应注重员工学习与成长能力的提升，以更好地实现平衡计分卡的财务、客户、内部业务流程目标，使战略目标贯彻到每一名员工的日常工作中。

（5）平衡计分卡的实施是一项复杂的系统工程。企业一般需要建立由战略管理、人力资源管理、财务管理和外部专家等组成的团队，为平衡计分卡的实施提供机制保障。

（6）企业应建立高效集成的信息系统，实现绩效管理与预算管理、财务管理、生产经营等系统的紧密结合，为平衡计分卡的实施提供信息支持。

三、平衡计分卡的应用程序

企业应用平衡计分卡工具方法，一般按照制定战略地图、制定以平衡计分卡为核心的绩效计划、制定激励计划、制定战略性行动方案、执行绩效计划与激励计划、实施绩效评价与激励、编制绩效评价与激励管理报告等程序进行。

四、平衡计分卡框架

平衡计分卡通过将财务指标与非财务指标相结合，将企业的业绩评价同企业战略发展联系起来，设计了一套使企业高管迅速且全面了解企业经营状况的指标体系，用来表达企业进行战略性发展所必须达到的目标，把任务和决策转化成目标和指标。平衡计分卡的目标和指标来源于企业的愿景和战略。这些目标和战略从四个维度来考察企业的业绩，即财务、顾客、内部业务流程、学习与成长，这四个维度构成了平衡计分卡的框架。

1. 平衡计分卡的四个维度

根据《管理会计应用指引第 603 号——平衡计分卡》，平衡计分卡的四个维度见表 7－12。

表 7－12　　平衡计分卡的四个维度

维度	目标	常用指标
财务维度	解决“股东如何看待我们”的问题	财务维度以财务术语描述了战略目标的有形成果。企业常用指标有投资资本回报率、净资产收益率、经济增加值、息税前利润、自由现金流、资产负债率、总资产周转率等
客户维度	解决“客户如何看待我们的”的问题	客户维度界定了目标客户的价值主张。企业常用指标有市场份额、客户满意度、客户获得率、客户保持率、客户获利率、战略客户数量等
内部业务流程维度	着眼于企业的核心竞争力，解决“我们的优势是什么”的问题	内部业务流程维度确定了对战略目标产生影响的关键流程。企业常用指标有交货及时率、生产负荷率、产品合格率、存货周转率、单位生产成本等
学习和成长维度	解决“我们是否能持续提高并创造价值”的问题	学习与成长维度确定了对战略最重要的无形资产。企业常用指标有员工保持率、员工生产率、培训计划完成率、员工满意度等

2. 平衡计分卡的四个平衡

根据以上平衡计分卡的四个维度，平衡计分卡的四个平衡见表 7－13。

表 7－13　　平衡计分卡的四个平衡

四个平衡	内容
外部和内部的平衡	外部评价指标（如股东和客户对企业的评价）和内部评价指标（如内部经营过程、新技术学习等）的平衡
成果和导致成果出现的驱动因素的平衡	成果评价指标（如利润、市场占有率等）和导致成果出现的驱动因素评价指标（如新产品投资开发等）的平衡
财务指标与非财务指标的平衡	财务评价指标（如利润等）和非财务评价指标（如员工忠诚度、客户满意度等）的平衡
短期目标与长期目标的平衡	短期评价指标（如利润等）和长期评价指标（如员工培训成本、研发费用等）的平衡

3. 平衡计分卡的指标权重分配

平衡计分卡每个维度的指标通常为 4～7 个，总数量一般不超过 25 个。平衡计分卡指标的权重分配应以战略目标为导向，反映被评价对象对企业战略目标贡献或支持的程度，以及各指标之间的重要性水平。

企业绩效指标权重一般设定在 5%～30% 之间，对特别重要的指标可适当提高权重。对特别关键、影响企业整体价值的指标可设立“一票否决”制度，即如果某项绩效指标未完成，无论其他指标是否完成，均视为未完成绩效目标。

任务实施

一、平衡计分卡的应用环境分析

[案例4]

根据工作准备描述的平衡计分卡的应用环境，可以做出如下选择，见表7-14。

表7-14　　BSC应用环境分析

	选项	答案
A	具有创新精神、变革精神的企业文化有助于成功实施平衡计分卡	√
B	平衡计分卡中不能只有具体的业绩衡量指标，还应包括这些具体衡量指标的驱动因素	√
C	企业应注重员工学习与成长能力的提升，以更好地实现平衡计分卡的财务、客户、内部业务流程目标，使战略目标贯彻到每一名员工的日常工作中	√
D	有效的平衡计分卡，要以学习成长能力衡量指标为核心	×

二、平衡计分卡的应用程序分析

[案例5]

根据工作准备描述的平衡计分卡的应用程序，可以做出如下选择，见表7-15。

表7-15　　BSC应用程序分析

项目	序号
编制绩效评价与激励管理报告	7
制定战略地图	1
实施绩效评价与激励	6
制定战略性行动方案	4
制定以平衡计分卡为核心的绩效计划	2
执行绩效计划与激励计划	5
制定激励计划	3

三、平衡计分卡框架

[案例6]

首先对北京宏达有限公司2019年、2020年财务层面的相关指标进行分析，并对提高指标可采取措施做出选择，见表7-16。

表 7－16　　平衡计分卡财务层面指标分析表

层面	编号	指标名称	2019 年	2020 年	增减额	增减幅度	提高指标可采取措施
财务层面	1	投资回报率（%）	35.75%	33.53%	－2.22%	－6.21%	A、C、B、D
	2	净资产收益率（%）	45.68%	38.54%	－7.14%	－15.64%	A、B、D、E
	3	经济增加值（元）	5 877 368.91	5 900 072.80	22 703.89	0.39%	B、E
	4	息税前利润（元）	8 796 087.17	9 457 128.83	661 041.66	7.52%	——
	5	自由现金流（元）	2 458 873.57	1 201 779.96	1 257 093.61	－51.12%	——
	6	资产负债率（%）	66.61%	66.61%	0.00%	0.00%	——
	7	总资产周转率（次）	1.03	0.90	－0.13	－12.25%	A、B、D

指标计算说明（以投资回报率为例）：

增减额＝33.53%－35.75%＝－2.22%

增减幅度＝－2.22%/35.75%＝－6.21%

［案例 7］

北京宏达有限公司运用平衡计分卡对公司层进行绩效考核，相关财务层面指标计算见表 7－17。

表 7－17　　2020 年 BSC 绩效评价表—公司级

编制部门：财务资产部

指标名称	层面	计量单位	考核频度	权重	计分方法	目标值	实际值	完成率（%）	得分	加权得分
投资资本回报率	财务层面	%	30%	20%	完成率大于（含）90%，100 分；完成率大于（含）80%，90 分；完成率大于（含）70%，80 分；完成率大于（含）60%，70 分；完成率大于（含）50%，60 分；完成率不足 50%，0 分	33.53%	111.77%	100		91
净资产收益率	财务层面	%	25%	5%		38.54%	154.15%	100		
经济增加值	财务层面	万元	500	5%		590.01	118.00%	100		
息税前利润	财务层面	万元	1 000	10%		945.71	94.57%	100		
自由现金流	财务层面	万元	200	25%		120.18	60.09%	70		
资产负债率	财务层面	%	80%	15%		66.61%	83.26%	90		
总资产周转率	财务层面	%	1	20%		0.90	90.01%	100		

指标计算说明：

完成率＝实际值/目标值

加权得分＝∑权重＊得分

［案例 8］

北京宏达有限公司运用平衡计分卡对部门进行绩效考核，销售运营部相关绩效考核指标计算见表 7－18。

表 7－18　　　　2020 年 BSC 绩效评价表—销售运营部

编制单位：

指标名称	层面	计量单位	考核频度	权重	计分方法	目标值	实际值	完成率（%）	得分	加权得分
市场份额	客户层面	%	年度	10%	完成率大于（含）90%，100 分；完成率大于（含）80%，90 分；完成率大于（含）70%，80 分；完成率大于（含）60%，70 分；完成率大于（含）50%，60 分；完成率不足 50%，0 分	5%	4.50%	90.00%	100	95.5
客户增长率	客户层面	%	年度	5%		3%	6%	200.00%	100	
老客户交易增长率	客户层面	%	年度	25%		20%	18%	90.00%	100	
客户获利率	客户层面	%	年度	10%		10%	9%	90.00%	100	
客户满意率	客户层面	%	年度	25%		100%	99%	99.00%	100	
客户投诉率	客户层面	%	年度	10%		0.50%	0.70%	60.00%	70	
战略客户数量增加量	客户层面	个	年度	15%		5	4	80.00%	90	

注：客户投诉率完成率计算公式为［1－（实际值－目标值）/目标值］×100%。

指标计算说明：

完成率＝实际值/目标值

加权得分＝∑权重＊得分

［案例 9］

北京宏达有限公司运用平衡计分卡对部门进行绩效考核，建安工程部相关绩效考核指标计算见表 7－19。

表 7－19　　　　2020 年 BSC 绩效评价表—建安工程部

编制单位：

指标名称	层面	计量单位	考核频度	权重	计分方法	目标值	实际值	完成率（%）	得分	加权得分
工程完成及时率	内部流程层面	%	年度	20%	完成率大于（含）90%，100 分；完成率大于（含）80%，90 分；完成率大于（含）70%，80 分；完成率大于（含）60%，70 分；完成率大于（含）50%，60 分；完成率不足 50%，0 分	95%	92%	96.84%	100	92.5
成本控制率	内部流程层面	%	年度	25%		5%	7%	60.00%	70	
项目质量合格率	内部流程层面	%	年度	25%		98%	99%	101.02%	100	
安全事故发生次数	内部流程层面	次	年度	10%		5	4	120.00%	100	
部门员工维持率	学习与成长层面	%	年度	10%		100%	99%	99.00%	100	
培训计划完成率	学习与成长层面	%	年度	10%		95%	88%	92.63%	100	

注：成本控制率和安全事故发生次数的完成率计算公式为［1－（实际值－目标值）/目标值］×100%。

指标计算说明：

完成率＝实际值/目标值

加权得分＝∑权重＊得分

[案例 10]

北京宏达有限公司运用平衡计分卡对部门进行绩效考核，投资设计部相关绩效考核指标计算见表 7－20。

表 7－20　　2020 年 BSC 绩效评价表—投资设计部

编制单位：

<table>
<tr><th>指标名称</th><th>层面</th><th>计量单位</th><th>考核频度</th><th>权重</th><th>计分方法</th><th>目标值</th><th>实际值</th><th>完成率（%）</th><th>得分</th><th>加权得分</th></tr>
<tr><td>测量准确率</td><td>客户层面</td><td>%</td><td>年度</td><td>30%</td><td rowspan="5">完成率大于（含）90%，100 分；完成率大于（含）80%，90 分；完成率大于（含）70%，80 分；完成率大于（含）60%，70 分；完成率大于（含）50%，60 分；完成率不足 50%，0 分；</td><td>97%</td><td>75%</td><td>77.32%</td><td>80</td><td rowspan="5">83</td></tr>
<tr><td>设计效率</td><td>客户层面</td><td>%</td><td>年度</td><td>30%</td><td>95%</td><td>80%</td><td>84.21%</td><td>90</td></tr>
<tr><td>设计满意度</td><td>客户层面</td><td>%</td><td>年度</td><td>20%</td><td>95%</td><td>70%</td><td>73.68%</td><td>80</td></tr>
<tr><td>部门员工维持率</td><td>学习与成长层面</td><td>%</td><td>年度</td><td>10%</td><td>95%</td><td>65%</td><td>68.42%</td><td>70</td></tr>
<tr><td>培训计划完成率</td><td>学习与成长层面</td><td>%</td><td>年度</td><td>10%</td><td>90%</td><td>80%</td><td>88.89%</td><td>90</td></tr>
</table>

指标计算说明：

完成率＝实际值/目标值

加权得分＝∑权重＊得分

任务 4
管理会计报告编制

■ 任务案例

[案例 10] 根据给出的北京宏达有限公司的财务报表和预计财务报表数据（见表 7－21、表 7－22、表 7－23、表 7－24），编制该公司 2020 年度综合业绩报告和 2020 年度经营分析报告。（2020 年预算业务量为 293 套，实际业务量为 308 套，2019 年实际业务量为 285 套。）

表 7－21　　　　**资产负债表**

编制单位：北京宏达有限公司　　　　单位：元

资产	2019 年	2020 年	负债及所有者权益（或股东权益）	2019 年	2020 年
流动资产：			流动负债：		
货币资金	6 331 089. 20	6 684 536. 56	短期借款	3 648 332. 60	2 800 000. 00
以公允价值计量且其损益计入当期损益的金融资产	0. 00	0. 00	以公允价值计量且其损益计入当期损益的金融负债	0. 00	0. 00
衍生金融资产	0. 00	0. 00	衍生金融负债	0. 00	0. 00
应收票据	0. 00	0. 00	应付票据	0. 00	0. 00
应收账款	29 980 412. 41	36 725 432. 01	应付账款	20 552 088. 90	25 293 397. 76
预付款项	4 965 039. 20	5 933 083. 36	预收账款	1 908 608. 90	3 666 942. 20
应收利息	0. 00	0. 00	应付职工薪酬	106 756. 10	148 846. 68
应收股利	0. 00	0. 00	应交税费	2 645 085. 70	2 458 567. 40
其他应收款	4 481 949. 60	5 470 305. 44	应付利息	36 483. 33	28 000. 00
存货	221 116. 62	293 117. 05	应付股利	0. 00	0. 00
持有待售资产	0. 00	0. 00	其他应付款	6 179 727. 17	6 839 544. 84
一年内到期的非流动资产	0. 00	0. 00	持有待售负债	0. 00	0. 00
其他流动资产	0. 00	0. 00	一年内到期的非流动负债	0. 00	0. 00
流动资产合计	45 979 607. 03	55 106 534. 42	其他流动负债	0. 00	0. 00
非流动资产：			流动负债合计	35 077 082. 70	41 235 298. 88
可供出售金融资产	0. 00	0. 00	非流动负债：		
持有至到期投资	0. 00	0. 00	长期借款	0. 00	0. 00
长期应收款	0. 00	0. 00	应付债券	0. 00	0. 00
长期股权投资	0. 00	0. 00	其中：优先股	0. 00	0. 00
投资性房地产	0. 00	0. 00	永续债	0. 00	0. 00
固定资产	6 575 893. 26	6 995 849. 92	长期应付款	0. 00	0. 00
累计折旧	652 598. 96	921 316. 18	专项应付款	0. 00	0. 00
在建工程	0. 00	0. 00	预计负债	0. 00	0. 00
工程物资	0. 00	0. 00	递延收益	0. 00	0. 00
固定资产清理	0. 00	0. 00	递延所得税负债	0. 00	0. 00
生产性生物资产	0. 00	0. 00	其他非流动负债	0. 00	0. 00
油气资产	0. 00	0. 00	非流动负债合计	0. 00	0. 00
无形资产	758 450. 00	728 900. 00	负债合计	35 077 082. 70	41 235 298. 88
开发支出	0. 00	0. 00	所有者权益（或股东权益）；		
商誉	0. 00	0. 00	实收资本（或股本）	10 000 000. 00	10 000 000. 00
长期待摊费用	0. 00	0. 00	其他权益工具	0. 00	0. 00
递延所得税资产	0. 00	0. 00	其中：优先股	0. 00	0. 00

续表

资产	2019 年	2020 年	负债及所有者权益（或股东权益）	2019 年	2020 年
其他非流动资产	0.00	0.00	永续债	0.00	0.00
非流动资产合计	6 681 744.30	6 803 433.74	资本公积	0.00	0.00
			减：库存股	0.00	0.00
			其他综合收益	0.00	0.00
			盈余公积	1 161 993.96	1 899 176.69
			未分配利润	6 422 274.67	8 775 492.59
			所有者权益（或股东权益）合计	17 584 268.63	20 674 669.28
资产总计	52 661 351.33	61 909 968.16	负债及所有者权益（或股东权益）总计	52 661 351.33	61 909 968.16

表 7－22　　利润表

编制单位：北京宏达有限公司　　单位：元

项目	2019 年	2020 年
一、营业收入	47 585 350.00	51 562 434.54
减：营业成本	35 158 174.07	38 139 445.87
税金及附加	249 134.77	239 935.51
销售费用	1 567 645.14	1 755 762.55
管理费用	1 814 308.85	1 970 161.78
财务费用	129 449.98	124 000.00
资产减值损失	0.00	0.00
加：公允价值变动收益（损失以”－“填列）	0.00	0.00
投资收益（损失以”－“填列）	0.00	0.00
其中：对联营企业和合营企业的投资收益	0.00	0.00
资产处置收益（损失以”－“填列）	0.00	0.00
其他收益	0.00	0.00
二、营业利润（亏损以”－“填列）	8 666 637.19	9 333 128.83
加：营业外收入	0.00	0.00
减：营业外支出	0.00	0.00
三、利润总额（亏损总额以”－“填列）	8 666 637.19	9 333 128.82
减：所得税费用	1 447 668.21	1 961 301.56
四、净利润（净亏损以”－“填列）	7 218 968.98	7 371 827.27

表 7－23

2020 年预计资产负债表

编制单位：北京宏达有限公司

单位：元

资产		负债及所有者权益（或股东权益）	
流动资产：		流动负债：	
货币资金	7 680 752.58	短期借款	4 195 582.49
以公允价值计量且其损益计入当期损益的金融资产	0.00	以公允价值计量且其损益计入当期损益的金融负债	0.00
衍生金融资产	0.00	衍生金融负债	0.00
应收票据	0.00	应付票据	0.00
应收账款	34 877 465.48	应付账款	28 584 902.24
预付款项	5 709 795.10	预收账款	1 194 900.24
应收利息	0.00	应付职工薪酬	122 769.52
应收股利	0.00	应交税费	6 641 848.56
其他应收款	5 554 242.04	应付利息	41 955.83
存货	514 284.11	应付股利	0.00
持有待售资产	0.00	其他应付款	2 506 686.25
一年内到期的非流动资产	0.00	持有待售负债	0.00
其他流动资产	0.00	一年内到期的非流动负债	0.00
流动资产合计	54 336 539.31	其他流动负债	0.00
非流动资产：		流动负债合计	43 288 645.13
可供出售金融资产	0.00	非流动负债：	
持有至到期投资	0.00	长期借款	0.00
长期应收款	0.00	应付债券	0.00
长期股权投资	0.00	其中：优先股	0.00
投资性房地产	0.00	永续债	0.00
固定资产	6 575 893.26	长期应付款	0.00
累计折旧	940 314.18	专项应付款	0.00
在建工程	0.00	预计负债	0.00
工程物资	0.00	递延收益	0.00
固定资产清理	0.00	递延所得税负债	0.00
生产性生物资产	0.00	其他非流动负债	0.00
油气资产	0.00	非流动负债合计	0.00
无形资产	728 900.00	负债合计	43 288 645.13
开发支出	0.00	所有者权益（或股东权益）：	
商誉	0.00	实收资本（或股本）	10 000 000.00

续表

资产		负债及所有者权益（或股东权益）	
长期待摊费用	0.00	其他权益工具	0.00
递延所得税资产	0.00	其中：优先股	0.00
其他非流动资产	0.00	永续债	0.00
非流动资产合计	6 364 479.08	资本公积	0.00
		减：库存股	0.00
		其他综合收益	0.00
		盈余公积	1 373 845.02
		未分配利润	6 038 528.24
		所有者权益（或股东权益）合计	17 412 373.26
资产总计	60 701 018.39	负债及所有者权益（或股东权益）总计	60 701 018.39

表 7-24　　2020 年预计利润表

编制单位：北京宏达有限公司　　单位：元

项目	
一、营业收入	49 743 990.00
减：营业成本	40 057 800.00
税金及附加	286 500.00
销售费用	1 802 800.00
管理费用	2 086 500.00
财务费用	522 900.00
资产减值损失	0.00
加：公允价值变动收益（损失以"-"填列）	0.00
投资收益（损失以"-"填列）	0.00
其中：对联营企业和合营企业的投资收益	0.00
资产处置收益（损失以"-"填列）	0.00
其他收益	0.00
二、营业利润（亏损以"-"填列）	4 987 490.00
加：营业外收入	0.00
减：营业外支出	0.00
三、利润总额（亏损总额以"-"填列）	4 987 490.00
减：所得税费用	1 246 872.50
四、净利润（净亏损以"-"填列）	3 740 617.50

■ 工作准备

一、管理会计报告的含义

企业管理会计报告，是指企业运用管理会计方法，根据财务和业务的基础信息加工整理形成的，满足企业价值管理和决策支持需要的内部报告。

企业管理会计报告的目标是为企业各层级进行规划、决策、控制和评价等管理活动提供有用信息。

企业管理会计报告的对象是对管理会计信息有需求的各个层级、各个环节的管理者。

二、管理会计报告的分类

企业管理会计报告体系可按照多种标准进行分类，包括但不限于：

（1）按照企业管理会计报告使用者所处的管理层级划分，管理会计报告可分为战略层管理会计报告、经营层管理会计报告和业务层管理会计报告。

（2）按照企业管理会计报告内容划分，管理会计报告可分为综合企业管理会计报告和专项企业管理会计报告。

（3）按照管理会计功能划分，管理会计报告可分为管理规划报告、管理决策报告、管理控制报告和管理评价报告。

（4）按照责任中心划分，管理会计报告可分为投资中心报告、利润中心报告和成本中心报告。

（5）按照报告主体整体性程度划分，管理会计报告可分为整体报告和分部报告。

三、战略层管理会计报告

战略层管理会计报告是为战略层开展战略规划、决策、控制和评价以及其他方面的管理活动提供相关信息的对内报告。战略层管理会计报告的报告对象是企业的战略层，包括股东大会、董事会和监事会等。

战略层管理会计报告包括但不仅限于战略管理报告、综合业绩报告、价值创造报告、经营分析报告、风险分析报告、重大事项报告、例外事项报告等。这些报告可独立提交，也可根据不同需要整合后提交。

1. 战略管理报告

战略管理报告的内容一般包括内外部环境分析、战略选择与目标设定、战略执行及其结果，以及战略评价等。

2. 综合业绩报告

综合业绩报告的内容一般包括关键绩效指标预算及其执行结果、差异分析以及其他重大绩效事项等。

3. 价值创造报告

价值创造报告的内容一般包括价值创造目标、价值驱动的财务因素与非财务因素、内部各业务单元的资源占用与价值贡献，以及提升公司价值的措施等。

4. 经营分析报告

经营分析报告的内容一般包括过去经营决策执行情况回顾、本期经营目标执行的差异及其原因、影响未来经营状况的内外部环境与主要风险分析、下一期的经营目标及管理措施等。

5. 风险分析报告

风险分析报告的内容一般包括企业全面风险管理工作回顾、内外部风险因素分析、主要风险识别与评估、风险管理工作计划等。

6. 重大事项报告

重大事项报告是针对企业的重大投资项目、重大资本运作、重大融资、重大担保事项、关联交易等事项进行的报告。

7. 例外事项报告

例外事项报告是针对企业发生的管理层变更、股权变更、安全事故、自然灾害等偶发性事项进行的报告。

四、经营层管理会计报告

经营层管理会计报告是为经营管理层开展与经营管理目标相关的管理活动提供相关信息的对内报告。经营层管理会计报告的报告对象是经营管理层。

经营层管理会计报告主要包括全面预算管理报告、投资分析报告、项目可行性报告、融资分析报告、盈利分析报告、资金管理报告、成本管理报告、绩效评价报告等。

1. 全面预算管理报告

全面预算管理报告的内容一般包括预算目标制定与分解、预算执行差异分析以及预算考评等。

2. 投资分析报告

投资分析报告的内容一般包括投资对象、投资额度、投资结构、投资进度、投资效益、投资风险和投资管理建议等。

3. 项目可行性报告

项目可行性报告的内容一般包括项目概况、市场预测、产品方案与生产规模、厂址选择、工艺与组织方案设计、财务评价、项目风险分析，以及项目可行性研究结论与建议等。

4. 融资分析报告

融资分析报告的内容一般包括融资需求测算、融资渠道与融资方式分析及选择、资本成本、融资程序、融资风险及其应对措施和融资管理建议等。

5. 盈利分析报告

盈利分析报告的内容一般包括盈利目标及其实现程度、利润的构成及其变动趋势、影响利润的主要因素及其变化情况，以及提高盈利能力的具体措施等。企业还应对收入和成本进行深入分析。盈利分析报告可基于企业集团、单个企业，也可基于责任中心、产品、区域、客户等进行。

6. 资金管理报告

资金管理报告的内容一般包括资金管理目标、主要流动资金项目如现金、应收票据、应收账款、存货的管理状况、资金管理存在的问题以及解决措施等。企业集团资金管理报告的内容一般还包括资金管理模式（集中管理还是分散管理）、资金集中方式、资金集中程度、内部资金往来等。

7. 成本管理报告

成本管理报告的内容一般包括成本预算、实际成本及其差异分析，成本差异形成的原因以及改进措施等。

8. 业绩评价报告

业绩评价报告的内容一般包括绩效目标、关键绩效指标、实际执行结果、差异分析、考评结果，以及相关建议等。

五、业务层管理会计报告

业务层管理会计报告是为企业开展日常业务或作业活动提供相关信息的对内报告。其报告的报告对象是企业的业务部门、职能部门以及车间、班组等。

业务层管理会计报告应根据企业内部各部门、车间或班组的核心职能或经营目标进行设计，主要包括研究开发报告、采购业务报告、生产业务报告、配送业务报告、销售业务报告、售后服务业务报告、人力资源报告等。

1. 研究开发报告

研究开发报告的内容一般包括研发背景、主要研发内容、技术方案、研发进度、项目预算等。

2. 采购业务报告

采购业务报告的内容一般包括采购业务预算、采购业务执行结果、差异分析及改善建议等。采购业务报告要重点反映采购质量、数量以及时间、价格等方面的内容。

3. 生产业务报告

生产业务报告的内容一般包括生产业务预算、生产业务执行结果、差异分析及改善建议等。生产业务报告要重点反映生产成本、生产数量以及产品质量、生产时间等方面的内容。

4. 配送业务报告

配送业务报告的内容一般包括配送业务预算、配送业务执行结果、差异分析及改善建议等。配送业务报告要重点反映配送的及时性、准确性以及配送损耗等方面的内容。

5. 销售业务报告的内容一般包括销售业务预算、销售业务执行结果、差异分析及改善建议等。销售业务报告要重点反映销售的数量结构和质量结构等方面的内容。

6. 售后服务业务报告

售后服务业务报告的内容一般包括售后服务业务预算、售后服务业务执行结果、差异分析及改善建议等。售后服务业务报告重点反映售后服务的客户满意度等方面的内容。

7. 人力资源报告

人力资源报告的内容一般包括人力资源预算、人力资源执行结果、差异分析及改善建议等。人力资源报告重点反映人力资源使用及考核等方面的内容。

任务实施

根据［案例 10］资料，编制北京宏达有限公司 2020 年度综合业绩报告和经营分析报告见表 7－25 和表 7－26。

表 7－25　　2020 年综合业绩报告

编制部门：财务资产部　　单位：元

项目	预算执行对比				同期实际对比		
	全年预算	实际完成	差异	差异对比	上年同期	增减额	增减幅度
业务量	293	308	15	5.12%	285	23	8.07%
营业收入	49 743 990.00	51 562 434.54	1 818 444.54	3.66%	47 585 350.00	3 977 084.54	8.36%
毛利润	9 686 190.00	13 422 988.67	3 736 798.67	38.58%	12 427 175.93	995 812.74	8.01%
净利润	3 740 617.50	7 371 827.27	3 631 209.77	97.08%	7 218 968.98	152 858.29	2.12%
毛利率	19.47%	26.03%	6.56%	33.69%	26.12%	－0.08%	－0.32%
净利率	7.52%	14.30%	6.78%	90.12%	15.17%	－0.87%	－5.76%
总资产	60 701 018.39	61 909 968.16	1 208 949.77	1.99%	52 661 351.33	9 248 616.83	17.56%
总负债	43 288 645.13	41 235 298.88	－2 053 346.25	－4.74%	35 077 082.70	6 158 216.18	17.56%
净资产	17 412 373.26	20 674 669.28	3 262 296.02	18.74%	17 584 268.63	3 090 400.65	17.57%
资产负债率	71.31%	66.60527%	－4.71%	－6.60%	66.61%	0.00%	－0.01%
总资产收益率	6.16%	11.91%	5.74%	93.23%	13.71%	－1.80%	－13.14%
净资产收益率	21.48%	35.66%	14.17%	65.98%	41.05%	－5.40%	－13.15%

制表人：　　复核人：

注：本题用期末总资产和期末净资产近似为平均总资产和平均净资产

表 7－26　　2020 年经营分析报告

编制部门：　　单位：元

项目	预算执行对比						
	全年预算	实际完成	差异	差异比率	上年同期	增减额	增减幅度
业务量	293.00	308.00	15.00	5.12%	285.00	23.00	8.07%
营业收入	49 743 990.00	51 562 434.54	1 818 444.54	3.66%	47 585 350.00	3 977 084.54	8.36%
营业成本	40 057 800.00	38 139 445.87	－1 918 354.13	－4.79%	35 158 174.07	2 981 271.80	8.48%
税金及附加	286 500.00	239 935.51	－46 564.49	－16.25%	249 134.77	－9 199.26	－3.69%
销售费用	1 802 800.00	1 755 762.55	－47 037.45	－2.61%	1 567 645.14	188 117.41	12.00%
管理费用	2 086 500.00	1 970 161.78	－116 338.22	－5.58%	1 814 308.85	155 852.93	8.59%
财务费用	522 900.00	124 000.00	－398 900.00	－76.29%	129 449.98	－5 449.98	－4.21%
营业利润	4 987 490.00	9 333 128.83	4 345 638.83	87.13%	8 666 637.19	666 491.64	7.69%

续表

项目	预算执行对比						
	全年预算	实际完成	差异	差异比率	上年同期	增减额	增减幅度
所得税费用	1 246 872.50	1 961 301.56	714 429.06	57.30%	1 447 668.21	513 633.35	35.48%
净利润	3 740 617.50	7 371 827.27	3 631 209.77	97.08%	7 218 968.98	152 858.29	2.12%
营业成本率	80.53%	73.97%	-6.56%	-8.15%	73.88%	0.08%	0.11%
税金率	0.58%	0.47%	-0.11%	-19.21%	0.52%	-0.06%	-11.12%
销售费用率	3.62%	3.41%	-0.22%	-6.04%	3.29%	0.11%	3.36%
管理费用率	4.19%	3.82%	-0.37%	-8.91%	3.81%	0.01%	0.21%
营业利润率	10.03%	18.10%	8.07%	80.53%	18.21%	-0.11%	-0.62%

制表人：　　　　　　　　　　　　　　　　　　　　复核人：

8 项目八 管理会计岗位综合实训

一、公共资源

公司的基本资料

（1）工商信息简介，见表8－1。

表8－1 工商信息简介

公司名称	新鑫家具销售有限责任公司
纳税人识别号	330111842786678
公司类型	有限责任公司
营业期限	2010年1月12日至无固定期限
人员规模	400人
注册资金	10 000万元
公司法人	李鑫富
公司地址	苏州市工业园区1799号
营业执照范围	家具产品批发、零售；家具设计、安装

新鑫家具定位于环保健康家具企业，主要从事办公、居民用桌椅的销售并逐步转型为定制家具的设计、安装、销售、售后服务综合解决方案服务商。

（2）公司的组织结构（见图8－1）。

①新鑫家具有限公司公司总部设立六个中心，分别是行政人力中心、财务管理中心、质

量管理中心、采购管理中心、销售管理中心、设计服务中心。

②公司总部采购管理中心负责两个仓库的业务实施和管理。

③销售管理中心下设批发部和零售部。其中，批发部负责对商业客户的管理和销售，零售部负责对居民客户销售和门店管理。

④设计服务中心负责为客户提供综合解决方案的设计和相关配套服务。

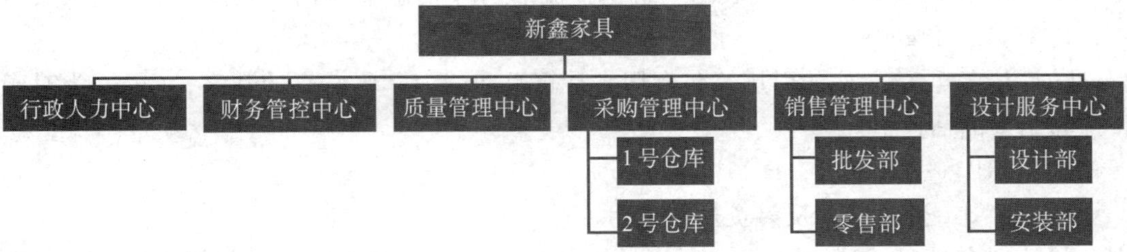

图 8－1　公司组织结构

（3）主要服务产品。

公司主要业务包括：办公、居家桌椅销售和桌椅布置设计及安装服务。

（4）部门费用归属。

①行政人力中心、财务管控中心、质量管理中心、采购管理中心发生的费用属于管理费用。

②销售管理中心发生的费用属于销售费用。

③设计服务中心发生的费用属于营业成本中的服务成本。

④营业成本构成包括设计服务中心发生的服务成本和销售商品产生的商品销售成本。

二、资金管理岗位

业务资源

业务资源 1　存款方案决策

公司十年后（第十年年末）需要用一笔资金，现拟定一定期存款计划。

十年后，公司需要资金 10 000 万元，计划从第一年开始每年年末等额存一笔资金到银行，直到第十年年末存入最后一笔资金后，其本息和满足资金需求。与公司合作的银行给出两种不同的计息方案：A 方案，按照 4.4% 年利率单利计息；B 方案，按照 4.0% 年利率复利计息。现需要对两种方案进行决策。

业务资源 2　投资方案决策说明

1. 投资方案。

公司为抓住机遇，抢占办公和居家桌椅的设计安装服务和销售服务的市场，计划新开立集设计、安装、展示、销售于一体的体验门店。根据市场及投资管理等相关部门的计划、财务部门的测算，目前备选的投资方案共有5个。这5个投资方案彼此独立，初始投资额和相关现金流量等情况已经测算完成（见“任务3”），公司资本成本率为10%。

2. IRR 函数用法（用于内含报酬率计算）。

IRR 函数用于计算由数值代表的一组现金流的内部收益率（内含报酬率），其函数格式为：IRR（values，guess）

values 为数组/单元格的引用，包含用来计算返回的内部收益率的数字；Guess 为对函数 IRR 计算结果的估计值。

例如：IRR（－2，0.9，1.2）＝3.16%

业务资源3　资本成本及筹资规划说明

公司计划在2020年拓展业务，投资设立新的体验中心门店，在当前的长期资本基础上需要增加长期资本1亿元。公司当前的长期有息负债和所有权者权益近似按照5 000万元和3.30亿元计算。

公司的目标资本结构（长期有息负债/所有者权益）比例为2:8。

为了调整达到目标资本结构，长期借款可以通过新借或归还实现，权益资本可以通过分配利润或新吸纳股东注资实现。假定融资后，公司长期借款的税后资本成本为7%，权益资本成本为10%。

业务资源4　现金折扣决策

公司与M供应商签订了500万元采购合同，合同就付款内容做如下约定：10日内（含10日）付款，将享受5万元的现金折扣；如果超过10日（不含10日），则应在30日内付款，且将不享受折扣，公司最迟应于30日付款，否则构成违约。公司的资金成本率假定为10%。

业务资源5　财务预算说明

1. 利润表预算。

（1）营业收入取自营运管理岗任务1和营运管理岗任务2的结果。

（2）营业成本、销售费用、管理费用取自营运岗任务4和营运管理岗任务7的结果。

行政人力中心、财务管理中心、质量管理中心、采购管理中心费用计入管理费用。销售管理中心费用计入销售费用。设计服务中心费用计入营业成本。

（3）税金及附加按照收入的1%编制预算。

（4）财务费用预算为250万元，其中利息费用为330万元，利息收入为80万元。

（5）营业外支出为800万元，无营业外收入。

（6）所得税税率为25%。

（7）除上述条件外，其他影响损益项目的金额预计均为零。

2. 现金预算编制。

（1）期初现金余额查询历史资产负债表。销售回款参考“营运管理岗任务3”，采购支出参考“营运管理岗任务5”。

（2）付现费用参考“营运管理岗任务7”。税金及附加、财务费用、营业外支出、所得税费用按照任务9结果填制。此部分付现的费用支出时间假定与费用归属期间一致，不存在期间差异。

（3）除上述因素外不考虑其他因素。

（4）公司的最低活期资金持有量为5 000万元，如资金不足，则按照整千万元向银行进行借款进行资金筹措；如果超过5 000万元，可以以整千万元向购买资金理财。资金筹措或购买理财后，资金同样不得低于5 000万元。

业务考核

任务1　存款方案决策A方案

根据业务资源1，完成存款方案决策A方案（见表8－2）。折现系数以题面给出数据进行计算，计算过程以完整小数位进行引用，以四舍五入保留两位小数填制作答。

表8－2　A方案（单利计算）　单位：万元

项目	第0年	第1年	第2年	第3年	第4年	第5年	第6年	第7年	第8年	第9年	第10年
当年存入本金											
当年产生利息											
累计存入本金											
累计产生利息											
累计本息和											

任务2　存款方案决策B方案

根据业务资源1，完成存款方案决策B方案（见表8－3）。折现系数以题面给出数据进行计算，计算过程以完整小数位进行引用，以四舍五入保留两位小数填制作答；并判断应选择哪种方案，以"方案A/方案B"填制答案。

表8－3　B方案（复利计算）　单位：万元

项目	第0年	第1年	第2年	第3年	第4年	第5年	第6年	第7年	第8年	第9年	第10年
当年存入本金											
当年产生利息											
累计存入本金											
累计产生利息											
累计本息和											
应选择哪种方案（方案A/方案B）											

任务3　折现现金流量计算

根据业务资源2，完成投资项目折现现金流量计算。折现系数以题面给出数据进行计算（见表8－4），计算过程以完整小数位进行引用，以四舍五入保留两位小数填制作答（见表8－5）。

表 8－4 投资项目现金流量预测情况 单位：万元

项目	2020 年	2021 年	2022 年	2023 年	2024 年	2025 年	2026 年	2027 年	2028 年	2029 年	2030 年
项目 A	－3 500.00	－200	400	600	800	1 000.00	1 000.00	1 000.00	1 000.00	1 000.00	1 000.00
项目 B	－2 500.00	100	200	300	500	600	600	600	600	600	600
项目 C	－3 000.00	50	250	500	700	800	800	800	800	800	800
项目 D	－2 500.00	20	200	450	550	650	650	650	650	650	650
项目 E	－4 000.00	－200	300	600	600	800	800	800	800	800	800
附：折现系数	1.0000	0.9091	0.8264	0.7513	0.6830	0.6209	0.5645	0.5132	0.4665	0.4241	0.3855

表 8－5 折现现金流量 单位：万元

项目	2020 年	2021 年	2022 年	2023 年	2024 年	2025 年	2026 年	2027 年	2028 年	2029 年	2030 年
项目 A											
项目 B											
项目 C											
项目 D											
项目 E											

任务 4 独立项目评价

根据业务资源 2，完成互相独立的 5 个项目的投资评价（见表 8－6）。以完整小数位进行引用，金额单位为万元，以四舍五入保留两位小数填制作答，投资判断以是/否作答。

表 8－6 独立投资项目评价表

项目	净现值	现值指数	是否可行（是/否）
项目 A			
项目 B			
项目 C			
项目 D			
项目 E			

任务 5 投资项目辅助评价

根据业务资源 2，完成互相独立的 5 个项目的辅助投资评价（见表 8－7）。以完整小数位进行引用，以四舍五入保留两位小数填制作答,，内含报酬率以四舍五入保留两位小数的百分数形式作答，项目优劣用数字 1—5 排序作答。

表 8－7　　独立投资项目辅助评价表

项目	静态回收期	折现回收期	内含报酬率	投资项目优劣排序
项目 A				
项目 B				
项目 C				
项目 D				
项目 E				

任务 6　约束资源条件下投资决定

根据业务资源 2，完成投资资源受限时的投资决策（见表 8－8）。以完整小数位进行引用，以四舍五入保留两位小数填制作答，是否选择某项目投资用是/否作答。

表 8－8　　约束资源条件投资决策

项目	决策
项目 A	
项目 B	
项目 C	
项目 D	
项目 E	
最大净现值（万元）	
总投资额（万元，正数作答）	

注：假定初始投资总额度不能超过 9 000 万元，按照净现值最大化为原则，选出应该投资的项目。

任务 7　长期筹资规划

根据业务资源 3，完成公司 2020 年的筹资规划（见表 8－9）。以完整小数位进行引用，以四舍五入保留两位小数填制作答，标有% 的项目以四舍五入保留两位小数的百分数形式作答。

表 8－9　　2020 年筹资规划　　单位：万元

项目	新增数额	筹资后金额	筹资后比例（%）	资本成本（%）
长期有息负债				
所有者权益				
筹资后加权平均资本成本（%）				

任务 8　现金折扣决策

根据业务资源 4，完成现金折扣决策分析（见表 8－10）。以完整小数位进行引用，天数以四舍五入保留整数填制作答，其他结果四舍五入保留两位小数的百分数形式作答，决策结果以是/否作答。

表 8－10　　现金折扣决策分析

项目	内容
现金折扣率（%）	
折扣期（天）	
信用期（天）	
放弃现金折扣成本（单利计）	
放弃现金折扣成本（复利计）	
是否应该选择享受现金折扣（是/否）	

注：一年按照 360 天计算。

任务 9　利润表预算

根据业务资源 5 和营运岗完成任务（以填制结果引用），完成 2020 年利润表预算（见表 8－11）。以完整小数位进行引用，以四舍五入保留两位小数填制作答。

表 8－11　　2020 年利润表预算　　单位：元

项　　目	本期金额
一、营业收入	
减：营业成本	
税金及附加	
销售费用	
管理费用	
研发费用	
财务费用	
其中：利息费用	
利息收入	
加：其他收益	
投资收益（损失以“－”号填列）	
其中：对联营企业和合营企业的投资收益	
公允价值变动收益（损失以“－”号填列）	
资产减值损失（损失以“－”号填列）	
资产处置收益（损失以“－”号填列）	
二、营业利润（亏损以“－”号填列）	
加：营业外收入	
减：营业外支出	
三、利润总额（亏损总额以“－”号填列）	
减：所得税费用	
四、净利润（净亏损以“－”号填列）	

任务10　现金预算

根据业务资源5和营运岗完成任务（以填制结果引用），完成现金预算编制（见表8-12）。以完整小数位进行引用，以四舍五入保留两位小数填制作答。

表8-12　　现金预算编制　　单位：元

预算期间	行次	金额
期初现金余额	1	
加：销售回款	2	
可供使用现金	3	
减各项支出：	4	
采购支出	5	
付现费用	6	
税金及附加	7	
财务费用	8	
营业外支出	9	
所得税费用	10	
现金支出合计	11	
现金多余或不足	12	
资金筹措	13	
资金理财	14	
期末活期资金余额	15	

三、成本管理岗位

业务资源

成本资源1　储备存货成本说明

公司拟分析与储备存货有关的成本，以2019年采购管理中心发生费用和销货成本为计算基数，分析存货的取得成本和储存成本。

1. 订货成本。

订货固定成本包含人工成本和日常办公费；订货变动成本包含网络通讯费和差旅费。

2. 购置成本。

2019年销货成本视为公司的购置成本，全年销货量为全年需要量。

3. 储存成本。

储存固定成本包含折旧费；储存变动成本包含租赁费。

成本资源 2　订货决策说明

为进一步加强存货管理，在保障企业正常销售的情况下，加快企业存货周转速度，采购管理中心收集相关资料，分析各产品每批次的最佳订货量。

采购管理中心为了更容易找出各产品进货时间和经济订货批量，作如下假设：

（1）企业能够及时购买到产品，并且可以集中购买。

（2）暂时不考虑缺货成本。

（3）以居家桌椅和办公桌椅为两大产品类。

（4）以 2019 年销货量为全年存货需求量。

（5）买方市场货源充足。

（6）假设一年按照 360 天进行相关计算。

（7）订货相关的成本见表 8－13。

表 8－13

项目	单位订货变动成本（元）	单位存货储存成本（元）
居家桌椅	900	12
办公桌椅	1 200	18

成本资源 3　特殊订单决策说明

利亚装饰有限公司与我公司前期签订过一份办公桌椅购销合同——购买办公桌椅，最初订货 500 套，每套价格为 1 000 元。合同履约后，利亚装饰公司追加购买 50 套桌椅，利亚装饰愿意以原有合同定价的 110% 作为此追加订单的价格，试分析是否接受此追加订单。

公司如果接受此追加订单，需要单独定一批货，订货成本为 2 550 元，已知该类型桌椅的单位变动成本为 850 元/套，正常市场售价为 1 000 元。如果不接受利亚装饰的订单，购买此批桌椅也可以按照正常市场售价进行销售。

成本资源 4　服务成本分析说明

公司设计服务中心分为两个业务组：设计组和安装组。分析计算属于设计组和安装组的成本明细，人工成本以设计服务中心人均成本乘该组人员编制，表 8－14 为各项费用消耗明细。各项费用按照设计服务中心 2019 年发生额分摊。

表 8－14　　　　服务成本分摊标准

<table>
<tr><th>项目</th><th>设计组</th><th>安装组</th></tr>
<tr><td>人员编制（人）</td><td>20</td><td>75</td></tr>
<tr><td>折旧费占比</td><td>40%</td><td>60%</td></tr>
<tr><td>材料消耗费</td><td colspan="2">专属安装组消耗</td></tr>
<tr><td>网络通讯费</td><td colspan="2" rowspan="2">人员编制权重（编制＊权重）分配，设计组权重为 2，安装组权重为 1</td></tr>
<tr><td>日常办公费</td></tr>
<tr><td>差旅费占比</td><td>30%</td><td>70%</td></tr>
</table>

成本资源5 资源最佳利用说明

企业接受居民和商业的订单，需要安装组派出人员提供安装服务，已知接受每一居民订单业务耗用0.2天时间，一个人每天最多可安装5单居民订单，如果接受每一商业订单业务，则需耗用2天时间。

假设安装组能提供的最多工天数（限制资源）为24 000天，且按照要求，企业用于居民订单安装的工天数不得少于商业订单安装的工天数。

销售成本数据，见表8-15。

表8-15 销售服务成本数据 单位：元

项目		居民	商业
销售	销售单价	300	12 000
单位变动成本	人工成本	80	2 135
	材料消耗费	55	3 060
	差旅费	19	195

业务考核

任务1 营业成本分析

根据企业介绍中业务资源，完成营业成本增长分析表（见表8-16），以完整小数位引用计算。标有%的项目，计算结果以%形式，四舍五入保留两位小数填制答案，如3.05%；其余结果以四舍五入保留两位小数填制答案。

表8-16 营业成本增长分析 单位：元

项目	2018年增长率			2019年增长率		
	2017年营业成本	2018年营业成本	营业成本增长率（%）	2018年营业成本	2019年营业成本	营业成本增长率（%）
销售商品	196 800 000	259 500 000		259 500 000	316 200 000	
销售服务	25 452 000	30 262 000		30 262 000	37 323 500	
合计	222 252 000	289 762 000		289 762 000	353 523 500	

任务2 人工成本分析

根据企业介绍中业务资源，完成人工成本增长分析表（见表8-17），以完整小数位引用计算，标有%的项目，计算结果以%形式，四舍五入保留两位小数填制答案，如3.05%；编制以四舍五入保留整数填制答案；其余结果以四舍五入保留两位小数填制答案。

表8-17 人工成本增长分析 单位：人、元/人

部门	2017年		2018年		2019年		2018年增长幅度（%）		2019年增长幅度（%）	
	编制	人均工资	编制	人均工资	编制	人均工资	编制	人均工资	编制	人均工资
行政人力中心										

续表

部门	2017 年		2018 年		2019 年		2018 年增长幅度（%）		2019 年增长幅度（%）	
	编制	人均工资	编制	人均工资	编制	人均工资	编制	人均工资	编制	人均工资
财务管理中心										
质量管理中心										
采购管理中心										
销售管理中心										
设计服务中心										
合计										

任务 3　成本费用分析

根据企业介绍中业务资源，完成成本费用变化分析表（见表 8－18）。以完整小数位引用计算，标有%的项目，计算结果以%形式，四舍五入保留两位小数填制答案，如 3.05%；其余结果以四舍五入保留两位小数填制答案。

表 8－18　成本费用变化分析　单位：元

序号	项目	2018 年		2019 年	
		增长额	增长幅度（%）	增长额	增长幅度（%）
1	人工成本				
2	租赁费				
3	折旧费				
4	无形资产摊销				
5	材料消耗费				
6	网络通讯费				
7	日常办公费				
8	业务招待费				
9	差旅费				
10	市场推广费				
11	广告宣传费				
12	合计				

任务 4　销货成本分析

根据企业介绍中业务资源，完成销货成本分析表（见表 8－19）。以完整小数位引用计算，标有%的项目，计算结果以%形式，四舍五入保留两位小数填制答案，如 3.05%；销售量以四舍五入保留整数填制答案；其余结果以四舍五入保留两位小数填制答案。

表 8－19　　　　销货成本分析　　　　单位：元

项目	销货方式	2017 年			2018 年			2019 年		
		销货数量	单位销货成本	销货成本	销货数量	单位销货成本	销货成本	销货数量	单位销货成本	销货成本
居家桌椅	零售									
	批发									
办公桌椅	零售									
	批发									

任务 5　储备存货总成本计算

根据业务资源 1，完成存储存货总成本计算表（见表 8－20），以完整小数位引用计算，其结果以四舍五入保留两位小数填制答案。

表 8－20　　　　储备存货总成本计算表　　　　单位：元

项目	订货成本		购置成本	储存成本	
	订货固定成本	订货变动成本	购置成本	存储固定成本	存储变动成本
销货成本					
人工成本					
租赁费					
折旧费					
网络通讯费					
日常办公费					
差旅费					
合计					

任务 6　经济订货批量

根据已完成任务和业务资源 2，完成经济订货量的计算（见表 8－21）。订货批量、订货次数和订货周期向上取整数引用计算；其他以完整小数位引用计算；金额结果以四舍五入保留两位小数填制答案；其余结果以整数填制答案。

表 8－21　　　　经济订货量的计算　　　　单位：元

项目	项目	
	居家桌椅	办公桌椅
全年最低需要量（套）		
单次进货成本（元）		
单位储存成本（元）		
经济订货批量（套）		
每年最佳订货次数（次）		
最佳订货周期（天）		
经济订货量占用资金（元）		

注：订货批量和订货次数和订货周期向上取整引用计算。

任务7 特殊订单决策

根据业务资源3，完成追加订单计算表（见表8-22），以完整小数位引用计算，其结果以四舍五入保留两位小数填制答案。接受追加订单填制“是”或“否”。

表8-22 追加订单计算表 单位：元

项目	金额
增加订单的相关收入	55 000.00
增加订单的变动成本	42 500.00
增加的边际贡献	12 500.00
专属订货成本	2 550.00
正常销售的边际贡献	7 500.00
增量收益	2 450.00
接受追加订单（是/否）	是

任务8 销售服务成本分析

根据企业介绍中业务资源和业务资源4，完成“2019年服务成本分析表”（见表8-23）。以完整小数位引用计算，其结果以四舍五入保留两位小数填制答案。

表8-23 2019年服务成本分析 单位：元

项目	人工成本	折旧费	材料消耗费	网络通讯费	日常办公费	差旅费	合计
设计							
安装							
合计							

任务9 安装服务边际贡献计算表

根据业务资源5，完成“2019年安装服务边际贡献计算表”（见表8-24）。以完整小数位引用计算，标有%的项目，计算结果以%形式，四舍五入保留两位小数填制答案，如3.05%；其余结果以四舍五入保留两位小数填制答案。

表8-24 2019年安装服务边际贡献计算表 单位：元

项目	居家桌椅	办公桌椅
销售单价		
单位变动成本		
单位边际贡献		
边际贡献率（%）		
每单产品需要安装时间（天）		
单位限制资源边际贡献		

任务10 订单安排计算

根据已完成任务和业务资源5，完成“最佳订单安排计算表”（见表8-25）。以完整小数位引用计算，结果以四舍五入保留整数填制答案。

表 8－25 **最佳订单安排计算表**

项目	订单安排
商业订单量	
商业订单安装工天数	
居民订单量	
居民订单安装工天数	
总工天数	
最大边际贡献（元）	

四、营运管理岗位

业务资源

营运资源 1 销售预算说明

1. 公司业务包括销售商品和设计、安装服务。

2. 商品销售预算。

商品销售预算是以 2019 年实际销售情况为基础，再根据销售部门收集到的市场信息和客户信息进行调整得到。相关预测信息如下：预计全年总销售量为 50 万套，居家桌椅和办公桌椅商品的销售数量比为 3:1。预计 2020 年居家桌椅商品零售批发数量比为 2:3，办公桌椅商品零售批发数量比为 1:4。销售价格按照 2019 年实际销售情况各类商品及其对应的销售方式下的平均售价进行作为预算价格。

注：本岗位所有价格和收入成本均不含增值税，不考虑增值税因素。

3. 服务销售预算。

服务销售包括设计服务和安装服务。服务销售预算是以 2019 年实际销售情况为基础，再根据销售部门收集到的市场及客户信息进行调整得到。相关预测信息如下：预计全年总销售量为140 000单，其中居民客户订单为 134 000 单，商业客户订单为 6 000 单。居民客户订单中设计和安装的比例预计为 40% 和 60%，商业客户订单中设计和安装的比例预计为 20% 和 80%。

各类型客户对应的服务价格按照 2019 年实际销售情况各服务的平均价格进行作为预算价格。

4. 销售回款预算。

假定商品销售和服务销售在四个季度内都均匀发生。

商品销售的收款方式为销售收入发生当季度收款的 60%，下季度收款的 40%；服务销售的收款方式为销售收入发生当季度收款的 60%，下季度收款的 30%，再下季度收回剩余尾款的 10%。

假定 2019 年年末应收账款可在 2020 年前两个季度收回，第一季度收回 60%，第二季度收回 40%，不考虑预收等其他因素。

营运资源 2　商品进销采购预算

1. 商品进销存预算是指居家桌椅和办公桌椅两类商品的购进、销售及库存预算。

2. 期初库存情况和期末预计库存数量按照题目给出数据进行计算。

3. 商品销售数量按照任务 1 中计算的销售预算情况进行预计。

4. 预计 2020 年居家桌椅商品购进价格为 680 元/套，办公桌椅商品购进价格为 1 050 元/套。

5. 此预算编制存货计价的方式采用先进先出法计算销货成本和库存成本。

6. 商品采购付款。

（1）2019 年年末应付账款预计在 2020 年第一季度支付 70%，第二季度支付 20%，第三季度支付 10%。

（2）2020 年当年采购在四个季度均匀发生。付款方式为采购当季度支付 30% 货款，下个季度支付 50%，再下个季度支付剩余 20% 货款。

（3）不考虑预付账款等其他因素。

营运资源 3　成本费用预算说明

1. 商品销货成本预算。

按照任务 4 结果进行预计。

2. 人工成本预算。

2020 年人工成本的预算编制由人力部门根据相应业务预算和人员变动及工资结构调整，给出预测信息，见表 8－26。绩效奖金预测和单位承担的费用预测均按照人均按固定工资基数测算。

表 8－26　预测信息

项目	人员编制（人）	人均固定工资（元/年）	绩效奖金计提比例	单位承担费用计提比例				
				社会保险费	公积金	福利费	工会经费	职工教育经费
行政人力中心	30	84 000	20%	22%	10%	8%	2%	5%
财务管理中心	15	90 000	20%	22%	10%	8%	2%	5%
质量管理中心	15	82 000	20%	22%	10%	8%	2%	5%
采购管理中心	10	88 000	20%	22%	10%	8%	2%	5%
销售管理中心	130	78 000	40%	22%	10%	8%	2%	5%
设计服务中心	110	104 000	20%	22%	10%	8%	2%	5%

3. 费用明细预算。

（1）各部门费用归属要求如下：行政人力中心、财务管理中心、质量管控中心、采购管理中心费用计入管理费用；销售管理中心费用计入销售费用；设计服务中心费用计入营业成本（服务成本）。

（2）人工成本预算按照“任务 6　人工成本预算数”确定。

（3）租赁费、折旧费、无形资产摊销、网络通讯费、差旅费按照 2019 年实际发生数作为预算数。

（4）办公费预算按照各部门人员编制进行匹配，人均年办公费预算标准为 7 200 元。

（5）材料消耗费发生在设计服务中心，与服务订单数量相匹配，按照每服务订单 150 元进行计算编制。

（6）业务招待费预算审定后结果为，行政人力中心 450 万元，财务管理中心 40 万元。

（7）市场推广费与广告宣传费按照商品销售订单和服务订单合计数进行预算计算编制。其中，每订单预计市场推广费为 30 元，每订单广告宣传费为 10 元。

营运资源 4　本量利分析说明

本资源适用于任务 8 至任务 10。

为了对 2019 年居家桌椅商品零售部分的经营情况进行评价和测算，公司特对其进行本量利分析。收入成本费用存在如下假设：

（1）成本费用计算的规则，假定营业收入、营业成本两项均和销售量保持线性关系不变，即单位售价和单位营业成本不变。此处的营业成本指属于该商品该销售方式的销货成本。

（2）税金及附加，销售费用、管理费用、财务费用的分摊，按照居家桌椅商品收入占公司整体收入的比例进行分配。

（3）税金及附加随业务量变化而正比例变化。

（4）销售费用中假定 50% 随业务量变化而正比例变化，50% 不随业务量变化。

（5）管理费用和财务费用不随业务量变化而变化。

（6）任务 9 为保证保本销售量状态下，计算各收入成本费用利润情况。

（7）任务 10 为保证最低目标利润 500 万元时，保利销售量状态下，计算各收入、成本、费用、利润的情况。

■ 业务考核

任务 1　产品销售预算表

根据业务资源 1，完成“2020 年商品销售预算表”（见表 8－27）。以完整小数位引用计算，销售数量四舍五入保留整数填制答案，其他结果四舍五入保留两位小数填制答案。

表 8－27　　2020 年商品销售预算表　　数量：套　　金额单位：元

序号	商品类别	合计		零售		批发	
		销货数量	销货收入	销货数量	销货收入	销货数量	销货收入
1	居家桌椅						
2	办公桌椅						
3	合计						

任务2 服务销售预算表

根据业务资源1，完成“2020年服务销售预算表”（见表8－28）。以完整小数位引用计算，订单数四舍五入保留整数填制答案，其他结果四舍五入保留两位小数填制答案。

表8－28 **2020年服务销售预算表** 数量：单 金额单位：元

序号	客户类别	合计		设计		安装	
		订单数	服务收入	订单数	服务收入	订单数	服务收入
1	居民						
2	商业						
3	合计						

任务3 销售回款预算

根据业务资源1，完成“2020年销售回款预算表”（见表8－29），以完整小数位引用计算，其结果四舍五入保留两位小数填制答案。

表8－29 **2020年销售回款预算表** 金额单位：元

项目	2020年回款				
	第1季度	第2季度	第3季度	第4季度	2020年回款合计
2019年期末应收账款					
2020年第1季度收入					
2020年第2季度收入					
2020年第3季度收入					
2020年第4季度收入					
回款合计					
期末应收账款					

任务4 存货采购预算

根据业务资源2，完成“2020年商品进销存预算表”（见表8－30），以完整小数位引用计算，数量四舍五入保留整数填制答案，其他结果四舍五入保留两位小数填制答案。

表8－30 **2020年商品进销存预算表** 单位：套、元

行次	项目	年初库存		累计进货		累计销售		年末库存	
		数量	成本	数量	成本	数量	成本	数量	成本
1	居家桌椅								
2	办公桌椅								
3	合计								

任务5 采购付款预算

根据业务资源2，完成“2020年采购付款预算表”（见表8－31），以完整小数位引用计算，其结果四舍五入保留两位小数填制答案。

表 8-31　　**2020 年采购付款预算表**　　金额单位：元

项目	2020 年付款				
	第 1 季度	第 2 季度	第 3 季度	第 4 季度	付款合计
2019 年期末应付账款					
2020 年第 1 季度采购					
2020 年第 2 季度采购					
2020 年第 3 季度采购					
2020 年第 4 季度采购					
付款合计					
期末应付账款					

任务 6　人工成本预算

根据业务资源 3，完成"2020 年人工成本预算表"（见表 8-32），以完整小数位引用计算，人员编制数四舍五入保留整数填制答案，其他结果四舍五入保留两位小数填制答案。

表 8-32　　**2020 年人工成本预算表**　　人员编制：人　　金额单位：元

序号	部门	人员编制	合计	个人部分承担部分			单位承担部分					
				固定工资	绩效奖金	个人部分小计	社会保险费	公积金	福利费	工会经费	职工教育经费	单位承担部分小计
1	行政人力中心	30										
2	财务管理中心	15										
3	质量管理中心	15										
4	采购管理中心	10										
5	销售管理中心	130										
6	设计服务中心	110										
7	合计	310										

任务 7　成本费用预算

根据业务资源 3，完成"2020 年成本费用预算表"（见表 8-33），以完整小数位引用计算，其结果四舍五入保留两位小数填制答案。

表 8-33　　**2020 年成本费用预算明细表**　　金额单位：元

序号	部门	费用合计	人工成本	租赁费	折旧费	无形资产摊销	材料消耗费	网络通讯费	日常办公费	业务招待费	差旅费	市场推广费	广告宣传费
1	行政人力中心												
2	财务管理中心												
3	质量管理中心												
4	采购管理中心												
5	销售管理中心												

续表

序号	部门	费用合计	人工成本	租赁费	折旧费	无形资产摊销	材料消耗费	网络通讯费	日常办公费	业务招待费	差旅费	市场推广费	广告宣传费
6	设计服务中心												
7	合计												

任务 8　销售业务利润计算

根据企业介绍中业务资源和业务资源 4，完成“2019 年居家桌椅业务的利润计算”（见表 8-34）。以完整小数位引用计算。销售量四舍五入保留整数填制答案，其他结果四舍五入保留两位小数填制答案。

表 8-34　2019 年居家桌椅零售利润计算　金额单位：元

项目	数值
销售量（套）	
收入	
营业成本	
税金及附加	
销售费用	
其中：固定销售费用	
变动销售费用	
管理费用	
财务费用	
营业利润	

任务 9　销售业务保本分析

根据业务资源 4，完成“2019 年居家桌椅业务的保本分析计算”（见表 8-35），以完整小数位引用计算。保本销售量向上保留整数进行后续计算并填制答案；其他结果以向上保留至整数的销售量进行后续计算，并保留两位小数填制答案。

表 8-35　2019 年居家桌椅零售保本分析表　金额单位：元

项目	数值
销售量（套）	
收入	
营业成本	
税金及附加	
销售费用	
其中：固定销售费用	
变动销售费用	
管理费用	

续表

项目	数值
财务费用	
营业利润	

任务10　销售业务保利分析

根据业务资源4，完成“2019年居家桌椅零售保利分析表”（见表8－36）。以完整小数位引用计算，保利销售量向上保留整数进行后续计算并填制答案，其他结果以向上保留至整数的销售量进行后续计算，并保留两位小数填制答案。

表8－36　2019年居家桌椅零售保利分析表　金额单位：元

项目	数值
销售量（套）	
收入	
营业成本	
税金及附加	
销售费用	
其中：固定销售费用	
变动销售费用	
管理费用	
财务费用	
营业利润	

五、绩效管理岗位

业务资源

绩效资源1　绩效得分计算说明

1. 绩效得分计算。

（1）对企业影响为正面影响的指标得分＝实际值/目标值×100；负面影响的指标得分＝200－实际值/目标值×100

（2）公司层和部门层得分最高为100分。

（3）目标值以当年预算报表与上年实际报表数据进行计算。

（4）如果指标出现负数，计算得分规则：完成情况优于预计情况，完成度按最高得分计；否则，得分按 0 分计。

2. 奖金系数计算规则（见表 8－37）。

表 8－37 奖金系数计算规则

项　目	规则说明	
	得分区间	系数计算规则
公司层	[95，100]	系数为 1.0
	[90，95)	系数为 0.9
	[85，90)	系数为 0.8
	[0，85)	系数为 0.5
部门层	[95，100]	系数为 1.2
	[90，95)	系数为 1.0
	[85，90)	系数为 0.9
	[0，85)	系数为 0.5

3. 年度奖金计算方法

部门奖金最终系数＝公司层考核系数×公司指标权重＋部门层考核系数×部门指标权重

公司整体权重：部门指标权重＝4∶6

个人年度目标奖金＝月度个人基本工资/工资占比×奖金占比×年度在岗月

奖金占比＋工资占比＝1

个人年度实际奖金额＝（个人年度目标奖金×个人考核等级奖金系数）×部门年度实际奖金系数

4. 个人奖金系数及工资占比。

现有 3 名员工月度基本工资及工资占比（见表 8－38）和最终个人奖金系数（见表 8－39），计算 3 名员工的年度绩效奖金。

表 8－38 员工考核基本情况表

部门	姓名	个人基本工资（元/月）	工资占比	在岗月份	考核等级
销售管理中心	张三	11 000	70%	12	A
设计服务中心	李四	13 000	80%	12	B
行政人力中心	王五	9 000	90%	10	C

表 8－39

考核等级	奖金系数
A	1.2
B	1
C	0.5
D	0

绩效资源 2 公司非财务指标数据

各部门反馈的部门非财务指标数据，见表 8-40。

表 8-40 非财务指标统计情况

项目	年初计划	本年实际发生情况
客户满意度（%）	100%	95%
客户投诉次数（次）	10	12
服务态度评分（分）	100	90
客户报修率（%）	5%	7%
培训计划完成率（%）	100%	95%
员工流失率（%）	5%	6%
核心员工保有率（%）	100%	90%

■ 业务考核

任务 1 营业利润完成情况分析

根据企业介绍中的业务资源，完成“营业利润完成情况分析表”（见表 8-41）。以完整小数位引用计算，标有% 的项目，计算结果以% 形式，四舍五入保留两位小数填制答案，如 3.05%；其余结果以四舍五入保留两位小数填制答案。

表 8-41 营业利润完成情况分析表 单位：万元

序号	项目	2019 年目标值	2019 年实际值	完成情况（%）
1	营业收入			
2	营业成本			
3	税金及附加			
4	销售费用			
5	管理费用			
6	财务费用			
7	营业利润			

注：完成情况 = 实际值/目标值 × 100%

任务 2 销售商品增长情况分析

根据企业介绍中业务资源，完成“销售商品增长情况分析表”（见表 8-42）。以完整小数位引用计算，标有% 的项目，计算结果以% 形式四舍五入保留两位小数填制答案，如 3.05%；销售量以四舍五入保留整数填制答案；其余结果以四舍五入保留两位小数填制答案。

表 8－42 　　　　销售商品增长情况分析　　　　单位：元

项目	渠道	2018 年增长率			2019 年增长率		
		2017 年销售量（套）	2018 年销售量（套）	销售量增长率（%）	2018 年销售量（套）	2019 年销售量（套）	销售量增长率（%）
居家桌椅	零售				—		
	批发				—		
办公桌椅	零售				—		
	批发				—		
项目	渠道	2018 年增长率			2019 年增长率		
		2017 年商品收入	2018 年商品收入	收入增长率（%）	2018 年商品收入	2019 年商品收入	收入增长率（%）
居家桌椅	零售				—		
	批发				—		
办公桌椅	零售				—		
	批发				—		

任务3　销售服务增长情况分析

根据企业介绍中业务资源，完成“销售服务增长情况分析表”（见表 8－43、表 8－44）。以完整小数位引用计算，标有%的项目，计算结果以%形式，四舍五入保留两位小数填制答案，如 3.05%；订单数以四舍五入保留整数填制答案；其余结果以四舍五入保留两位小数填制答案。

表 8－43 　　　　销售服务增长情况分析　　　　单位：元

项目		2018 年增长率			2019 年增长率		
		2017 年订单数（单）	2018 年订单数（单）	订单增长率（%）	2018 年订单数（单）	2019 年订单数（单）	订单增长率（%）
居民	设计				—		
	安装				—		
商业	设计				—		
	安装				—		

表 8－44

项目		2018 年增长率			2019 年增长率		
		2017 年服务收入	2018 年服务收入	收入增长率（%）	2018 年服务收入	2019 年服务收入	收入增长率（%）
居民	设计				—		
	安装				—		
商业	设计				—		
	安装				—		

任务4　部门成本费用控制情况分析

根据企业介绍中业务资源，完成“2019年部门成本费用控制情况分析表”（见表8－45）。以完整小数位引用计算，标有%的项目，计算结果以%形式，四舍五入保留两位小数填制答案，如3.05%；其余结果以四舍五入保留两位小数填制答案；控制情况填制“节约”或“超支”。

表8－45　　2019年部门费用控制情况分析表　　单位：万元

序号	部门	预算执行对比			
		全年预算	实际发生	执行情况（%）	控制情况
1	行政人力中心				
2	财务管理中心				
3	质量管理中心				
4	采购管理中心				
5	销售管理中心				
6	设计服务中心				

注：执行情况＝实际发生/全年预算×100%；控制情况填制“节约”或“超支”。

任务5　人员编制分析

根据企业介绍中业务资源，完成“人员编制增长情况表”（见表8－46）。以完整小数位引用计算，标有%的项目，计算结果以%形式四舍五入保留两位小数填制答案，如3.05%；其余结果以四舍五入保留整数数填制答案。

表8－46　　人员编制增长情况　　单位：人

部门	2018年增长率			2019年增长率		
	2017年编制	2018年编制	增长率（%）	2018年编制	2019年编制	增长率（%）
行政人力中心						
财务管理中心						
质量管理中心						
采购管理中心						
销售管理中心						
设计服务中心						
合计						

任务6　整体业绩指标计算

根据企业介绍中业务资源和业务资源1，完成公司“2019年的整体业绩指标完成情况表”（见表8－47）。以完整小数位引用计算。标有%的项目，计算结果以%形式四舍五入保留两位小数填制答案，例如3.05%；其余结果以四舍五入保留两位小数填制答案。

表 8-47　**2019 年公司整体业绩指标完成情况**

序号	项目	计量单位	权重	目标值	实际值	得分	加权得分
1	收入完成率	%	20%	100%			
2	净利润完成率	%	15%	100%			
3	净利润增长率	%	15%				
4	总资产周转次数	次数	20%				
5	权益净利率	%	15%				
6	资产负债率	%	15%				
7	合计得分						

任务 7　业务指标计算

根据企业介绍中业务资源和业务资源 1，完成“2019 年销售管理中心业绩评价表”（见表 8-48）。以完整小数位引用计算，标有% 的项目，计算结果以% 形式四舍五入保留两位小数填制答案，如 3.05%；其余结果以四舍五入保留两位小数填制答案。

表 8-48　**2019 年销售管理中心业绩评价表**

序号	项目	计量单位	权重	目标值	实际值	得分	加权得分
1	零售额	万元	20%				
2	批发额	万元	20%				
3	商业订单增长率	%	10%				
4	家居订单增长率	%	10%				
5	销货成本增长率	%	20%				
6	（收入）存货周转次数	次	20%				
7	合计得分						

任务 8

1. 服务指标计算

根据企业介绍中业务资源和业务资源 1 及资源 2，完成“2019 年设计服务中心业绩评价表”（见表 8-49）。以完整小数位引用计算，标有% 的项目，计算结果以% 形式四舍五入保留两位小数填制答案，如 3.05%，其余结果以四舍五入保留两位小数填制答案。

表 8-49　**2019 年设计服务中心业绩评价表**

序号	项目	计量单位	权重	目标值	实际值	得分	加权得分
1	设计订单增长率	%	20%				
2	安装订单增长率	%	20%				
3	客户满意度	%	10%				
4	客户投诉次数	次	20%				
5	服务态度评分	分	15%				
6	客户报修率	%	15%				
7	合计						

2. 行政人力中心业绩指标计算

根据企业介绍中业务资源和业务资源 1 及资源 2，完成“2019 年行政人力中心业绩评价表”（见表 8－50）。以完整小数位引用计算，标有% 的项目，计算结果以% 形式四舍五入保留两位小数填制答案，如 3.05%；其余结果以四舍五入保留两位小数填制答案。

表 8－50　行政人力中心业绩完成评价

序号	项目	计量单位	权重	目标值	实际值	得分	加权得分
1	部门费用实际与预算比	%	20%	100%			
2	人均部门费用	万元	20%				
3	（公司）全员人均营业收入	万元	10%				
4	培训计划完成率	%	20%	100%			
5	员工流失率	%	15%	5%			
6	核心员工保有率	%	15%	100%			
7	合计						

任务 9　绩效评分系数

根据已完成任务和业务资源 1，完成“奖金系数计算表”，（见表 8－51）。以完整小数位引用计算，其结果以四舍五入保留两位小数填制答案。

表 8－51　奖金系数计算表

项目	销售管理中心	设计服务中心	行政人力中心
公司得分			
公司系数			
部门得分			
部门系数			
部门最终奖金系数			

任务 10　绩效工资计算

根据已完成任务和业务资源 1，完成“绩效工资计算表”（见表 8－52）。以完整小数位引用计算，其结果以四舍五入保留两位小数填制答案。

表 8－52　绩效工资计算表　单位：元

部门	姓名	月基本工资（元）	基本工资占比	在岗月份	个人考核等级奖金系数	年度目标奖金	年度实际奖金额
销售管理中心	张三	11 000	70%	12			
设计服务中心	李四	13 000	80%	12			
行政人力中心	王五	9 000	90%	10			